*„Ich setzte den Fuß an die Luft –*
*und sie trug…“*
MICHAEL HELTAU

# Willkommen, Eros!

Manfred Greisinger

# Eros
## of work & life

Edition Stoareich

# Spielraum der Freiheit

*Was ist dieses Buch?*
*Sachbuch?*
*Ratgeber?*
*Philosophie?*
*Autobiographie?*
*Poesie? Utopie?*
*– „Was weiß denn i?“*

*Das Buch ist ein Plädoyer für die Entkastelung der Welt.*
*Muss denn alles eingesperrt, fassbar, ablegbar sein?*
*Wir haben das Dasein zur archivarischen Disziplin gemacht.*

*Lassen wir den Dingen doch ihr Leben.*
*Geben wir den Dingen das Leben zurück. Und nicht nur den Dingen.*
*Wir Menschen verdienen, entdinglicht zu werden.*
*Wir sind mehr als Humankapital, Arbeitskräfte, Chefs, Experten,*
*Consulter, Boten, Väter und Mütter, Kinder,*
*wir sind LEBE-WESEN!*

*Und diese zeichnen sich von den Nicht-Lebendigen, den Zombies,*
*vor allem dadurch aus, dass sie einem Wesen(tlichen) Raum gönnen,*
*der ihnen Freiheit gewährleistet: EROS.*

*mg*

*„Wie man in die Welt hineinfragt, so antwortet sie:*
*dem Materialisten antworten Atome.*
*Dem Metaphysiker antworten die Götter."*
LOTTE INGRISCH

**Fragen Sie Eros**

**– und seien Sie für**
**überraschende Antworten**
**offen und bereit...**

*Danke, Sabine,*
*meinen Eltern*
*und allen Musen-FreundInnen*

Idee, Redaktion, Copyright: Manfred Greisinger
Produktion: Edition Stoareich
Verlag Dr. Manfred Greisinger
3804 All-ent-steig, Hauptstraße 26
Büro: 1090 Wien, Canisiusgasse 18/8

Tel/Fax: 0043/2824/2343
**www.stoareich.at**
**www.eros-of-life.com**

**greisinger@stoareich.at**

Titelfoto: Mag. Sabine Prohaska
Grafik/Layout: www.waltergrafik.at
Druck: Janetschek, Heidenreichstein
Prod. Sommer 2006

ISBN 10: 3-902253-02-9
ISBN 13: 978-3-902253-02-6
EAN: 9783902253026

*„Wie schafft man Erinnerungen?*
*Indem man die Momente der Gegenwart so lebt,*
*dass diese einmal wert sind, Erinnerungen zu sein."*
UDO JÜRGENS

# Lebens-INHALT

*„Es gibt zwei Arten, sein Leben zu leben, entweder so, als wäre nichts ein Wunder, oder so, als wäre ALLES EIN WUNDER.“*

ALBERT EINSTEIN

# Hallo!

- *Wer stört?*

Entschuldigung, wenn ich so reinplatze.

- *Wer sind sie denn überhaupt?*

Ich bin Eros.

- *Wie bitte? Ich kann sie kaum verstehen...*

Das hab' ich befürchtet und deshalb wollte ich mich auch bei dir melden?!

- *Ich kann mich nicht erinnern, ihnen das DU-Wort angeboten zu haben...*

Glaube mir, das wäre aber förderlich für dich, denn...

- *Ich darf um Respekt bitten!*

Setz' dich zu mir und lass uns über's Leben reden!

- *Ich hab keine Zeit, schon gar nicht für so ein Blabla.*

Gerade deshalb solltest du dich hersetzen!

- *Jetzt reicht's aber! Ich hab's nicht nötig, mich mit ihnen...*

Und wie nötig du mich hast!

- *Sie ungehobelter Geselle, was bilden sie sich überhaupt ein...*

Jetzt hör' du mir mal zu, eh du dich weiter künstlich aufregst. Und als Zombie weiterlebst. Was heißt: leben. Du vegetierst doch nur noch vor dich hin. Du bist zu drei Viertel bereits tot. Du erfüllst brav deine Aufgaben. Du kommst den Erwartungen deiner Umwelt nach. Dafür kriegst du Geld; aber deiner Überzeugung nach immer noch zu wenig. Du stehst auf, gehst zur Arbeit, schlichtest Akten, machst pseudowichtige Anmerkungen, kommst heim, siehst ein bissl fern, rufst Emails ab und legst dich ins Bett. Ist das Leben?

- *Wie können sie's wagen, mir solche Ungeheuerlichkeiten an den Kopf zu werfen?!*

Genau dorthin gehören meine Vorwürfe. Denn dein Kopf nimmt sich seit Jahren die Ungeheuerlichkeit heraus, dir alles zu vermiesen, was Lebendigkeit ausmacht! Willst du's wieder mal sehen, spüren, erfahren, was Leben wirklich sein kann?! Dann folge mir...

Ach ja, ich wollte mich noch vorstellen, so, dass du's auch wirklich hörst:

**Ich bin Eros!**

# Fad geworden...

*Es ist fad geworden.*
*Brav. Angepasst. Nett.*
*Ich bin fad geworden.*
*Brav. Angepasst. Nett.*

*Ich hab's satt,*
*dieses kleine, schnuckelige Leben eingeredeter Zufriedenheit.*
*Ich hab die Kompromisse satt,*
*die Mittelmäßigkeit, die Routine, die Larve der Freundlichkeit.*
*Ich hab's satt,*
*den Statisten zu spielen für die selbsternannten Wichtigen.*
*Ich hab's so satt.*

*Wie geht's Ihnen,*
*so am Weg zur Arbeit,*
*in die Firma, selbst wenn's Ihre ist?*
*Ist's das, was Sie immer tun wollten?*
*Verwirklichen Sie Ihre Sehnsucht?*
*Ist das Auto, das Motorrad, das Boot, das Sie polieren,*
*das Haus, das Sie putzen,*
*(immer noch) ein Objekt der Begierde?*
*Ist die Frau, der Mann, die/den Sie küssen,*
*die leibhaftige Passion Ihres Lebens?*
*Fad geworden?*
*Alles in allem?!*

*Dabei spüren wir Rest-Energie in uns,*
*Kraftadern, die nur anzubohren wären.*
*Da ist noch Leidenschaft,*
*da werden Träume wach,*
*da keimen Prickel und Verrücktheit –*
*wollen wir sie wieder wachsen lassen?*
*Es gibt etwas, das über die Norm hinausreicht,*
*Genuss, Lebensfreude, Zufriedenheit*
*– und Eros führt uns hin...*

*mg*

*„Das Leben ist zu kostbar, um schlechten Wein zu trinken."*
PLUTARCH

# 1) Leiden an „Lustlosigkeit"

Diese Ansage hätte ich nie vermutet; und wenn, dann nicht von ihm: er, der beruflich Erfolgreiche, in Expertenkreisen Geschätzte, von den Medien mit anerkennenden Berichten Verwöhnte, der stolze Vater, der treue Ehemann, in den besten Lebensjahren, ausgestattet mit schmuckem Häuschen, schnittigem Auto, imposanter Segelyacht mit begehrtem Seezugang, funkelndem Motorrad, vielen Freunden, ausgerechnet er, der Kontaktfreudige, gesteht: „Ich leide an sämtlichen ‚Losigkeiten'"... Und spricht dann konkret Lustlosigkeit, Energielosigkeit und Visionslosigkeit an.

„Ein Gespenst geht um", befindet just zum gleichen Zeitpunkt Gerti Senger in einem Fachartikel, und nennt dieses beim Namen: „Sexuelle Lustlosigkeit".

Immerhin 60 Prozent der Männlein und Weiblein geben demnach an, zu wenig Lust auf Sex zu haben. Vielleicht auch bloß mit den „eigenen" Partnern... Was als glühende Leidenschaft, Verliebtheit und Begehren so reizvoll beginnt, gleitet nun mal mit zunehmenden Jahren – bestenfalls – in eine Phase einer schönen Vertrautheit, die allerdings oft keine von Begehren erfüllte Atmosphäre mehr auszeichnet.

„Sich einfach nur hinlegen, ist mir zu wenig", gibt G. als Grund für ihre Lustlosigkeit an. Da müsse schon mehr passieren. Und M. stimmt überein: „Guter Sex zeichnet sich dadurch aus, dass neue Reize, neue Erlebnismuster und Fantasien umgesetzt werden."

Das Pflichtprogramm reicht uns nirgendwo mehr: weder im Beruf noch in Familie oder Freizeit. Und schon gar nicht beim Sex. Gerti Senger: „Sex ist nicht mehr auf Spannungsreduktion angelegt, sondern als ‚designtes' Verlangen – gedopt von Stimulanzien, erlebnis- und fantasieorientiert."

Ich beobachte ein junges, attraktives Paar am Urlaubs-Frühstückstisch. Beide haben ihre Blicke gesenkt – in jeweils eine Zeitung. Dazu werden automatisiert die Marmeladesemmerln zum Mund geführt. Es findet keinerlei Interaktion statt. Und ich denke für mich: ob sich die beiden noch an jene Zeiten erinnern, da sie die heißesten News aus den Augen des anderen abgelesen hatten?!

Wohin ist sie entschwunden, die Sinnlichkeit?!

## Die Karriere- und Erfolgs-Strategie

Beim „Recruiting-Workshop INSIDE“ der „Boston Consulting Group“ entwerfen Dutzende „High Potentials“ für ein „High-Tech-Unternehmen“ in Brixen „strategische Zukunfts-Optionen“. „Talente-Management ist eines der Top-Themen für CEOs und HR-Manager“, betont G. T.; „die besten Talente und die besten Performer zu gewinnen, zu fördern und zu halten, wird zweifellos zum Schlüssel für den Erfolg von Unternehmen. Die Mitarbeiterbindung, das Retention Management, wird völlig unterschätzt.“ Und deshalb müssen die Arbeitgeber im „Search of Excellence“ zur Marke werden, eine sogenannte Employer Brand entwickeln. Und die MitarbeiterInnen selbst müssen ihre Marken hervorkehren und ihr Wissen auf einen „State of the Art-Level upgraden“; und die Wirtschaft muss...

Und Sie müssen – und ich muss... immer mehr müssen... Und wir sollten zwischen „Interessen und (Arbeits-)Marktsituation abwägen“!

Was allein zählt, ist das „Soll-Profil“; das uns ein (Berufs-)Leben lang antreibt. Und das wir vermutlich nie erreichen können. Frustration vorprogrammiert.

## Hipos, Lopos und Repos

„Wir Menschen sind auf den Wettlauf im Jetzt programmiert“, so Irenäus Eibl-Eibesfeldt. – Die Jagd auf die „Hipos“ ist ausgebrochen. Und jede/r will zu diesen heißbegehrten Jagdobjekten gehören. Wer möchte schon ein „Lopo“ sein? Deshalb wird die Zahl der „Repos“ immer größer... Die Zahl jener, die resignieren, weil sie das untrügliche Gefühl hegen, ihr Potenzial nicht entsprechend zur Geltung bringen zu können. Und die Gefahr sehen, zum „Low Potential“ zu werden, während die „High Potentials“ am Karriereweg links und rechts vorbeisausen...

Dabei ist es doch ganz einfach, ein Hipo zu werden; oder, um's gleich in deren Sprache zu sagen: „If you want to reach the top – do the extra step!“

Es gehe bloß um den einen oder anderen zusätzlichen Schritt auf der Treppe nach oben, was eine kleine Umfrage unter Personalverantwortlichen untermauert:

- Zusatzausbildungen haben Signal-Wirkung und bringen einen Bonus bei Gleichqualifizierten. (Es heißt aber nicht, dass Sie durch Studien und postgraduale Weiterbildungen, durch einen MBA oder MAS, wirklich neue Fähigkeiten erwerben oder dadurch mehr verdienen, es macht sich bloß in Ihrem Lebenslauf recht gut.)

- Belastbarkeit, Zielstrebigkeit, Ehrgeiz, Leistungsbereitschaft, hohe Eigeninitiative, Engagement und Durchhaltevermögen unter Beweis stellen (wofür sich ein absolviertes Studium – siehe oben – gut eignet).
- Perfektionierung der Sprachkenntnisse und Förderung des multikulturellen Verständnisses (was für einen (Studien-)Aufenthalt im Ausland spricht).
- Berufserfahrung zählt noch immer am meisten; branchenspezifisches Know-how.
- Umsetzungskraft und Soft Skills wie Aufgeschlossenheit gegenüber lebenslangem Lernen, Flexibilität und Kommunikationsstärke.

Doch halt: es zählt nie EIN Faktor allein. Wir wollen doch die „eierlegende Wollmilchsau“, die mit ihren 30 Lebensjahren durchtrainiert und schick samt 12 Jahren Auslandserfahrungen sowie 3 Zusatzausbildungen selbstverständlich auf eine intakte Familie mit 3 Prachtkindern verweisen kann. „Was zählt, ist eine ausgewogene Kombination aus beruflicher Praxis, fundierter Ausbildung und Persönlichkeit, wobei emotionale und soziale Intelligenz nicht zu kurz kommen dürfen“, verweist eine Top-Recruiterin.

Zusammenfassend: In der Auswahl des idealtypischen Kandidaten haben nach wie vor Auftreten, Persönlichkeit, Sprachgewandtheit, soziale und fachliche Kompetenz sowie Lebens- und Berufserfahrung eindeutig den Vorrang. – Was jedoch ohnehin ein ordentliches Bündel an Vorgaben darstellt...

## „Wie lange muss ich bleiben... ?“

Im Karriere-Teil des *Berliner Tagesspiegel* wirft ein Leser eine Frage auf, die symptomatisch ist für unsere Zeit: „Unser Chef kommt als erster und sitzt oft bis spät abends im Büro. Viele Kollegen haben sich dem angepasst und bleiben ebenso lange. Wenn ich um Sechs das Büro verlasse, heißt es häufig: ‚Wie, du gehst schon?‘ Da ich das Gefühl habe, meine Aufgaben auch in den 8 Stunden der normalen Arbeitszeit gut erledigen zu können, sehe ich nicht ein, immer so lange zu bleiben. Kann ich mir das leisten...?“

– Können wir's uns leisten, auch noch etwas anderes zu tun als brav mitzuarbeiten? Können wir's uns leisten, auch noch andere Gedanken zu hegen als an Firma, Karriere und Erfolg? Können wir uns gar EIGENleben leisten?!

## Wettbewerb & Leistung, bis die Beine glühen

„Eine zusätzliche Qualifikation kann im Wettbewerb entscheidend sein“, lautet der mit Marketing-Geschick formulierte Stehsatz jeder Academy und Fachhochschule, die wie die Pilze aus dem Boden schießen. Unglaubliche tausend mehr oder weniger unterschiedliche Masterstudien & Business-Programme werden im deutschsprachigen Raum bereits berufsbegleitend oder in Vollzeit angeboten.

„Jeder sollte sich fragen, was er erreichen möchte“, mahnt die Karriereberaterin; „will man Karriere machen in einem großen Konzern, dann braucht man ein Studium, wer praxisnah arbeiten will und wem Karriere nicht so wichtig ist, der kann eine Ausbildung machen. Wer gerne strategisch arbeitet und nicht so viel Anleitung braucht, für den ist ein Hochschulstudium das Richtige. Das fordert aber auch eine Menge an Selbstorganisation. Da ist eine Fachhochschule kuscheliger und verschulter.“

Versöhnliche, aufmunternde Botschaft der Psychologen: Erfolg ist nicht ein Geschenk der Götter an besonders Auserwählte, denen die große Prise Talent mitgegeben wurde. Menschen scheitern meist nicht, weil sie unbegabt oder unintelligent sind, sondern weil sie nicht „dranbleiben“. Hartnäckigkeit und Selbstmotivation im Sinn von Selbstpeitschung sind gefragt.

Dabei können wir uns viel von Spitzensportlern abschauen, mahnt die aktuellste Karriere-Literatur: „Strikte Zielorientierung, laufende Verbesserung der eigenen Fähigkeiten und professionelle Selbstvermarktung; laufen, bis die Beine glühen, trainieren bis zum Umfallen...“ Das Leistungsdenken im „War of talents“, im „Business-Krieg“ kennt keine Grenzen!

Es gilt, die Motivation zu hinterfragen. Denn zweifellos erweitert JEDE Aus- und Weiterbildung, auch der kostenlose Vortrag an der Volkshochschule, die Grenzen des Denkens; und Horizonterweiterung ist befruchtend für's gesamte Leben, wenn man sich darauf einlässt.

## Wir kämpfen... ringen... bemühen uns

Wir ringen um Positionen. Wir kämpfen um Anerkennung. Wir bemühen uns um ein tolles Image. Wir strengen uns an, stets ein freundliches Gesicht zu wahren. Wir tun alles in unserer Macht, um die in uns gesetzten Erwartungen zu erfüllen. Wir...

Und der Druck wird immer größer!
Die genaue Beachtung der „Rezeptur des Erfolgs“ führt immer mehr zu unangenehmen Nebenwirkungen: Unzufriedenheit, Burn out, Depressionen.

- In Österreich sowie der ganzen EU sterben mehr Menschen an Selbstmord als durch Verkehrsunfälle.
- 69 Prozent aller Arbeitsplatzbesitzer engagieren sich nicht (mehr) in ihrem Job.
- 60,4 % der österreichischen Nationalratsabgeordneten leiden lt. Umfrage unter dem „Burn out“-Syndrom.
- 42 % der ÖsterreicherInnen haben Stress im Beruf.
- 16 % sind so frustriert, dass sie innerlich gekündigt haben.
- jeder 5. Mensch fühlt sich „niedergeschlagen, hat an nichts Interesse, schläft schlecht, kann sich schwer konzentrieren...“
- viele Personen sind erschöpft, müde, lustlos, ausgebrannt...

Und Sie?

# Burnout

*„Für viele Menschen ist das Leben wie schlechtes Wetter: sie treten unter und warten, bis es vorbei ist.“*

ALFRED POLGAR

Sie gehen mit Widerwillen zur Arbeit, reagieren auf Nichtigkeiten gereizt, fühlen sich permanent gestresst, abgespannt, erschöpft, kraftlos, saftlos, marod; einschlafen und durchschlafen sind nur schwer möglich, Albträume häufig; sie sind oft krank, aber zum Auskurieren fehlt die Zeit; lachen können sie schon lange nicht mehr; sie nehmen ihr Umfeld verengt wahr, wie durch einen dunklen Tunnel; sie sind ideenlos; Job, KollegInnen, KundInnen sind ihnen gleichgültig geworden; sie haben innerlich längst gekündigt; sie sind ausgebrannt.

Rund zwanzig Prozent der Berufstätigen finden sich im Krankheitsmodell des Burn-Out Syndroms wieder. Und die Zahl wachse überdimensional. Noch dazu kommt dieser Modebegriff leichter über die Lippen als der stigmatisierte Titel „Depression“; wiewohl die Grenzen fließend sind. Krankenstände aufgrund psychischer Ursachen verdoppeln sich in 15-Jahres-Schritten. Psychische Erkrankungen sind mittlerweile primär ausschlaggebend für Frühpensionierungen. Und die Zahl der von Medizinern verschriebenen Psychopharmaka hat sich in den letzten fünf Jahren um 30 Prozent erhöht!

Doch wir bleiben weiterhin im Hamsterrad. Immerhin ist der Job so schön prestige-trächtig. Und das Schmerzensgeld passt auch. Man erkennt sogar: die innere Leere kommt vorrangig in Pausen. Also: lassen wir's zu keinen Pausen kommen. Zeit ist Geld. Besser ein paar Psychopharmaka einwerfen oder, wenn's schon sein muss, für zwei Wochen in eine schicke Psychobehandlung, und dann müssen die Batterien wieder aufgeladen sein.

## Dasselbe fatale Muster: Seelenverlust

Was macht Leben aus? Selbst jede Protein-Analyse und jede Codierung von Gen-Sequenzen lassen uns nicht verstehen, was Leben wirklich ist. Dabei braucht es offensichtlich nur ein paar Ingredienzien: so besteht ein etwa 70 Kilo schwerer Mensch zu zwei Dritteln aus Wasser; konkret aus 44 Kilo Sauerstoff, 14 Kilo Kohlenstoff, 7 Kilo Wasserstoff, 2 Kilo Stickstoff und 1 Kilo Kalzium. Dazu gehört noch ein bissl Energie. Fehlt da nicht noch etwas zum Wunder Mensch?

Egal ob bei beruflichem burn out oder Lustlosigkeit im privaten Bereich. Das fatale Muster für's Unglück lautet: ich habe ein „mechanisches" Menschenbild; input, output; ich erwarte viel und noch immer mehr und hab das Gefühl, wenig bis nichts zu erreichen. Der gesellschaftliche, wirtschaftliche Druck wie auch der private steigen. Die Wünsche galoppieren wie Wildpferde davon. Überzogene Erwartungen von Workaholics wie Sexmaniacs, verbunden mit Stress und Belastungen, können nur in Erschöpfungszuständen bis zum Exitus münden.

Wer ständig getrieben unterwegs ist, der gibt seiner Seele keine Möglichkeit mehr, nachzukommen. Ein „seelischer Infarkt" droht, der jedoch als solcher nicht in den medizinischen Lehrbüchern aufscheint.

„Seelenverlust" nennen die Indios Burn-Out Krankheitsbefunde. Statt der Seele eine Pause zu gönnen, sich selbst wieder zu finden, Selbstheilungskräfte zu aktivieren, wird erneut versucht, einen Knopf zu drücken oder effizienteren Treibstoff zu finden, damit die Maschine wieder läuft...

# Work Life Balance

Es war ein gelungener Vorstoß, den chronisch Überarbeiteten einzureden, sie sollten auf ihre „Work-Life-Balance" achten. Eigentlich schon kurios genug, „Work" dem „Life" gegenüberzustellen und daraus eine bestmögliche Balance abzuleiten.

Ja, was ist denn mit uns geschehen, wenn Gesundheit und Privatleben vor lauter Karrierestreben auf der Strecke bleiben? Haben wir mit der Überbetonung von Work auf's Life vergessen? Gibt's denn noch etwas außerhalb der klimaregulierten, neonbeleuchteten Jobbunker? Dann müssen wir das in unsere Terminkalender rot eintragen, um nicht ganz darauf zu vergessen! Jetzt aber schnell ein Time-Management-Seminar buchen...

Und genau so schauen die Work-Life-Balance Tipps aus: „Widmen sie sich ihrer Energie-, Bewegungs-, Mental- und Ernährungsbilanz! Achten sie auf den Ausgleich; auf ihre Zufriedenheit, darauf, täglich mindestens eine Stunde für sich zu haben." – Und jeden zweiten Tag sollen sie eine halbe Stunde laufen, und zweimal pro Woche sollen sie ins Fitness-Center, und sich gesund ernähren, und Blutdruck messen, und Obst, und kein Fett, und vergessen sie nicht...

Na Gratulation, wenn das die vielgepriesene Balance ist: Nach dem Stress im Job geht's mit dem Privat-Stress weiter. D'Hauptsach', wir sind in Bewegung; damit wir ja nicht zum Nachdenken kommen, denn dann könnt's überhaupt aus sein mit der ganzen Balance...

Die Versprechen der Work-Life-Balancer entpuppen sich als Mogelpackung. Denn die, die genug – gutbezahlte – Work haben, um sich das Life – wie in Ratgebern beschrieben – samt Beauty, Sport- und Ernährungsprogramm leisten zu können, haben keine Zeit für dieses Life. Und die, die Zeit für's Life hätten, haben keine Work zur Finanzierung desselben.

Offenbar ist's also alles andere denn einfach, den Spagat zwischen Berufs- und Privatleben zu schaffen. Damit gibt's zwei mögliche Lösungsansätze: A) wir erhöhen den Trainingsaufwand für Work-Life-Balance (was viele, am sicheren Weg zum Herzinfarkt, leider tatsächlich machen) – oder B) wir legen Work & Life zusammen, sprechen nur mehr von „Life" und davon, es bestmöglich zu gestalten.

## Verbrechen gegen's eigene Leben

Die Welt besteht aus wenigen, die sich zu leben trauen, und vielen, die zuschauen, wie die anderen leben und darüber eventuell die Nase rümpfen, was sich diese „erlauben"...

Man müsste sie ja bewundern, wenn sie nicht zu betrauern wären: die unzähligen Zeitgenossen, die tagein, tagaus in Büros, Arbeitsstätten erscheinen, und es als bekannten Begleitumstand registrieren, dass sich am Weg dorthin ihre Mägen zusammenkrümmen. Das Hirn impft ihnen dann Durchhalteparolen ein wie „nur noch 17 Jahre bis zur Pension".

Wie kann man solche Verbrechen gegen das eigene Leben begehen?! Vor allem sind jene unverbesserliche Wiederholungstäter! Immer und immer wieder erkennen sie, dass sie den Job eigentlich nicht machen wollen; immer und immer wieder gehen sie hin und biegen die vereinbarten Stunden ohne Engagement runter. Doch sie haben etwas von work-life-balance gehört; so „belohnen" sie sich für ihre „aufopfernde" Tätigkeit. Vom verdienten „Schmerzensgeld" wird dann eine Monatskarte im Squash-Klub gekauft; und dann können sie allabendlich richtig frohgemut in einer stickigen Koje auf einen Ball dreschen – und der Ball mag stellvertretend für vergebene Lebenschancen malträtiert werden.

Wer im Automatikgang – untertourig und sparsam – durch's Leben steuert, wird unflexibel für Veränderungen. Ja, der Autopilot sieht die Chancen gar nicht mehr, übersieht die Vielzahl an Möglichkeiten.

## Eros oder €uros?

*„Verfluchte Gier nach Gold!"*
VERGIL

„Beherrschen Sie die Macht-Tricks!"
„So managen Sie sich zum Erfolg!"
„Power-Rhetorik macht Sie zum Sieger!"
„So gelingt die Karriere, so bleibst du ewig jung, so bist du unbesiegbar..."
5.000 – 6.000 Werbebotschaften prasseln tagtäglich auf uns nieder. Alles ist machbar, alles ist erreichbar. Erfülle die Träume, die wir dir so schön am Silbertablett servieren.

Unsere Kultur des 21. Jahrhunderts ist auf €xpansion getrimmt: Ja, der Tippfehler könnte nicht besser gesetzt sein: es zählt die Vermehrung der Euros! Diesem Fetisch des Profitwachstums wird alles zum Fraße vorgeworfen, was jemals an Werten existiert hat. Denn all die Glücksversprecher wollen letztlich nur Eines: dass wir ihnen ihre Botschaften, noch besser ihre Produkte abkaufen. Um jeden Preis!

Das (Berufs-)Leben ist zum Ausscheidungs-Wettkampf geworden, zum beinharten Effizienz-Steigerungs-Parcours, auf dem's nur noch Verlierer gibt und die vermeintlichen Sieger ihren Erfolg bzw. ihr Einkommen aus der „Betreuung", dem Verarzten, Pflegen und Beistand, der Opfer beziehen.

Wo sind wir angelangt im Wettlauf um die besten Plätze, beim Stieren auf Wachstum und Profit? In Statusdenken und Größenwahn? In all unseren Karriere- und Lebensplänen?!

Indem uns die Werbeindustrie permanent bedürftig hält, trägt sie zu einem Unzufriedenheitsklima bei. Nicht dazuzugehören bei den diversen VIP-Events von Salzburger Festspielen bis Monaco-Grand Prix, weder beim Opernball noch beim Life-Ball gehuldigt zu werden, schmerzt.

Und wir betäuben uns mit noch nie registrierten Mengen an Alkohol – 40 Prozent aller ÖsterreicherInnen trinken mehr Hochprozentiges als gesundheitlich vertretbar ist, Nikotin, Drogen und sexuellen Perversionen. Auch hier sind Wachstums-Rekorde zu verbuchen...

Sind wir darauf stolz? Ist das wirklich jenes Leben, das wir uns wünsch(t)en?

## Nutzen, Profit, Benefit

„Wir müssen unseren Kunden Nutzen bieten", mahnen die Verkaufsfritzen. „Wir müssen dem Gegenüber konkrete Benefits offerieren", und sämtliche Consulter stimmen mit ein, „wir können Klienten nur dann zufrieden stellen, wenn wir ihnen einen Profit geben!" – Die Strategie unserer Kommunikation läuft auf Nutzen hinaus. Wie hole ich mir Nutzen? Notfalls muss ich eben anderen Nutzen geben. Nutzen, Zusatz-Nutzen, Tertiärer Nutzen, benutzen, abnutzen, nutzlos...

Was ist der Maßstab für Nutzen? Euro- oder Dollarzeichen in den Pupillen? Was muss ich denn kriegen, damit eine Begegnung nutzbringend wird? Ich bin überzeugt, dass die Nutzen-Einstellung maßgeblich an unserer Unzufriedenheit schuld trägt. Wir messen uns und einander an den gängigen, medial aufbereiteten Profit-Maßstäben – und verzweifeln daran. Denn unbestritten ist Bill Gates liquider, sind Penelope Cruz und Robert Redford attraktiver, und gescheiter waren Einstein, Da Vinci.

Welche Benefits können wir einander also bieten? Reichen schon Zuhören, Lachen, Interesse, füreinander Dasein? – Leider nicht: wir suchen, angeregt durch die Werbung, das „große Abenteuer". Führ' mich in die tollsten Restaurants, zeig' dich mir in den reizvollsten Dessous, und dein neuer 7er BMW, wow...

Wir müssen einander etwas bieten! Und wer nichts zu bieten hat, hat verloren!

Willkommen im Loser-Club! Denn es gibt immer wen, dem unser vermeintlich erbrachter Nutzen als zu gering erscheint. Und wenn tatsächlich alle Chefs, KollegInnen, PartnerInnen, Väter und Mütter, Töchter und Söhne, Nachbarn, Freunde und Bekannte für Momente ausreichend beglückt scheinen, so gibt's einen Garant für „noch immer nicht genug": das EGO...

Klaus Wohlschak

## Der Tag kommt bald

*Der Karpfen ist rot und die Sonne ist blau*
*und lila leuchtet der Wald.*
*Kummervoll heult in der Nacht ein Chow-Chow.*
*Warte, der Tag kommt bald.*

*Deine Augen sind schwarz wie Ebenholz*
*und hell wie bengalisches Licht*
*in der Nacht und der Glanz des roten Golds*
*leuchtet aus deinem Gesicht.*

*Deine Haut ist so weiß wie Elfenbein,*
*wie Bambus schwankst du im Wind.*
*Ich möchte so gerne ein Windstoß sein,*
*damit wir beisammen sind.*

*Der Duft der Kamelie in deinem Haar*
*ist jung und nie wirst du alt.*
*Ich will nicht vergessen, was zwischen uns war.*
*Warte, der Tag kommt bald.*

*Es trocknet das Eis und das Wasser gerinnt*
*wie die Tränen deines Gesichts.*
*Ich möchte, dass wir zwei beisammen sind*
*am Tag des Jüngsten Gerichts.*

## Der verkaufte Eros

Jede Begegnung, jedes Miteinander – ob beruflich oder privat – wird heute auf die „was bringt mir der Kontakt“ Waagschale gelegt. Menschen widmen sich einander nicht mehr. Widmen heißt: Interesse zeigen, fragen, erstaunt sein können, wertschätzen...

Eros ist in der Krise. Er wurde beschnitten. Entstellt zu Sexus, Pornos. So schrill und aufdringlich wollte er nie sein. Er ist zutiefst traurig, verständnislos, ungeduldig, verbittert, wenn so viele Leute die Schönheit des Augenblicks nicht mehr sehen können/wollen. Kopfschüttelnd registriert er, wie Menschen, deren Sehnsucht sie ans Meer getrieben hatte, ihre Mundwinkel nach unten krümmen, weil sie nur mehr Salzwasser schmecken können. Wie der einstige Tanz der Sinne zu einem automatisierten Bewegungsablauf verkommen ist. Wie statt Glücks-Jubelschreien nur mehr Nett-Prädikate vergeben werden.

Wo nur noch Nutzen und Verkaufsabsicht dominieren, wird jener verkauft, dem dieses Buch gewidmet ist: EROS.

## Es gilt, Eros zu rehabilitieren!

Eros ist das Gegenmodell von Wachstum und Profit um jeden Preis.
Nämlich: Lust am Spiel, Neugierde, Freude, Sein,...

„Es gibt Klavier-Spieler und Klavier-Sportler“, meint der chinesische Klavier-Lehrer Emil Tsang. Wir sollten aus dem Daseins-Sport wieder den Lebens-Zauber entstehen lassen. Freund Felix zitiert seinen Querflöten-Lehrer: „Du musst jeden Ton in dir zuerst zu einem Diamanten formen, bevor du ihn rauslässt!“

Es gilt, nicht die Umwelt zu erobern und ihr den Stempel aufzupressen, sondern sich der Fülle des Augenblicks, der Melodie des Moments, demütig zu unterwerfen.

## Vergleichen Sie Eros zu Tode

Wie können Sie garantiert Eros vertreiben? – Indem Sie Situationen, sich selbst mit anderen vergleichen.
Diese Erkenntnis bildete sich am Sommerfest einer großen Privatbank. Exklu-

sives Ambiente auf der Aussichtsterrasse der Wiener Albertina. Live-Musik. Do & Co Häppchen. Ein paar hundert geladene Gäste. Bundeskanzler, Minister, Staatssekretäre, Präsidenten der Kammern, Generaldirektoren, Top-Journalisten, Anwälte, Immobilienhaie; kurz: alles, was Rang und Namen hat... Und irgendwie ist man halt auch dabei. Anwesend. Dabei und nicht dabei. Denn wirklich ernst genommen wird man ab 1 Million Euro Veranlagung. Bundeskanzler und Bank-Chef sprechen sich von der Bühne herab vertraut als Du-Freunde an. Die kesse Wirtschaftsjournalistin wirft ihr Haar dem Wirtschaftsminister über die Schulter. Der oberste Bankenaufseher tauscht mit dem Generaldirektor einige Insider-Infos aus. Wirtschaftsmagnaten, Politik und Journalistik feiern wieder mal ein trautes Familienfest.

Und man steht abseits. Man fühlt sich angesichts dieser Zelebritäten als unbedeutender Wurm. Wo bin ich hier?!

Und vor allem: wo ist Eros?

Eros sucht das Weite. Hier in dieser Umgebung wird einfach nur präsentiert. Hier muss man sich sehen lassen. Hier gilt's bloß, für ein Foto mit dem Generaldirektor als würdig erwählt zu werden.

*„Wir sehen die Dinge nicht, wie sie sind,*
*wir sehen sie, wie wir sind.“*
ANAIS NIN

## Macht und/oder Eros

Was sehen Sie, wenn Sie Ihre Umgebung betrachten? Was nehmen Sie zuerst, in Übergröße, wahr? Konkurrenten, Ausländer? Leute, die Ihnen etwas verkaufen im Sinne von aufschwatzen wollen? Zeitgenossen, die sich vordrängen, wichtig machen? Schöne Menschen? Interessante? Gar freundliche?

Das Thema „Macht“ gewinnt im öffentlichen Diskurs zunehmend an Terrain, ist die „Macht-Expertin der ersten Stunde“, Wirtschaftscoach Christine Bauer-Jelinek überzeugt und sie gründete deshalb das „Institut für Macht-Kompetenz©“. In dieser privaten Bildungseinrichtung wird, so steht es in den Unterlagen, „über Macht, Machtmissbrauch und Machtgestaltung reflektiert“, und die TeilnehmerInnen werden in Schwerpunkten wie „Mechanismen der Macht“, „Männermacht und Frauenmacht“ oder „Insignien der Macht – wie Outfit und Verhalten den Erfolg beeinflussen“, zu Macht-SpezialistInnen ausgebildet. „Denn ob es uns passt oder nicht“, so die Macht-Expertin, „ohne Macht geht es nicht.“

Gratulation! Frau Bauer-Jelinek tut sich einiges an; denn sie will sich der Macht in Beratung, Persönlichkeits-Coaching, Diplom-Lehrgängen, Workshops, Forschungsaufträgen, internationaler Vernetzung, Symposien u.s.w. widmen. Macht, Macht, Macht, tagein, tagaus... In Ausübung von Macht , Abwehr von Machtmissbrauch und – so wörtlich – „kontrolliertem Einsatz von Kampftechniken, um Konflikte und Energieverlust zu vermeiden und Ziele zu erreichen". In der „Meisterklasse Bauer-Jelinek" erhalten die AbsolventInnen „den letzten Schliff für den Einsatz aller Macht-Instrumente". Ganz nach ihrer persönlichen Überzeugung: „Gute Chancen im wirtschaftlichen Überlebenskampf hat, wer rechtzeitig erkennt, dass die Zeiten von Frieden und Sicherheit vorerst einmal vorbei sind, dass Krieg herrscht in der Wirtschaft."

Dieses Macht-Konzept ist wohl durchdacht und legitim. Ich nehme mir allerdings das Recht heraus, ein „nicht-kriegerisches (Berufs-)Weltbild" zu zeichnen und meine Skepsis zur alleinigen Verwendung der „Macht-Brille" anzumerken. Es ist für mich eine horrible Vorstellung, schon mit dem Gedanken zu erwachen: an wem werde ich heute meine Machtphantasien ausleben? Von wem könnte heute Machtmissbrauch drohen? Und wie kann ich mich noch besser zur Wehr setzen?! Denn ich stelle meine Stacheln auf; mit mir nicht... Mich macht keine/r mehr machtlos... Ich werde ein „Machtwort" sprechen, und wenn die Argumente nicht mehr reichen, werde ich kämpfen. Meine „Waffenkammer" ist gut bestückt! Ich kenne die „Machtstrategien in der Praxis" und Mechanismen der Macht, du brauchst mich gar nicht erst so unschuldig anzulächeln, ich weiß genau, dahinter verbirgt sich eine latente Machtstrategie, die nur auf meine Unterwerfung abzielt... Ich weiß, wie ich trotz „Business-Krieg" mit erfolgreich angewandter „Macht-Kompetenz" erfolgreich wirtschaften kann. Ich kämpfe am und um den Arbeitsplatz. Jawoll, Kampf ist meine Parole!!! Als einzig richtiger Gegenpol zum Zwang des Managements zu Umsatzsteigerung und Kostenreduktion.

„Die Welt ist, wie du sie siehst", mahnt Clown-Freund Michael. Auch – und gerade – die Berufswelt.
Sehen Sie Macht, Ohnmacht, Machtmissbrauch?
Wagen Sie, auch Charme, Freude und Eros zu sehen?
Ja, gerade auch an Ihrem Arbeitsplatz, im Umgang mit KollegInnen und Kunden, in Ihrem Unternehmen, beim nächsten Geschäftstermin?
**Dieses Buch ist die Anti-These zum „Macht-Absolutismus"!**

# Transitkarte, die Leben heißt

A. spricht von einem Auftrag, von einer Verpflichtung, auch etwas zu tun, wenn man schon „die Transitkarte, die Leben heißt", erhalten habe. Transit: wir sind Passanten. Auf Durchreise. Und keiner weiß, wie lange er für den Abschnitt Erde, für die Strecke Wiege bis Bahre, brauchen darf. Das Gebot der Stunde lautet: nütze deine Zeit, wenn sie dir gegeben ist...

Denn die Nachricht von C. und U. geht besonders nahe: „Tieftraurig stehen wir vor der Tatsache, dass unser erstes Kind im 6. Schwangerschaftsmonat gestorben ist." Dieser Transit erfolgte auf der Express-Spur. Doch Zeit ist relativ: 85 wurde der Publizist und Querdenker Günther Nenning, 70 der Entertainer Rudi Carrell. 60 der Sänger und Komponist Drafi Deutscher, 50 der Autor und Verleger Hubertus Czernin. Ihnen allen wurde in diesen Tagen das Transitticket entzogen. – Wie auch jenem Führerscheinneuling, der mit seinem Alfa an einen Baum krachte.

Sie alle hatten wohl noch Pläne – oder/und man hatte solche mit ihnen. Was hatten jene vor, die am Morgen des 11. 9. 2001 ins New Yorker World Trade Center gingen, ehe es samt Tausenden Opfern in Schutt und Asche zusammenbrach. Welche Visionen und Wünsche hatten die Menschen am 26. 12. 2004 am Strand von Banga Aceh in Sri Lanka, ehe die große Flutwelle sie mitsamt ihren Träumen wegspülte. Und jetzt, in diesen Momenten, da ich schreibe und Sie lesen, werden hoffnungsfrohe Menschen von Herzinfarkt, Hirnschlag, oder einem Geisterfahrer von der Lebensbühne geholt. Aus. Vorbei. Vorhang fällt. Unwiderruflich. Und keine Zugabe. So viel hätte man vor gehabt. Leider. Zu spät. Und nicht mal mehr Applaus gibt's.

Wozu also Pläne machen? Es gilt einzig und allein, dass wir unsere Transitkarte ausnützen! JETZT! Denn sie gilt rund um die Uhr. Jederzeit. Und an allen Orten! Allerdings bis auf Widerruf! Der oberste Kontrollor könnte sie im nächsten Moment einziehen. Was hilft's zu fluchen, wenn die italienische Bahn streikt und die geplante Reise nach Bozen am Brenner endet?! Besser man geht in den ungarischen Speisewagen – und isst ein köstliches Gulasch.

„Eros = Liebesgott, Barockengerl mit Pfeilen, Lauben, Galane, weiße Perücken, Rokokodamen mit tiefem Ausschnitt, der Busen vom Korsett zusammen- und beim Ausschnitt fast hinausgedrückt, Wespentaille und weiter Rock..."

*Angela und Harry Beck*

## Eros im Tunnel

„Menschliche Tragödien rund um mich. Im Job „bärt's", wie's so schön heißt. Und das Knie ist geschwollen, auch noch 6 Wochen nach der Operation. Meine heimlichen Favoriten, die Tschechen, sind bei der Fußball-WM ausgeschieden.
Ob der „Eros des Lebens" doch nicht so allgegenwärtig ist, wie ich mir das wünschen würde?
„So wirklich erotisch schaust nicht aus der Wäsch' mit deinem Thrombosestrumpf", stellt meine Frau fest. Das weiß ich selbst, drum „laufe" (welch Bezeichnung für meine Fortbewegungsart) ich mit langen Hosen durch die Gegend, bei 33 Grad im Schatten...
Ja, ja, es gibt sie – die beschissenen Phasen im Leben. Wüsste ich nicht, dass das nur ein finsterer Tunnel ist, dem das Licht folgt, ich würde verzweifeln. So freue ich mich auf das Licht, weiß, dass die sonnige Landschaft nach dem Tunnel mein Herz höher schlagen lässt ob der Schönheiten, die das Leben für uns bereithält – und ich bin selbst bereit, all das Schöne wahr und in mich auf zu nehmen.
Und doch: Mitten drin im Tunnel, da ist's einfach nur finster."

*Ing. Hans Rupp, www.stadt-land-impulse.at*

# Antreiber, die Eros vertreiben...

Die Transaktionsanalyse, eine an der praktischen Psychotherapie und Beratung orientierte Betrachtungsweise menschlichen Erlebens und Verhaltens, kennt sogenannte „Antreiber", die bestimmte Bahnen in unserem Hirn aktivieren. „Glaubenssätze" haben sich über Jahre und Jahrzehnte in uns programmiert und wirken als Muster für unsere Wahrnehmung wie für unser Handeln. Als Leitsätze können sie zu LEIDsätzen werden, die das Positive verhindern und uns in Dauertrab halten. Und speziell einen Schachmatt setzen, der so gar nichts mit einschränkenden Programmen zu tun haben will: Eros.
Aus dem „Eltern-ICH" kommen die klaren Aufträge:
„Sei perfekt!"
„Gib dir Mühe – streng' dich an!"
„Beeile dich – mach' schneller!"

„Zeige Stärke!“ und „Mach’ es jedem recht!“

Speziell der letzte Satz, getragen von Harmonie-Sucht, gepaart mit einem überzogenen Perfektionismus, lässt den Empfänger bzw. die Empfängerin rund um die Uhr hecheln, um nur ja von allen anderen geliebt zu werden; keinesfalls Ablehnung zu erfahren.

Ich mache alles, werde alle Dinge übererfüllen, strenge mich rund um die Uhr an, tu’ alles, so schnell als möglich, und zeige keine Schwäche dabei; denn Erfolg fällt nicht vom Himmel und muss hart erkämpft werden... – Können Sie sich vorstellen, wo diese Antreiber hinführen? Sie leisten ganze Arbeit und vertreiben Eros auf Nimmerwiedersehen!

Wer diese Antreiber nicht kennt, ist das – laut Transaktionsanalyse – „freie Kind“. Dieses will entdecken, will spielen, genießt die Möglichkeiten, die Vielfalt. Das innere, freie Kind ist der Zwillingsbruder von Eros!

Fatal wird’s, wenn der „Perfektions-Antreiber“ selbst an Eros Gefallen findet: dann jagen die bemitleidenswerten Geschöpfe dem perfekten Genuss nach... Ohne ihn je finden zu können!

*„Alles in der Welt ist merkwürdig und wunderbar für ein paar wohlgeöffnete Augen.“*
JOSÉ ORTEGA Y GASSET

## Was gehört zum Schönsten, das Sie auf dieser Erde erleben können?

- Ein überraschender Anruf eines Freundes, einer Freundin.
- Das erste Lächeln Ihres Babies.
- Die spontane Einladung zu Eierschwammerln und Eismarillenknödeln.
- Der Auftrag für ein neues, spannendes Projekt.
- Lob und Anerkennung durch einen vermeintlich nicht gewogenen Kollegen.
- Die sinnliche Jahres-Feier der Partnerschaft vor dem offenen Kamin.
- Sexuelles Neuland; rasende Leidenschaft.
- Die Entdeckung eines Spitzenlokals, nachdem man irgendeinen Weg nahm.

- Die Genesung nach schwerer Krankheit.
- Geborgenheit, das Gefühl des All-Eins-Seins.
- ...

Haben all die und Hunderte andere Glückserlebnisse etwas gemeinsam?! – Sie können nicht geplant werden. Auch die ausgeklügeltste Strategie kann's nicht garantieren.

Die Strategie, die Planung sind des Zaubers Tod.

Ergebnisorientierung nach der Matrix killt Faszination.

Was aber praktizieren wir in Beruf, Karriere und Privatleben? Wir planen, wir strukturieren, wir kontrollieren die Effizienz, wir rationalisieren, wir komprimieren, wir resignieren... Weil uns das Beste am Leben abhanden kommt: Eros.

## EROS: Erfolg = Resultat offenen Spiels

Ich lebe seit 15 Jahren ein anderes Leben. Nein, nicht als realitätsferner, schrulliger Aussteiger im selbstgestrickten Schafwollpulli.

Sie können mich am Aussehen nicht wirklich von den Bankern, Lehrern und Beamten unterscheiden. Gut, ich trage prinzipiell keine Krawatten, und vielleicht mal etwas farbenfrohere Hemden. – Die Reizmuster in meinem Hirn, die Sehnsüchte in meinem Herzen sind anders: denn ich mache nicht mit beim Wahn der fleischverarbeitenden Medien-Society-Maschine, in der die Menschen nach NEWS-Wert durchfaschiert und im nächsten Moment wieder ausgespuckt werden.

Ich spiele ein anderes Spiel, das ich erst nach diesen 15 Jahren Selbstständigkeit benennen kann – und dieses heißt EROS.

Der Erfolg nach diesem Prinzip ist ein Resultat Offenen Spiels.

Es treffen sich zwei am Marktplatz des Lebens, finden Gefallen am jeweiligen Angebot, den Visionen des Gegenübers und so probieren sie's miteinander. Sie treten in einen Geschäftskontakt. Kon-Takt; das heißt: sie beginnen, miteinander zu schwingen. Es schaukelt sich etwas auf; Energie entsteht. Und wenn sich beide immer mehr darauf einlassen, kann etwas Tolles daraus entstehen. Nur dann. Und nicht, weil ein achtseitiger Kooperationsvertrag befolgt werden muss.

Wenn ich jedoch zunächst meine Machtkreise abzirkle, wird es bloß ein Kampf um Thron und Unterworfene. Wer kann da am Ende zufrieden sein? Ist ein Sieger wirklich froh, wenn er den Besiegten röchelnd im Blut liegend betrachtet? Und gleichzeitig skeptisch um sich schaut, in Angst vor dem nächsten gezückten Messer?

## „Eros of Life“

Eros, der Lebensfrohe, hat sich bewusst für ein aufregendes Leben mit ständigen Überraschungen entschieden. Schon beim Erwachen begrüßt Eros dankbar den Tag, in Vorfreude, welches Geschenk dieser aus seinem prallen Sack für ihn herausholen wird.

Eros sagt prinzipiell Ja, zu allem, was da auf ihn zukommen mag.

Eros muss nicht, er kann, er darf, er will...

Eros ist fasziniert und überwältigt von der Fülle wie Vielfalt des Seins. Von der Fülle der Möglichkeiten, sich zu zeigen, zu verstecken, auf wen zuzugehen, wem die kalte Schulter zu zeigen, sich zu blamieren, zu genießen, wen zu umarmen...

Die Grundeinstellung von Eros ist Dankbarkeit: für jeden Sonnenstrahl, für den Regen, für die Gesellschaft eines interessanten Menschen, für die Schönheit, für Vogelgezwitscher am Morgen, für den Ausblick auf Berge, Seen,...

Eros liebt und lebt seine Kreativität – die Spontaneität des Augenblicks.

Eros lässt sich gerne von Verrücktheit verführen. Er schmückt jeden Tag mit einigen Einfällen – und schwimmt so mutig gegen den Strom aus Pflichten und Erwartungen.

Eros pflegt seine innere Schatztruhe – aus Erinnerungen, Träumen, Sehnsüchten, Potenzialen. Und er öffnet sie regelmäßig, um diese rauszulassen...

Eros vertraut und lässt den Dingen weitestgehend ihren Lauf. Vieles erledigt sich von selbst. Er muss nichts bis ins Detail planen.

Eros gönnt sich kunterbunte Momente nach dem Lustprinzip; das reicht von Palatschinken über den 100. gekauften Füllhalter bis zum unvernünftig teuren Hotelzimmer mit Seeblick.

Eros macht aus einem Essen ein kulinarisches Erlebnis,
aus einer Fahrt von A nach Z eine unvergleichliche Reise,
aus einem Getratsche ein tiefsinniges, sinnliches Gespräch,
aus einer Jahreshauptversammlung ein Ereignis, bei dem man dabei sein musste,
aus pflichterfüllendem Dasein ein wunder-volles Leben!

## Lassen Sie Eros ran...

„Eros ist die stärkste menschliche Triebfeder", weiß Leopold Achathaller. Eros ist somit Herr unserer Motivation. Eines Antriebs, der ins Positive zielt. Denn Eros hat selektives Wahrnehmungs-Vermögen für das Helle, Schöne.
Im wirtschaftlichen wie auch privaten Dauermarathon ist kein Durchatmen möglich. Batterien können nicht endlos geladen werden. Der empfundene Druck kann nicht mit noch mehr Druck gelöst werden. Sondern nur, indem diese fatalen Muster durchbrochen werden. Und eine Tür geöffnet wird – zu neuen Handlungs- und Entscheidungs-Spielräumen.

Lassen Sie Eros diese Tür suchen – und öffnen.
Lassen Sie Eros Ihren Herzens-Ton finden – und stimmen Sie ihn an.
Lassen Sie Ihre Seele wieder Luft holen.
Lassen Sie Sinnlichkeit und Spiel wieder in Ihr Leben.
Lassen Sie...

Und nutzen wir das, was uns vom Hamster im Rad unterscheidet: Unseren freien Willen, der uns zum Ausstieg befähigt; der uns Wahlfreiheit schenkt. Und unsere Kreativität; die uns Scheuklappen abnehmen und neue Möglichkeiten erkennen lässt.

*„Eros ist ein Grundrauschen des Entzückens.*
*Nur wenn diese Basis vorhanden ist,*
*kann's Eruptionen der Glückseligkeit geben."*
JÖRG BUSCH

## Die Kraft der Imagination

Der „Eros of Life“ fokussiert auf das Schöne und Positive im Leben. Allerdings dürfen wir die Dualität (Leben/Tod; Liebe/Hass, etc.) nicht ausklammern.
Die Fokussierung auf das Schöne und Gute hat immer dann seine Berechtigung, wenn wir als Menschen eine wirkliche Wahlfreiheit haben. In manchen Situationen unseres Lebens ist diese Wahlfreiheit durch äußere Umstände allerdings (vorübergehend) eingeschränkt. Schicksalsschläge kündigen sich selten an und fordern uns besonders heraus.

Eros soll auf keinen Fall eine Verlockung zur Verdrängung von z.B. Trauer, Schmerz oder Wut darstellen. Wir müssen jedoch nicht ein Leben lang mit der Einschränkung unserer Wahlmöglichkeit auskommen. Nach einer Phase der Trauer ist es sehr wichtig, auch den Eros des Lebens wieder zuzulassen.
Psychologisch gesehen kann man in der heutigen Zeit gerade auch mit den bildgebenden Verfahren, wie Magnetresonanztomografie, viele Dinge wissenschaftlich belegen, die uns unsere Vorfahren in das Stammbuch geschrieben haben. So wird der Einfluss unserer Gedanken auf unseren Körper, Geist und unser Leben wissenschaftlich untersucht. Und man hat die enormen Auswirkungen der Imagination auf unser Leben feststellen können.
Zum Beispiel präsentierten Forscher der Universität Essen Untersuchungen an Personen, die autogenes Training betreiben und deren Gehirne nachweisbar darauf reagieren. Während man den Versuchspersonen typische Anweisungen (stell dir vor, dein linker Arm wird schwer, etc.) gab, beobachteten die Wissenschaftler, was in den Gehirnen vor sich ging. Dieses Verfahren kennzeichnet diejenigen Hirnregionen, die besonders aktiv sind. Das Ergebnis: Während die grauen Zellen der unerfahrenen Probanden unbeeindruckt blieben, beobachteten die Forscher bei den trainierten Versuchspersonen eine erhöhte Aktivität in dem Hirnteil, der unsere Bewegungen steuert.
In einem anderen Experiment wurden Gruppen von Versuchspersonen gebeten, zu bestimmten Themen zu diskutieren. Eine Gruppe unterhielt sich darüber, was man im Supermarkt alles machen könne. Andere wurden aufgefordert, möglichst viel zu finden, was man in einem Restaurant erleben könnte. Und eine Gruppe bat man, sich über Wehwehchen betagter Menschen zu unterhalten. Nach einiger Zeit wurden die Diskutanten wieder nach Hause geschickt. Was die Versuchspersonen nicht wussten, war, dass die Forscher jene Zeit stoppten, die sie bis zum

Ausgang brauchten. Das interessante Ergebnis zeigte, dass jene Gruppe am langsamsten war, die zuvor über alte Menschen diskutiert hatte. Alleine die Beschäftigung mit dem Thema „Alter" hatte ihren Schritt merklich verlangsamt.
Wäre es nicht interessant herauszufinden, ob die Beschäftigung mit Eros unseren Schritt beflügeln würde?!
Es zeigt sich in zahlreichen psychologischen Untersuchungen, dass der Einfluss unserer Vorstellungen sogar noch größer ist, als bisher angenommen. Die selbsterfüllende Prophezeihung ist schon lange in der Psychologie bekannt.
Sie sehen, wie wichtig eine positive Ausrichtung in unserem Leben ist. Jeder gute Gedanke verändert Atmung, Blutdruck etc. Versuchen Sie viel öfter, das Schöne im Leben zu genießen und nehmen Sie sich die Zeit, über Ihren Eros nachzudenken. Sie wissen ja jetzt – positive Bilder bahnen sich ihren Weg durch Ihr Gehirn – dem Sitz Ihrer Lebenszufriedenheit und Vitalität.

*Mag. Sabine Prohaska, www.seminarconsult.at*

## ICH und DU zum WIR

*„Liebe, Glück, Sehnsucht, Erfüllung,*
*das ist EROS für mich:*
*... das Leben lieben,*
*... eine schöne Landschaft betrachten,*
*... mit netten Menschen zusammen sein.*
*... Bedürftigen Trost und Hilfe schenken.*
*... genussvoll in der Sonne liegen.*
*... Vogelgezwitscher lauschen.*
*... ein interessantes Buch lesen.*
*... eine laue Sommernacht auf der Terrasse verbringen.*
*... den Duft meiner Rosen im Garten einatmen.*
*... an einen geliebten Menschen denken.*
*... die Stille genießen.*
*... mit offenen Augen träumen.*
*... wenn das ICH mit einem DU zu einem WIR wird."*

*Eleonore und Hans Greisinger*

*„Nicht mitzuhassen,
mitzulieben bin ich da!“*
SOPHOKLES

# 11) Eros – hin zum Wahren, Guten, Schönen!

## Hallo, hier bin ich wieder...

**Eros.**
Hören Sie,
verstehen Sie mich jetzt?
Fast nicht, sagen Sie?
Nur ganz leise?
Ich solle lauter und kräftiger sprechen;
mich klarer und deutlicher artikulieren.
Aber das tu' ich doch; korrigiere: das tat ich doch...
Nur Sie wollten mich nicht wahrnehmen.
Haben meine Anregungen als Kinkerlitzchen, als Kindheiten verächtlich gemacht.
Und lieber ihm das Kommando übertragen:
Dem Verstand.
Na klar, er tritt ja auch viel imposanter auf.
Gut gekleidet, gekämmt, mit Krawatte, souverän...
Nicht so... wie ich.
- Wie sehen Sie mich denn?
Bunt, zerzaustes Haar, die Knöpfe des Hemds/der Bluse falsch zugeknöpft,
oh: da ist ja ein Loch in meiner Hose, ausgerechnet am Po...
Aber so sieht man nun mal aus, wenn man lebendig ist.
Und im Gras spielt, wenn einem danach ist.
Das kann Flecken geben.
Wann haben Sie sich zuletzt „bekleckert"?
Nein, ich meine nicht mit Kernöl oder Tomatensugo.
Wann haben Sie's zugelassen, sich mal dreckig zu machen?!
Wann haben Sie so richtig Leben leben lassen?!

Mein Gott, warum haben die Menschen nur soviel Angst vor mir!
Sie haben Angst, lebendig zu sein.

Das muss man sich mal auf der Zunge zergehen lassen...
Jaaa, auf diesäääääääärrrrrrrr... ***(streckt die Zunge raus).***
Und schon wenden Sie sich wieder ab von mir;
Denn man streckt die Zunge nicht raus!
Das – und so vieles andere – tut man nicht!
Hat Ihnen „ER" beigebracht.
Wie auch, dass Sie...
... nicht sagen, was Sie in diesem Moment empfinden...

Der Mensch müsse sich im Griff haben,
das zeichne den Erwachsenen immerhin aus.
Und wir sind doch alle erwachsen,
nein, natürlich nicht alle, hehehe,
da gibt es doch noch immer Spinner jenseits der 40,
die meinen, sie müssten sich vor der Verantwortung drücken.
Indem sie machen, was ihnen in den Sinn kommt.
Blödmänner! Blödweiber!
Das Leben ist nicht nur Honiglecken,
das weiß doch jeder.
Nur ein paar Komiker glauben, man muss keine Regeln beachten.
Die werden schon sehen, wie weit sie kommen.

Hallo, hier ist Eros,
hören Sie mich?
WOLLEN Sie mich endlich wieder hören?!
Bitte wenden Sie sich nicht länger von mir ab.
Ich bin Ihre Lebendigkeit, Ihre Leidenschaft, Ihr Antrieb.
Ich bin Adrenalin, Herzklopfen, positive Irritation!
Ich führe Sie zu Ihren Visionen, Sehnsüchten, zur Freude.
Lassen Sie nicht länger Barrieren zwischen uns sein;
Barrieren, aufgebaut aus Plänen, Konzepten, Strategien,
Nutzendenken, Verträgen und Erwartungen.
Lassen Sie das Leben pulsieren,
Jetzt!
Eros lebe hoch!

*mg*

## Anziehung

„Eros ist für mich Anziehung.
Zwischen allen Lebewesen und Dingen.
Magnete, die sich unterschiedlich stark suchen,
geheimnisvoll wie der Herzschlag,
essentiell für unseren Fortbestand,
ein Rad, das sich immer dreht,
einmal schneller, manchmal langsamer."

*Felix Kurmayer, www.kurmayer.at*

*„Tower an Eros, Tower an Eros... sie haben Landeerlaubnis!"*
FLORIAN PACHEINER

# Die Macht des EROS...

Menschen, mit denen ich in den letzten Monaten ins Gespräch und damit auch auf Eros zu reden kam, hatten stets ein Lächeln auf den Lippen. Und alle versicherten mir: „Bin schon gespannt und neugierig auf das Buch."
Lächeln, Neugier und ein wenig Spannung, das sind schon gute Voraussetzungen, um dem Wesen des Eros näher zu kommen.
Die hilfreichste Annäherung ist jedoch, Eros selbst zu fragen. Ihren EROS, geschätzte Leserin, geschätzter Leser. –
Erlauben Sie, dass ich Sie nun direkt anspreche, zum Thema Eros.
- Was verbinden Sie mit Eros?
Was löst dieses Reizwort bei Ihnen aus?!
Was bedeutet Eros für Sie?
Was assoziieren Sie mit Eros?
Welche Bilder werden in Ihnen wach?
Bitte laden Sie ihn ein – hören Sie auf seine Stimme...
Lassen Sie Ihren Eros zu Wort kommen und Ihnen seine Botschaft ins Ohr flüstern...

# Eros & ICH: ..............................................................................

..............................................................................

In meinen Umfragen hörte ich folgende Antworten:
„Eros, das ist Lebensfreude, Inspiration, aufwallende Leidenschaft, Spannung, Reibung, wenn zwei sich begegnen – die sich selbst erotisch finden, Männlichkeit, das Weibliche, Sexualität, Penetration, Lust, schöne Dessous, Exhibitionismus, Musik, Stimmung, Ambiente, Genuss, Lebensenergie, Flirt, ansprechender Reiz, prickelnde Gefühle, das Geheimnisvolle, der mit dem Pfeil spielende kleine Liebesgott, Spannung und Entspannung, Anziehung, intimste Kommunikation, Erfülltsein mit Leben, Schönheit, Liebe...“

*„Von Eros Ramazotti bin i a bissl enttäuscht.*
*Da gibt der Namen mehr her als das Gesicht.“*

HARALD KRASSNITZER

**Eros**, griech. Gott der Liebe, sinnliche Liebe; philosophischer Drang nach Erkenntnis

Eros-Center, griech.-engl. verhüllend für Bordell

Eroten, geflügelte Liebesgötter, meist in Kindergestalt

Erotik, sinnliche Liebe

Erotika, sexuell anregende Gegenstände oder Mittel

Erotiker, Verfasser von erotischen Schriften; sinnlicher Mensch

Erotikon, erotisches Buch

Erotomanie, übersteigertes sexuelles Verlangen
*(Auszug aus dem Duden)*

# Sehnsucht nach der ganzen Kugel

So simpel, so hilfreich als Erklärungs-Modell: Platons „Kugelmensch“, vorgestellt in seiner Schrift Symposion, fast 400 Jahre v. Chr.

Wir Menschen waren demnach mal vierbeinig, kugelig, doppelgesichtig mit Rundumblick. Uns fehlte nichts. Und doch wurden wir übermütig, erzürnten die Götter. So griff Zeus ein und schnitt die Kugelmenschen kurzerhand entzwei. Prompt wurde damit ein neues Gefühl in die Welt gesetzt: die Sehnsucht nach der verlorenen Hälfte. Eros ward geboren...

Es ist unser Lebenslos, nach Vervollkommnung zu suchen. Wir wollen wieder „ganz“ werden. Und suchen diese Ergänzung: PartnerInnen sollen uns wieder „komplett“, und somit glücklich machen; Beruf, Vermögen, Reisen, Eindrücke, Ehrungen, Medienberichte,... Und der Antrieb dafür heißt EROS!

Mich spricht dieses Modell weit mehr an, als den Zauber der Sehnsucht & Liebe mit einem bloßen Hormoncocktail zu umschreiben, der unser Hirn außer Kraft setzt und dafür manch’ andere Körperregion mit Blut versorgt...

Wir streben nach Begegnungen, Projekten, Freund- und Partnerschaften, die uns das Gefühl geben, wieder einen Schritt näher zu unserer Ganzheit zu finden. Wir erliegen nur zu gerne dem Trugbild, wenn ein DU uns frappant an das Glücksbild in uns erinnert und diese Projektion eine ach wie schöne Fatamorgana ergibt.

Wir versuchen, uns im Außen, im Gegenüber fehlende Puzzlesteine zur vollen Identität zusammenzuklauben. Und müssen feststellen, dass alles zusammen letztlich nicht reicht! Denn vielleicht ist Eros auch (nur) im Innen zu finden?!

*„Erotik bedeutet, Schönheit zu erkennen und Freude daran zu haben. Genauso ist es mit dem Leben.“*

KARINA UND GUNTER HANEL-SCHLÖGL

## Eros, die Liebe; ursprünglich das Verlangen

Eros war einer der ältesten Naturgötter. Als kosmologischer Eros und Sohn des Chaos wird er als das die Welt zeugende Prinzip betrachtet.

Bei den alten Griechen erfahren wir die Geschichte von Liebes-Gott EROS. Seine Mutter Aphrodite war mit Hephaistos verheiratet; sie, die Göttin der Liebe, ließ sich auf einen Seitensprung mit Kriegsgott Ares ein; ja und aus diesem liebevoll-kriegerischen Akt entstammt Eros... Er soll aber mehr nach der Mutter geraten sein. Als solcher waltet Eros in der Geschlechterliebe – im Gegensatz zur Agape (lat. Caritas).

Nicht viel anders ist es in der römischen Göttergeschichte: Liebesgöttin Venus vereinigt sich mit Kriegsgott Mars und zeugt Tochter Harmonia. Jetzt wissen Sie, worin all das wohlig-schaurige Prickeln seinen Urgrund hat.

Dargestellt als nackter, kleiner Knabe, ausgerüstet mit Pfeil und Bogen, macht Eros die Menschen verliebt. In der bildenden Kunst ist Eros oft als geflügelter, heimlicher Begleiter von Liebespaaren und schönen Frauen zu finden. In der späteren Kunst begegnet man dieser Figur häufig auch in ganzen Gruppen, sogenannten Liebesgöttern oder Eroten.

Der Name Eros tritt erstmals auf bei Hesiod. Die Gattin des Eros heißt Psyche...

Später wird Eros auch allgemein als schöpferische Begeisterung aufgefasst.

Der in seiner Wortbedeutung sehr breite, umfassende Begriff Erotik spannt den Bogen von allen Erscheinungsformen der Liebe, von der biologisch-geschlechtlichen bis zu den geistig-seelischen Formen. Heute bedeutet Erotik vorwiegend die Geschlechterliebe als geistig-seelische Einheit. Als Bezeichnung für die körperlich-sinnliche Liebe wird vor allem der Begriff Sexualität verwendet.

Fündig geworden bin ich bei **PLATON**. Für ihn ist Eros ein allumfassendes Prinzip. Eros hält die Welt zusammen. Platon sieht Eros in der Schrift „Symposion“ (griech. Gastmahl) als Vermittlungsglied zwischen dem bloß Sinnlichen und dem rein Geistigen.

Das Symposion trägt den Untertitel „Peri erotos“: über die Liebe. Die Liebe wird als ein Verlangen nach dem Anderen verstanden, die Erfüllung des Verlangens ist begleitet von einem Phänomen namens Lust. Das Verlangen, Eros, gilt als Gott, dem menschlichen Zugriff enthoben. Und so finden sich im Symposion Athener Intellektuelle zu einem feuchtfröhlichen Gelage zusammen, um Lobreden auf Gott Eros zu halten. Und die Frage nach dem richtigen Umgang mit Eros markiert eine Geburtsstunde der Philosophie.

**Eros ist der Erkenntnistrieb, der Drang nach dem Schönen, aber auch nach dem Wahren und Guten.** Eros ist der Antrieb zur wahren Erkenntnis; das heißt zum Aufstieg in die Schau der Ideen. Dieser Aufstieg geschieht stufenweise:

1) sinnlicher Eros zu einem schönen Körper
2) ästhetischer Eros zu allen schönen Gegenständen
3) ethischer Eros zu den schönen Gesetzen und Sitten
4) geistiger Eros zu den schönen Wissenschaften
5) der Eros zu dem Urbild aller Schönheit, zur Idee des Schönen und damit auch zur höchsten Idee des Guten. Eros ist demnach auf der letzten Stufe die Liebe zu den Ideen.

Eros begehrt das Schöne – und soll in höhere Sphären steigen: Von der körperlichen über die seelische bis hin zur geistigen Liebe wird Platons Stufenleiter beschritten. Das Höchste ist die Ankunft auf der geistigen Ebene der theoretischen Erkenntnis; der Idee des Schönen. An dieser soll sich Eros entzünden und so geistige Höhenflüge erleben. Im Schauen des Wahren, Schönen und Guten, im Reich der Ideen, sollen Begehren und Triebe ihre Befriedigung finden.

Diese Idee des Schönen zum Leitstern des eigenen Lebens zu machen, das ist platonische Liebe – und das ist eigentlich Philosophie.
Philosophie ist die Fortsetzung des Eros mit anderen Mitteln.

FREUD belegt in seiner letzten Triebtheorie mit Eros die Gesamtheit der Lebenstriebe im Gegensatz zu Thanatos, den Todestrieben. So wie EMPEDOKLES Liebe und Hass als die metaphysischen Grundkräfte des Lebens erachtet. Freuds Psychoanalyse ist im Grunde eine Triebpsychologie. Freud bezeichnetet die Triebe selbst als „mythische Wesen, großartig in ihrer Unbestimmtheit“. Ihre Beschreibung sei nicht vielmehr als sozusagen eine Mythologie. Die Suche Freuds bei der Beschäftigung mit Trieben richtete sich auf einen Dualismus, zwei übergroße, einander widerstreitende Kräfte, mit deren Anspruch sich die seelischen Prozesse auseinanderzusetzen haben. U.a. Lebenstrieb gegen Todestrieb.

In der christlichen Philosophie hat Eros meist eine Mittelposition zwischen Sexus (Geschlechtsliebe) und Agape (Göttliche Liebe). Doch dazu später konkreter.

# Eros war 'mal ein Gott

Eros war 'mal ein Gott. Heute muss er als Vorwort für diverse zwielichtige Center herhalten, in denen viel passiert, nur nicht das, was ihm zur Ehre gereichen würde. Eros ist zu einem unüberschaubaren halbseidenen Produktsortiment pervertiert worden und erscheint als Angestellter der Konsumgüter-Industrie: Konsumierbar. Bezahlbar. Therapierbar. Ein Milliarden-Markt.
Doch Gott Eros wendet sich von achtfachen Super-Orgasmen und G-Punkt-Artistik in seinem Namen angewidert ab. Der wohlverstandene Eros will nichts verschlingen, sondern etwas hervorbringen, nicht konsumieren, sondern produzieren.
Das Rotlicht ist nicht sein Milieu. Doch halt; wer weiß, vielleicht ist er, der Tückische, Fintenreiche, Unberechenbare, sogar dort anzutreffen. Die Chance, ihn zu finden, ist dort ebenso groß wie im Kaffeehaus, im Supermarkt oder im Wartezimmer der Zahnärztin. Eros ist dort, wo wir ihn wahrnehmen wollen! Er ist selbst dort anzutreffen, wo ihn wohl die wenigsten vermuten: so nehme ich gleich noch eine...

# ... EROS-Anleihe beim Papst

Wer hätte das gedacht: ausgerechnet der vermeintlich strenge **Papst Benedikt XVI.** – als Glaubenshüter war Kardinal Ratzinger der moderne Fortsetzer der „heiligen Inquisition" und besonders akribisch auf strikte Einhaltung kirchlicher Traditionen bedacht – bricht in seiner ersten **Enzyklika „Deus caritas est" (Gott ist Liebe)**, eine Lanze für, ja: EROS. Der Papst verwendet für die Liebe den alten griechisch-heidnischen Begriff. Die kühne Wortwahl des Pontifex maximus wird sogar von seinen schärfsten Kritikern bewundert. Kühn für gelernte Katholiken ist die Zustimmung des Papstes zur körperlichen Liebe in moralischer Form; die unverblümte ausdrückliche Ablehnung der „Leibfeindlichkeit", wie sie in der Kirche Jahrhunderte praktiziert wurde.

Der Papst zitiert sogar Friedrich Nietzsche, der meinte, das Christentum habe dem Eros Gift zu trinken gegeben; er sei zwar nicht daran gestorben, aber zum Laster entartet. Damit drückte der deutsche Philosoph ein weit verbreitetes Empfinden aus: Vergällt uns die Kirche mit ihren Geboten und Verboten nicht das Schönste im Leben? Natürlich gibt es von Benedikt scharfe Kritik am zum „Sex" degradierten Eros, der zur bloßen Ware geworden sei. – Was wohl von jedem „Freund der Erotik" auf ebensolche Ablehnung stößt.

Das Christentum mit der „Zentralität der Liebe" wende sich gegen eine „Verherrlichung des Leibes"; der Mensch erlange dadurch keine Freiheit, sondern werde „ins bloß Biologische zurückgestoßen".
„Demgegenüber hat der christliche Glaube immer den Menschen als das zweieinige Wesen angesehen, in dem Geist und Materie ineinander greifen und beide gerade so einen neuen Adel erfahren", so die Enzyklika weiter – und wörtlich: Reinigungen und Reifungen sind nötig, die auch über die Straße des Verzichts führen. Das ist nicht Absage an den Eros, nicht seine „Vergiftung", sondern seine Heilung zu seiner wirklichen Größe hin.
„Ja, Eros will uns zum Göttlichen hinreißen, uns über uns selbst hinausführen", so der Papst, der die Gleichung **Liebe = Ekstase** verwendet: Ekstase als ständiger Weg aus dem in sich verschlossenen ICH zur Freigabe des ICH und so zur Selbstfindung, ja zur Findung Gottes. Das Programm Jesu sei das „sehende Herz". Dieses Herz sieht, wo Liebe Not tut und handelt danach.

Doch lassen wir uns auf einige Originalpassagen aus der Papst-Enzyklika ein, die der Wiener Kardinal Schönborn als „grundpositive, ermutigende Botschaft" charakterisiert:

„Der Liebe zwischen Mann und Frau, die nicht aus Denken und Wollen kommt, sondern den Menschen gleichsam übermächtigt, haben die Griechen den Namen Eros gegeben. Nehmen wir hier schon vorweg, dass das Alte Testament das Wort Eros nur zweimal gebraucht, während es im Neuen Testament überhaupt nicht vorkommt: Von den drei griechischen Wörtern für Liebe – Eros, Philia (Freundschaftsliebe), Agape – bevorzugen die neutestamentlichen Schriften das letztere, das im griechischen Sprachgebrauch nur am Rande gestanden hatte. Der Begriff der Freundschaft (Philia) wird dann im Johannesevangelium aufgegriffen und in seiner Bedeutung vertieft, um das Verhältnis zwischen Jesus und seinen Jüngern auszudrücken. Dieses sprachliche Beiseiteschieben von Eros und die neue Sicht der Liebe, die sich in dem Wort Agape ausdrückt, zeigt zweifellos etwas Wesentliches von der Neuheit des Christentums gerade im Verstehen der Liebe an. In der Kritik am Christentum, die sich seit der Aufklärung immer radikaler entfaltet hat, ist dieses Neue durchaus negativ gewertet worden.

Hat das Christentum den Eros zerstört? Sehen wir in die vorchristliche Welt. Die Griechen haben im Eros zunächst den Rausch, die Übermächtigung der Vernunft durch eine „göttliche Raserei" gesehen, die den Menschen aus der Enge seines Daseins herausreißt und ihn in diesem Überwältigtwerden durch eine göttliche Macht die höchste Seligkeit erfahren lässt. In den Religionen hat sich diese Haltung in der Form der Fruchtbarkeitskulte niedergeschlagen, zu denen die „heilige" Prostitution gehört, die in vielen Tempeln blühte. Eros wurde so als göttliche Macht gefeiert, als Vereinigung mit dem Göttlichen.

Das Alte Testament hat sich dieser Art von Religion, die als übermächtige Versuchung dem Glauben an den einen Gott entgegenstand, mit aller Härte widersetzt, sie als Perversion des Religiösen bekämpft. Es hat damit aber gerade nicht dem Eros als solchem eine Absage erteilt, sondern seiner zerstörerischen Entstellung den Kampf angesagt. Denn die falsche Vergöttlichung des Eros, die hier geschieht, beraubt ihn seiner Würde, entmenschlicht ihn. Die Prostituierten im Tempel, die den Göttlichkeitsrausch schenken müssen, werden nämlich nicht als Menschen und Personen behandelt, sondern dienen nur als Objekte, um den „göttlichen Wahnsinn" herbeizuführen: Tatsächlich sind sie nicht Göttinnen, sondern missbrauchte Menschen. Deshalb ist der trunkene, zuchtlose Eros nicht Aufstieg, „Ekstase" zum Göttlichen hin, sondern Absturz des Menschen. So wird sichtbar, dass Eros der Zucht, der Reinigung bedarf, um dem Menschen nicht den Genuss eines Augenblicks, sondern einen gewissen Vorgeschmack der Höhe der Existenz zu schenken – jener Seligkeit, auf die unser ganzes Sein wartet.

Der Mensch wird dann ganz er selbst, wenn Leib und Seele zu innerer Einheit finden; die Herausforderung durch den Eros ist dann bestanden, wenn diese Einung gelungen ist. Wenn der Mensch nur Geist sein will und den Leib sozusagen als bloß animalisches Erbe abtun möchte, verlieren Geist und Leib ihre Würde. Und wenn er den Geist leugnet und so die Materie, den Körper, als alleinige Wirklichkeit ansieht, verliert er wiederum seine Größe. Nur in der wirklichen **Einswerdung** von beidem wird der Mensch ganz er selbst. Nur so kann Liebe – Eros – zur wahren Größe reifen.

Eros als Darstellung der „weltlichen" Liebe und Agape als Ausdruck für die im Glauben gründende und von ihm geformte Liebe werden häufig als „aufsteigende" und „absteigende" Liebe einander entgegengestellt. In Wirklichkeit lassen sich **Eros und Agape – aufsteigende und absteigende Liebe** – niemals ganz voneinander trennen. Je mehr beide in unterschiedlichen Dimensionen in der einen Wirklichkeit Liebe in die rechte Einheit miteinander treten, desto mehr verwirklicht sich das wahre Wesen von Liebe überhaupt. Wenn Eros zunächst vor allem verlangend, aufsteigend ist – Faszination durch die große Verheißung des Glücks – so wird er im Zugehen auf den anderen immer weniger nach sich selber fragen, immer mehr das Glück des anderen wollen, immer mehr sich um ihn sorgen, sich schenken, für ihn da sein wollen. Das Moment der Agape tritt in ihn ein, andernfalls verfällt er und verliert auch sein eigenes Wesen. Umgekehrt ist es aber auch dem Menschen unmöglich, einzig in der schenkenden, absteigenden Liebe zu leben. Er kann nicht immer nur geben, er muss auch empfangen. Wer Liebe schenken will, muss selbst mit ihr beschenkt werden.

Im letzten ist „Liebe" eine einzige Wirklichkeit, aber sie hat verschiedene Dimensionen – es kann jeweils die eine oder andere Seite stärker hervortreten. Wo die beiden Seiten aber ganz auseinanderfallen, entsteht eine Karikatur oder jedenfalls eine Kümmerform von Liebe.

„Die Liebe ist möglich, und wir können sie tun, weil wir nach Gottes Bild geschaffen sind. Die Liebe zu verwirklichen und damit das Licht Gottes in die Welt einzulassen – dazu möchte ich mit diesem Rundschreiben einladen", schließt Papst Benedikt XVI. seine erste Enzyklika „Deus caritas est".

*„Eros befähigt zur Hingabe, zur Offenheit!"*
OTTILIA FISCHER, Generalvikarin der Barmherzigen Schwestern

## Eros und Glaube als Geschwister

„Heilvolles und erfülltes Leben ist nur möglich, wenn die lebensfördernden erotischen Kräfte umfassend zur Entfaltung kommen dürfen. Wo immer Eros und Glaube verschwistert bleiben dürfen, wird das Leben interessant, einladend, aufregend und lebenswert. So gehört es zur größten Absurdität, die innere Einheit von Eros und Glauben zu zerstören und in einem unheilvollen Dualismus die Kraft des Eros dem Bösen und die Kraft des Glaubens dem Guten zuzuordnen. Wer den heilvollen Eros dämonisiert, läuft Gefahr, nicht nur dem Menschen zu schaden, sondern auch Gott eine seiner schönsten Gaben abzusprechen.

Wer ursprünglich glauben will, möge die Kräfte des Eros in sich entdecken und zulassen, sie gestalterisch wahrnehmen und von ihnen durchwirkt dem Schöpfer für diese unverzichtbare kreative Kraft danken. Eros ist, wie Glaube und Liebe, Geschenk Gottes, Baustein für Leben."

*Franz Schmatz, Theologe, „Glaube malt Lebensfarben", Tyrolia*

## Eros im Fokus

Eros – das die Welt zeugende Prinzip.
Vermittler zwischen Sinnlichem und Geistigem.
Der Erkenntnistrieb, der Drang nach dem Wahren, Guten und Schönen.
Der Antrieb zur wahren Erkenntnis, zum Aufstieg in die Schau der Ideen.

Eros als schöpferische Begeisterung; als Lebenstrieb im Gegensatz zum Todestrieb.

„Eros will uns zum Göttlichen hinreißen, uns über uns selbst hinausführen", so Papst Benedikt XVI.

Als Indiz für die Schaffenskraft des Eros können die ältesten in Felswände geritzten Zeichnungen gelten; 30.000 Jahre alt. Und was ist abgebildet? Weibliche wie männliche Geschlechtsorgane inklusive Geschlechtsakt...
Kann es da noch Zweifel geben, Eros frohgemut die Macht zu übertragen?!
Macht, aus dem Indogermanischen, bezeichnet: können, vermögen, fähig sein.

Eros KANN uns über uns selbst hinausführen, uns zum Göttlichen, zum Baumeister aller Welten, hinreißen. EROS vermag viel: Eros stellt großes VERMÖGEN dar. Wenn wir ihm erlauben, die Macht einräumen, uns zu führen: HIN zum Wahren, Guten und Schönen.

## Was ist in Ihrem Lebens-Fokus?

Heute durfte ich einen interessanten Mann im Coaching kennenlernen. Ein erfolgreicher Unternehmer. 40 Mitarbeiter. Frau. Kinder. Doch die Firma beanspruche 70 Prozent seiner Zeit, seiner Gedanken. Mit 25 Prozent folgen die Familie. 5 Prozent „maximal" bleiben für ihn... „Eine beschissene Situation", platzt es aus ihm heraus. Wer nur mehr von 6 Uhr früh bis 20 Uhr für Aufträge und Firmen-Liquidität sorgt, der kann Eros keine „Landefläche" bieten. Entsprechend unglücklich fühlt sich der Mann. „Ich bin gefangen."
Und doch mag ihn Eros ins „Befreiungs-Coaching" getrieben haben. Schon nach einer Stunde war da ein kraftvolles Lächeln; verbunden mit der konkreten Absicht, den Energievampiren des Firmenalltags entschlossen entgegenzutreten, sie in die Schranken zu weisen – um mit einem „entfesselten Eros" wieder Lebensfreude zurückzuerobern.

*„Die beiden großen Mächte, die uns zwingen,*
*unser Dasein auch unter widrigen Umständen fortzusetzen,*
*sind die Hoffnung und die Neugierde."*
EGON FRIEDELL

# Eros – bloß ein Hormoncocktail?!

Ich möchte einen mir sehr lieben, leider schon verstorbenen Freund zitieren. Hermann Theinschnak hat einmal formuliert: „Es lächelt der See nicht mehr!" Er meinte, dass uns die Poesie des Lebens abhanden gekommen ist. Wer nur an Nutzen und Ziele denkt, diese starr verfolgt, bedient bloß die Prosa des Daseins. Eros, so meine ich, ist der Bote der Poesie. Er vermag das Leben in frohen, bunten Farben zu malen.

Erotik ist eine Dimension der Seele; nicht umsonst heißt die ursprüngliche Übersetzung von Leidenschaft Passio animi. – Wo die Ratio, der kühl kalkulierende Verstand übermächtig wird, verkümmert Eros.

„Ich bewundere dich für deine Fähigkeit, einen Begriff wie Eros so zu extrapolieren, dass daraus ein ganzes Weltbild wird; aber für mich geht's bei Eros nur um Spannungsdruck, ausgelöst durch Hormone im Schilddrüsenzentrum, und dessen Sublimierung..." – Der Befund von Alf St. ist ernüchternd; im wahrsten Sinn des Wortes.

Aller Zauber – nur eine Folge von Testosteron und Östrogen?! Arzt L. ergänzt: wenn Frauen in den Wechsel kommen und sich Östrogen abbaut, dann sei auch die Erotik dahin... Punkt. Aus.

# Die zentrale Frage lautet: wem gebe ich Macht in meinem Leben?

Zugespitzt mit Freud gesprochen: wem geben wir die Macht in unserem Leben? – Den hellen Mächten des Eros – oder den dunklen des Thanatos. Ziel des Thanatos ist die Vernichtung und die Auflösung des Lebens, des Lebendigen. Für mich beginnt die Macht des Thanatos im steten Zweifel, in chronischer Skepsis, in Missgunst, Neid und Mobbing. Sie spannt sich von Aggression, Destruktion, bis zu Menschenverachtung sowie Rassismus und sie endet im Extrem in Mord und Selbstzerstörung.

Nach all diesen Erfahrungen, Definitionen und meinen eigenen Überzeugungen darf ich sagen: Ich habe Eros gerne die Macht in meinem Leben übertragen. Ich nehme seine vielseitigen Einladungen an, genieße die Inspiration. Ich pflege Eros im Fokus meines Alltags – der dadurch nie ein grauer ist. Und will diesen Eros, nicht den zur Ware deformierten, auch Ihnen näher bringen. Weil ich gut, so wunder-voll gut mit ihm lebe. Und weil ich überzeugt bin, dass er auch Ihnen unendlich gut tun könnte...

Ich lebe und liebe seit genau 15 Jahren die Selbstständigkeit – als PR-Berater. Public Relations, wie ich sie verstehe, sind PURE Relations im Sinne von sinn-vollen Beziehungen zu Gleichschwingenden. Ich liebe das Schreiben, als Autor von bisher 15 Büchern und Texter von Broschüren; ich genieße es, als Vortragender und Trainer für mein Leib- und Seelenthema, dem ICH als Marke bzw. für wertorientierte Öffentlichkeitsarbeit und diverse Schreibworkshops rumzureisen und in etwa 70 Seminaren jährlich zwischen Bruck/Leitha und Bozen 1.000 Menschen näher kennenlernen zu dürfen.

In all dem erkenne und spüre ich Ausdrucksformen des Eros. Ich liebe den Fluss des Lebens; der mich tagtäglich – wundervoll geleitet von Eros – weiterträgt; hin zu interessanten Menschen, Begegnungen, Projekten.

*Platon: „Jeder wird ein Dichter, wenn Eros ihn berührt."*

*... lassen wir uns von Eros berühren!*

## Geist und Eros

Geist und Eros sind nicht, wie man vermuten könnte, Gegensätze, vielmehr wirken sie auf die schönste Art und Weise zusammen. Diese Wirkung verschafft den Menschen Wohlbefinden, vielleicht sogar Glück. In jedem von uns ist ein Anteil des anderen Geschlechts verankert: die „Anima" im Mann, der „Animus" in der Frau. Sie sind es, was wir jeweils unbewusst in einem möglichen Partner suchen. Diese inneren Repräsentanzen verbinden, noch besser: verbünden sich mit der Phantasie, dem Geist, dem „Logos": durch ihn

wird der prickelnden Neugier, der Suche nach den Geheimnissen der Erotik, Inhalt und Richtung gegeben, so wie der Bogen den Pfeil auf das Ziel des Begehrens lenkt. Womit wir ja schon beim Handwerkszeug des Eros – oder nennen wir ihn Amor – angelangt sind... Kurz: Geist und Erotik sind eine heiße Mischung, bei der die Herzen weit und die Knie schwach werden...
Kennen Sie die Legende von Amor und Psyche ? Die Liebesgöttin Aphrodite, lateinisch Venus, war eifersüchtig auf die schöne Königstochter Psyche. Sie befahl ihrem Sohn – niemand anderer als unser Amor – , die Rivalin in ein hässliches Geschöpf zu verwandeln. Dieser aber verliebte sich in das Fräulein, entführte es mittels eines sanften Zephyrwindes, näherte sich ihr in Menschengestalt und verführte sie. Das Mädchen aber wollte herausfinden, wer ihr geheimnisvoller Geliebter sei, und überraschte ihn im Schlaf mit einer brennenden Kerze. Amor erschrak, und heißes Wachs tropfte auf seine Haut. Der Gott flog davon. Später schaltete sich Zeus höchst persönlich ein und vereinte die beiden Liebenden zu einem Paar...

Was sagt uns das ? Das Wesen der Anziehung zwischen zwei Menschen ist nicht zu ergründen. Es geht auch nicht darum, zu wissen, wer der oder die andere ist. Vielmehr kommt es darauf an, den Zauber des Augenblicks zuzulassen, das Geheimnis zu spüren, das da zwischen zwei Fremden eine Vertrautheit und Nähe schafft, ja noch mehr: das uns das Gefühl gibt, endlich vollkommen zu werden, indem wir im anderen die fehlenden Anteile des Ichs finden, unseren Zwilling in Körper, Seele und Geist... Hüten wir uns also davor, unserem oder unserer Geliebten mit der Kerze ins Gesicht leuchten zu wollen. Seien wir dankbar für das Leuchten aus den Augen, wenn uns ein verzückter Blick trifft, der keinen Namen hat und auch keinen braucht...

Geist und Eros sind wie die zwei Brennpunkte einer Ellipse: Sie bedingen einander, um der Liebe, ja dem Leben insgesamt, Gestalt und Dauer zu geben. Im Gegensatz zum Thanatos, dem Todestrieb, ist Eros auf Fruchtbarkeit gerichtet, auf Entwicklung und auf Entfaltung. Freilich bedarf der Mensch auch des Blicks auf die Transzendenz und auf das, was danach kommt. Aber nur wenige sind für das mönchische Leben geschaffen, das sich auf dieses Eine konzentriert. Die volle Verwirklichung finden wir, wenn wir beides haben, und sinnerfüllt ist das Leben, wenn wir uns auch voll und ganz einlassen: auf die Polarität, auf die Dualität, auf das Abenteuer der Begegnung, auf das Geheimnis der Geschlechtlichkeit – kurz: auf das Abenteuer Erotik...

Der kleine Gott in mir grüßt den kleinen Gott in dir! So grüßen einander zwei Menschen in Indien, bevor sie sich, den Gott Shiva und die Göttin Shakti verkörpernd, in Liebe vereinigen. Das ist der Kern des Tantra. Das Göttliche an der Liebe ist aber kein Geheimnis Asiens, sondern allen Kulturen und Religionen immanent: Für unsere westliche Gesellschaft sind es die Überlieferungen der römischen und vor allem der griechischen Antike: Eros ist der Sohn der Aphrodite, Göttin der Schönheit und angeblich aus dem Meeresschaum an Zyperns Küste geboren, und, wenn nicht von Kriegsgott Ares, Sohn des Hephaistos, Gott des Feuers im Erdinneren und berühmt für seine Schmiedekunst. Was für eine Energie entsteht, wenn Wasser und Feuer zusammentreffen, wenn sich vulkanisches Magma ins Meer ergießt ? In diesem gewaltigen Orgasmus der Elemente liegt die Macht der Erotik...

Adam und Eva schämten sich, als sie vom Baum der Erkenntnis gegessen und erkannt hatten, dass sie nackt waren. Sie mussten das Paradies verlassen und fortan von ihrer Hände Arbeit leben, berichtet uns die Bibel. Das Leben, in das wir gestellt sind, ist nicht paradiesisch. Es ist mühsam, gefährlich, es ist vor allem begrenzt. Die Erfahrung sagt uns, dass jeder Augenblick, den wir nicht bewusst leben, an uns vorbeiströmt. Warum also schämen? Gibt es Schöneres, als wenn zwei Menschen sich in Liebe hingeben? Die Erfahrung der Erotik hat uns nicht nur aus dem Paradies vertrieben, sie ist, und das erscheint mir unendlich wertvoller, auch ein Geschenk an uns alle, mit dem wir aus unserer kleinen und fragwürdigen Welt einen großen und fruchtbaren Garten Eden machen können...

Erotik ist auch ein Stück Freiheit: die Freiheit, ein Gefühl zuzulassen, eine Sehnsucht auszuleben, einem Begehren Raum zu geben, einen Traum mitten herein ins Leben zu holen. Wo gibt es sie denn sonst, die Frauenphantasien vom mächtigen Phallus eines Priapos, die Männerphantasien von den üppigen Brüsten einer Venus von Milo, als in der Freiheit der Erotik? Diese Freiheit lässt auch, leider anders als oft in der Realität, Frauenliebe und Männerliebe gelten – welch Orte der Toleranz müssen doch in der Antike Athen und Lesbos gewesen sein...

„Das einzig Wichtige im Leben sind die Spuren von Liebe, die wir hinterlassen, wenn wir gehen“, schrieb Albert Schweitzer. Vielleicht sind damit jene Spuren gemeint, die in der Erinnerung weiterleben, wenn wir an die Momente der Glückseligkeit denken, als wir einander eingestanden haben, dass uns Amors Pfeil getroffen hat, und wir zum ersten Mal fassungslos entdeckt haben, dass wir, ja, wir! begehrt und geliebt werden. Jeder von uns hat solche Spuren der Erinnerung in der Tiefe seiner Seele eingegraben, und sie zählen zum Kostbarsten, das uns bleibt. Lasst uns diese Schätze sammeln und hüten, lasst uns immer neue hinzu fügen, machen wir aus unserem Leben eine Schatzkammer...

Erotik ist nicht zu verwechseln mit Sexualität, vielmehr ist Erotik jener zutiefst menschliche Drang vom Ich zum Du, der sich in Körper, Geist und Seele manifestiert und nichts anderes zum Ziel hat, als zur Vollkommenheit zu gelangen. Dann sind uns keine Grenzen mehr gesetzt: Das Gesetz der Sterblichkeit ist aufgehoben, die Zeit bleibt stehen, im Kopf entsteht eine eigene Landschaft, in der wir – wie Gott Amor selbst – beflügelt sind. Auch Pegasus ist übrigens ein Geschöpf dieser Freiheit...

Sexualität, zugegeben, macht Lust und dient der Vermehrung. Bei aller Ehrfurcht vor der Schöpfung und der Evolution, wie wenig wäre aber das allein! Erotik hebt Sexualität auf die Ebene des Menschlichen, sie vereinigt Hirn, Herz und Bauch zu einem Ganzen im Erleben des höchsten Glücks, von der die Lust nur ein Teil ist. Erotik ist Macht und Segen zugleich, sie ist Geschenk und Teil von uns, sie ist ein Schlüssel zum Glück, ein Weg zum Himmel. Sie ist es wert, jeden Tag neu, gefeiert zu werden.

*Prof. Klaus Wohlschak*
*Dipl. Lebens- und Sozialberater*
*www.wohlschak.silverchord.at*

Eros ist die volle Gefühlspalette des Lebens: Weinen, lachen, geborgen sein, zusammenstehen, getragen werden von Freundschaft.

*Josef Mayerhofer, www.wvnet.at*

*„Alle Menschen sind gleich.*
*Mir jedenfalls.“*
LISA FRITZ

# III) Eros und Thanatos

## Wenn Eros fehlt

Ihre Augenlider stehen auf Halbmast,
die Mundwinkel weisen halbmondartig nach unten,
ihr Oberkörper ist zusammengesackt.
Sie fühlen sich gestresst, abgespannt, erschöpft,
kraftlos, saftlos, marod.
Sie gehen mit Widerwillen zur Arbeit,
sie vernachlässigen Freunde wie auch sich selbst,
sie pflegen sich nicht mehr,
gönnen sich keine neue Kleidung,
keine neue Frisur, kein Parfum, keine Blume.
Sie reagieren auf Nichtigkeiten gereizt,
einschlafen und durchschlafen sind nur schwer möglich,
Albträume häufig;
sie sind oft krank, aber zum Auskurieren fehlt die Zeit;
lachen können sie schon lange nicht mehr.
Sie nehmen ihr Umfeld verengt wahr,
wie durch einen dunklen Tunnel;
sie sind ideenlos;
Job, KollegInnen, KundInnen sind ihnen gleichgültig geworden;
sie haben innerlich längst gekündigt;
sie sind ausgebrannt...
Es fehlt der Funke,
etwas neu zu entfachen...

## Im Reich des Thanatos

„Das Leben ist ein mieses Theaterstück. Man sollte pfeifen, rausgehen und sein Geld zurückverlangen. Aber von wem?“ (Hanns-Hermann Kersten)
„Ich möchte mich von mir selber scheiden lassen.“ (Peter Vujica)

„Ich bin nicht stark genug für diese Leichtigkeit des Seins." (Milan Kundera)
„Viele Menschen benützen ihren Kopf nur dazu, ihn zu schütteln." (Friedrich Hacker)
„Für die Erbärmlichen ist die Welt erbärmlich, nur für die Leeren leer." (Ludwig Feuerbach)

Wie wirken diese „Weisheiten" auf Sie? Sie bringen's auf den Punkt, wovon auch Sie überzeugt sind?! – Nein, Sie wundern sich hingegen, wie man die Welt, diese wunder-volle Spielwiese der Möglichkeiten, auch betrachten bzw. missdeuten kann. „Jeder ist in dem Maße unglücklich, in dem er es zu sein glaubt", wusste schon Seneca. Freud hat mit Eros die Gesamtheit der Lebenstriebe im Gegensatz zu Thanatos, den Todestrieben, klassifiziert.

Eros hört die Musik des Lebens in hellen Dur-Klängen.

Thanatos vernimmt stets Dissonanzen und spielt, wenn überhaupt, in Moll.

Eros hat eine Vision, Thanatos eine Entschuldigung.

Eros ist Teil der Lösung, Thanatos Teil des Problems.

Eros sagt, „lass uns das machen", Thanatos wehrt ab, „das ist nicht mein Bereich!"

Eros schließt mit ein, wo Thanatos ausschließt und abgrenzt. – Vor allem eine streng überwachte Grenze hin zu Eros zieht: denn – „Um Gottes Willen, alles, nur keinen Spaß! Unser Dasein ist eine Ansammlung von Pflichten, Leiden und Langweiligkeiten." Wer etwas anderes sagt, sei ein verantwortungsloser Hallodri. „Die Krise bin ich selbst", warnt Helmut A. Gansterer.

## Zombies

Gelotologen, Lachforscher, haben herausgefunden, dass Kinder bis zu 400mal am Tag lachen, Erwachsene nur mehr bis zu 15mal täglich. Tendenz abnehmend!

„Kennst du tote Menschen, die noch lebendig umherlaufen?" fragte mich Thomas, jenes aus Uganda stammende Charmebündel, das im Hotel auf Chalkidike unter'm tiefblauen Himmel von Kopsis-Beach für Gästeanimation sorgte. – „Zombies!"

Traurige Augen, weidwunder Blick, apathisch dahinmurfelnde Menschen ohne Vision, die mit ihrem klebrigen Öl der Teilnahmslosigkeit und Langeweile die Welt verseuchen. Sie wirken abgekämpft wie Soldaten nach der verlorenen Schlacht; sie haben gerade noch überlebt...

Laut EKG und Blutbild noch am Leben, aber bereits vor 22 Jahren gestorben, mit dem Eintritt in die renommierte Firma, mit der Eheschließung, mit dem Erwerb des wunderschönen Hauses, dessen Betreuung sowie Kreditrückzahlung jede Freiheit unterbindet...

„Ich bin leer, völlig blank, mir fällt nichts ein, ich sage nichts, hab' nichts zu sagen, will nichts, liebe nichts und niemanden und versuche mich halt bestmöglich mit den Lebensbedingungen zu arrangieren..."

Wie die beiden alten, nörgelnden Alten in der Muppet-Show bringen sie ihre Lebenszeit als Beobachter über die Runden. Sie gaffen und sie wundern sich; manchmal kommt noch ein Rest von Gefühl auf – dann können sie sich über irgendetwas richtig empören.

Wer hört den stillen, sehnsuchtsvollen Ruf von Eros: Wo seid Ihr, die Ihr nicht Euren Schreibtisch um 15.30 Uhr geräumt habt; die Ihr nicht nur für Konzepte und Fachgutachten lebt? – Wo sind die Leidenschaftlichen, die Beseelten, die etwas bewegen wollen?!

Bei vielen Menschen wird man den Eindruck nicht los, sie hätten sich dafür entschieden, ihr Leben dem Leiden zu unterwerfen. – Der Job: „Natürlich würde ich gerne etwas anderes machen, aber die Sozialleistungen sind in dem Betrieb so gut." Die Partnerschaft: „Vor 8 Jahren haben wir uns ja wirklich geliebt; Gefühle nützen sich eben ab, man kann doch nicht... Und außerdem – das gemeinsame Anwesen."

Liebe Leute, wir kriegen kein Verdienstkreuz für besonders aufopfernden Einsatz in einem spaßlosen Job oder einer lustlosen Ehe. Selbst Esel, die sich unendlich viel aufladen lassen, werden irgendwann unruhig und beginnen zu bocken.

Leben heißt Veränderung; alles fließt. Nur müssen Sie den Punkt des Absprungs bestimmen! Das Leben sei kein Kreuzweg, sondern ein Weg der Freude! Voraussetzung ist, dass die Marionetten, die auf der Lebensbühne tanzen, die Fäden der Fernsteuerung auf ihren Köpfen durchtrennen und lautstark bekunden, sich nicht weiter gängeln zu lassen.

## Der Ernst des Lebens

Am Institut für Sportwissenschaften in Hamburg lernen die Studenten in zwanzig Wochenstunden, wie man richtig spielt. Herumbalgen und Spaß daran haben. Bewegung genießen, sich ausprobieren und eigene Regeln entwickeln. Also all das, was Kleinkinder und junge Hunde schon immer gewusst haben, was ihnen aber der ‚Ernst des Lebens' rasch austreibt. Aus Spielregeln werden Notensysteme, aus Rhythmus Showgeschäft und aus Bewegung Leistungssport.

Ja, und wo bleiben Lust und Lockerheit? Leistung und Stress sind die Begriffe, die dagegen eingetauscht werden. Konkurrenzdenken und Siegeswillen werden sogar noch in der Freizeit hochgehalten.

Beim Tennis, Fußball, Squash,... – es geht nur um's Gewinnen! Und wo's Gewinner gibt, da stolpern noch viel mehr Verlierer. Und sitzen geknickt am Rand des Spielfeldes. Loser! Memme! Warmduscher! Wie Salzsäure brennt sich das Versagen in's Ego. Ich bring's einfach nicht. Die anderen sind viel besser.

Die sogenannten „New Games", die das Gemeinschaftliche fördern wollen und den Spaß am Zusammensein, fristen ohnehin ein Nischendasein.
Und am Rand der Arena steht einer, der sich zufrieden die Hände reibt: Thanatos.

*„Haben Sie irgendwelche Leidenschaften?"*
*– „Mein Gott, das ist lange her..."*

## Kennen Sie die „Aber-Menschen"?!

Ich kannte eine bezaubernde junge Frau mit einem noch bezaubernderen Kind. Sie wohnten im selben Haus. Und sie zu treffen, war stets eine Freude. Zunächst. Denn schon bald erkannte ich ein Muster. Ich nahm Bezug auf ihren mit blonden Engelslocken strahlenden Buben; sie erwiderte: „Sie sollten ihn mal zu Haus' erleben..." Ein ander Mal sprach ich die wohlige Temperatur eines Sonnentages an, was sie mit den Worten quittierte: „Ja, aber das nächste Gewitter ist schon vorhergesagt." Als sie mir mal, mit einem Ansatz eines Lächelns, erklärte, sie schreibe täglich mindestens einen Beschwerdebrief und habe diverse Prozesse gegen diverse Dienstleister, die allesamt ihren Anforderungen nicht entsprechen konnten, laufen, schränkte sich mein Bedürfnis, sie wiederzusehen, rapid ein.

Viele Menschen haben ein „Empörungs-Bedürfnis“, befindet Wildbiologe Antal Festetics; diese wollen von Katastrophen hören/lesen und manche lieben es offenbar, mitten drin zu sein. Sie haben eine Sehnsucht nach den „Grusicals“.

„Aber-Menschen“ stehen sich selbst im Weg. Sie schaffen's nicht, die Geschenke des Tages als solche wahrzunehmen und dann vielleicht sogar auch noch anzunehmen. Im Gegenteil: was immer passiert, ist als Anschlag gegen sie geplant. Sie fühlen sich nicht von widrigen Umständen verfolgt, sie gehen mit ihnen Hand in Hand. Und die negative Energie verpestet alle(s) in ihrem Umfeld. Freundin Heidi, Chefin des Schlossgasthofes Rosenburg, erzählt, sie hatte 'mal einen Dessert-Koch, dessen Aggressivität sich in den Geschmack der Speisen verströmte; sie musste diesen entlassen...

## Das Reich der Dunkelheit

Thanatos ist der Todestrieb. Die Tendenz ist damit klargelegt. Da muss nicht mehr viel interpretiert werden. Wer den Tod sucht, will eine endgültige Lösung. Aus. Basta. Schluss. Nichts soll mehr passieren. Ruhe. Stillstand. Zerfall. Thanatos ist zerstörerisch. Er sagt stets NEIN. Und ist zu keinen Kompromissen bereit. Ich will nicht. Du kannst mich. Vergiss mich. Ich tu nicht mit. Ich komme nicht mit. Njet.

Thanatos errichtet Barrieren. Unüberwindbare Hürden. Er bremst ein. Er trennt. Mit Gräben. Er zäunt ein. Mit Stacheldraht. Fährt die Zugbrücke hoch. Denn bei ihm ist keiner willkommen. Wenn schon, dann Zombies wie er. Die ebenso dem Untergang frönen. Aber wehe, da ist noch ein Anflug von Lebendigkeit, ein Hauch von Zuversicht, gar ein Lächeln vorhanden; der wird ausradiert!

Thanatos bohrt in Wunden und weidet sich im Schmerz. In meinem Lieblingscafe Dommayr musste ich am Nebentisch eine Thanatos-Runde aus hohen ORF-Angestellten mitanhören. Eine volle Stunde – „was alles schief läuft“, welche KollegInnen „völlige Pfeifen sind“, und gegen wen welche Intrigen laufen...

Es kann nicht sein, dass etwas Freude macht. Wer bei der Arbeit pfeift, wird entlassen. Wir sind ja nicht dazu da, dass wer Spaß hat – und dafür auch noch Geld kriegt. Arbeit kann nicht froh machen. Bitte, mehr Ernst, meine Damen und Herren, werden wir wieder sachlich. Für Emotionen und derlei Kinkerlitzchen haben wir keine Zeit. Alles klar? Also dann: weitermachen. Weiter-Leiden!!!

Krankheit, Resignation, Frust, Burn-out, Depression – das sind die Reviere des Thanatos. Da ist er daheim. Da kennt er sich aus. Dies alles ist ihm vertraut. Denn da wird des Lebens Motor runtergefahren. Da gerät der Fluss ins Stocken. Da erstarrt das Lächeln, das ihn als Affront verfolgt. Wenn die Menschen kleinmütig werden, schaumgebremst, dann kann Thanatos seine wahre Größe zeigen. Dann regiert er sein Reich der Dunkelheit.

## Klinisch sauber & perfekt

Sauberkeit – ein Wort des Thanatos?! – Ja! Was natürlich nicht die wohldosierte Körperhygiene in Abrede stellt; und auch der Wohnungsputz ist immer wieder einmal segensreich.

Die Dosis macht's, wie so oft im Leben: eine liebe Freundin bringt ihren lieben Mann zur Weißglut. Denn was immer er in ihrem klinisch sauberen Haus tut, er hinterlässt Spuren... Wenn es also mal so weit kommt, dass über Krümel in der Küche (!) diskutiert werden muss, dann ist der Bogen eindeutig überspannt. Und Thanatos darf sich die Hände reiben. Denn wieder einmal ist es wunderbar gelungen, Genuss schon im Entstehen zu unterbinden.

Da ist die im definierten Winkelmaß angeordnete Tücherbox am Nachtkästchen nur mehr ein (gar nicht) nettes Indiz für das, was in den Betten wohlgeordnet geschehen darf... Nur nicht das gebügelte Leintuch beschädigen.

Leben hinterlässt Spuren! Klarer Umkehrschluss: wer keine Spuren will, der hat auch nicht unbedingt Talent zur Lebensfreude. Denken Sie nur an die armen Kinder, deren Mütter sich eine große Freude mit dem neuen Höslein für Bubi gemacht haben – und jetzt soll Bubi gefälligst auch dankbar sein, dass er an der Hand von Mami promenieren darf und die neue schöne Hose ausführen soll, während seine Freunde durch den Garten jagen, sich im Gatsch wälzen, jaulen vor Glück, ohne Rücksicht auf ein paar Klamotten...

Der Drang nach Perfektion ist der sicherste Eros-Killer!

# Typisch Thanatos

*„Meckern darf man nicht. Jammern schon gar nicht. Ganz zu schweigen von genüsslichen Depressionen. Sie gönnen einem einfach keinen Spaß: die positiven Denker.“*

KAREN MÜLLER

Was kostet‘s? - Was bringt‘s?
Geld ist Macht; alles Leben ist Profit.
Die großen (wie die kleinen) Bündnisse der Welt gründen nicht auf Vertrauen, sondern auf gegenseitigen Vorteilen.
„Treten Sie ein, in mein Reich“, lädt Thanatos ein, „und bedienen Sie sich an ein paar typischen Sprüchen“ (angepasst an’s Spießertum und die Kleinkariertheit, damit die braven Bürger selbstzufrieden vor sich weiter dahindümpeln können): „Man kann doch nicht mit dem Kopf durch die Wand“, „Wenn der Herrgott net will, nützt das gar nichts.“
„Bitte nehmen Sie sich nur eine der vielen hier ausgestellten Scheuklappen“ (statt unsicherer Horizonterweiterung);
Uniformierung statt Vielfalt und Individualismus.
„Hier erhalten Sie jede denkbare Form von Verhinderungsmechanismen, die institutionalisierte Untätigkeit, den Neid der Erfolglosen, die weinerliche Kraftlosigkeit und Kompromisse aller Art!“

## Typisches Thanatos-Vokabular:

- Problem
- Leiden
- Absicht
- Planen
- Ernst
- Effizienz
- Beharren
- Sauberkeit
- Nutzen
- Schmerzen
- Zunächst müssen wir...
- Strukturieren
- Reservieren
- Beherrschen
- Kritik
- Abschließen
- Perfektion
- Analysieren

## 10 Albtraum-Worte für Thanatos:

- Spiel
- Neugier
- Freude
- Lust
- Lebendigkeit
- Spontaneität
- Leidenschaft
- Faszination
- Liebe
- ... und natürlich EROS

## Wie die anderen wollen...

*„Wir werden vom Schicksal hart oder weich geklopft;
es kommt auf das Material an."*

MARIE VON EBNER-ESCHENBACH

„Es geht mir den Umständen entsprechend!" - Schon die ersten Worte offenbaren die Thanatos-Dominanz bei einem Menschen: Du fragst interessiert: „Hallo. Wie geht's?"- Und das Gegenüber antwortet kleinmütig: „So wie die anderen wollen..." Oder, im Waldviertel gehört: „Beschissen wäre geprahlt." Armer, geknechteter Wurm! – Welch' bedauernswertes Dasein hast du nur zu fristen... „Fragen'S lieber nicht, wie's mir geht!" - Auch nicht besser.

Ja bitte, liebe Leute, wer hat Euch denn an die Kette gelegt? Wer hat Euch denn in diesen Kerker geworfen, wer hat Euch zu dieser Pein verurteilt? Wer geht denn freiwillig - in der Blüte seines Lebens - zum Henker? - Woran liegt denn der Reiz, sich zu einem sinnestoten Dumpfgummi abrichten zu lassen?!

Psychotherapeuten würden übrigens, den Finger auf die Wunde legend, fragen: „Was haben sie denn davon, so missmutig rumzulurchen? Was ist ihr versteckter Gewinn?!"

# Gesichter, die zu Larven werden

*„Persönlichkeit ist, was übrigbleibt,*
*wenn man Ämter, Orden und Titel von einer Person abzieht.“*
JO HERBST

Wer kennt sie nicht, die G'scheiterln, Wichtigtuer, Heuchler, Intriganten und Kriecher. Die mit der Ausstrahlung und dem Temperament eines Briefkastens. Ihnen wurde wohl in der Kindheit folgender fatale Spruch eingebläut: „Beherrsche deine Gefühle; lass dich nie von Gefühlen beherrschen.“ So wurden sie zur Mittelmäßigkeit erzogen. Sie haben keine Gesichter, sondern sind zu Larven verkommen. Ohne Persönlichkeit. Konturlos. Die Standardfratze. In schickem Marken-Anzug, der von der inneren Nicht-Markanz ablenken soll. Wer sich in deren Nähe wohl fühlt, soll damit glücklich werden. Ich will Leben und Leidenschaft um mich! – Das zerfurchteste Gesicht einer 80jährigen Bäuerin ist mir lieber als die aufgeputzte, blonde Szene-Tussie, die den letzten Rest ihrer Identität unter einem Kilo Schminke und Selbstbräunungscreme begraben hat; oder jene dumpfen Oberpfeifen, die von irgendwelchen „Freunderln“ in Top-Positionen gehievt wurden, um dort treu und gehorsam ihre weichgepolsterten und bestdotierten „Funktionen“ wahrzunehmen. – Wer brav funktioniert, fällt noch weiter rauf.

Könnte ich hassen, ich würde diese Negativkraft jenen plumpen, eitlen Biedermännern entgegenbringen; denn sie vergiften vorsätzlich Eros und unser aller Alltag.

# Erst mal analysieren...

Natürlich haben wir diese Annäherung gelernt: die der grundsätzlichen Skepsis. Die des von allen Seiten Bedenkens, des Abwägens. „Es ist nichts nur gut und nur schlecht“, wurden wir gemahnt. „Vergiss das entweder – oder!“ Es gelte, sich ein umfassendes, detailliertes Bild von der Situation, von einem Menschen zu machen, ehe man „grünes Licht“ gebe.

Die Analytiker leisten volle Arbeit! Für wen? Für Thanatos!

Denn was passiert, wenn wir unseren inneren Analytiker aktivieren? Wir nehmen den „Drive“ aus dem Geschehen. Was eben noch klar auf „tun wir“, auf „lass uns beginnen“ und „Vollgas voraus“ programmiert war, wird sogleich von der Startbahn geschoben. Zündung aus. Abdeckplane d’rüber. Wir müssen das alles erst von Neuem durchdenken, die Pro’s und Contra’s sorgfältig abwägen.

Und das System erstarrt in Lähmung. Analytische Paralyse. Und der gefesselte, geknebelte Eros muss dem Stillstand zuschauen.

## ... und auf Effizienz prüfen!

Eine weitere Strategie des Thanatos ist die Effizienz-Prüfung. Alles, was um uns geschieht bzw. überhaupt die Voraussetzung, dass etwas passiert, unterliegt der Effizienz. Übersetzung: Wirtschaftlichkeit, Wirksamkeit. Auf gut deutsch: es muss einen Nutzen für mich, für meine Firma, für mein Vorankommen haben. In Tischgesprächen wird abgetestet: wer könnte für mich hilfreich sein? In welche Richtung sollte ich persönliches Lobbying betreiben? Wer kann mir auf welche Weise dienen?!

Noch so persönliche Begegnungen reduzieren sich unter dieser „Effizienz-Prämisse“ zu reinen Verkaufsakten. Ich gebe dir mein Ohr, meine Aufmerksamkeit, dafür krieg’ ich von dir Kontakte, Einfluss, Zugang zur Macht.

Sind wir uns einig, dass dabei etwas Wesentliches auf der Strecke bleibt?! Eros lässt grüßen – und bittet, das Kapitel „Erwärmung statt Effizienz“ näher in Betracht zu nehmen...

## Gutachteritits

*„Nachdenkphase heißt permanentes Geschäft für die Gutachter. Deshalb gibt es wenig Interesse an Beschleunigung.“*

HORST PÖCHHACKER

In südlichen Ländern werden Kreative mit dem Freibrief empfangen: „Mach‘ mal!“ – In heimischen Breiten wehrt man sie mit dem magischen Wort ab: „Legen‘S erst ein Konzept vor.“

Man muss ihnen wirklich gratulieren, den Bürokraten und ihren findigen Konzeptchenmachern. Da haben ein paar schlaue Zeitgenossen erkannt, wie man im Beamtenstaat Österreich absahnen kann: mit Gutachten und Konzepten.

Ingredienzien: ein paar No-Na-Weisheiten im wissenschaftlichen Kleidchen, eine kleine Umfrage dazu, ein bisschen Zahlenmaterial aus alten Heimatbüchern oder verstaubten Dissertationen, Psychotratsch und – bei der Präsentation – ein wenig Inszenierung, ein paar Grafiken und bunte Bildchen – sowie eine Prise Redetalent. – Schon funkt's! – Je geschwollener – pardon wissenschaftlich abstrakter – umso teurer. Der Mensch will betrogen werden.

Wir (Beamte) sind empfänglich für sowas. Denn entscheiden will ja sowieso keiner. Und solange wir sagen können, „in dieser Sache müssen wir erst das Ergebnis einer Studie abwarten"… „ein Gutachten wurde in Auftrag gegeben"… „ich will den Analysen der Experten nicht vorgreifen…", solange sind wir als Politiker und Hofräte aus dem Schneider. Wir können uns ohnehin auf die Gutachter verlassen; denn die wollen ja wieder Aufträge und so achten sie schon gut d'rauf, dass wir Auftraggeber gut bedient werden…

Eine neue Bahntrasse? Erst Planungsvarianten! – Tourismusbemühungen? Erst Leitbilderstellung! – Finanzielle Unterstützung? Erst ein Marketingkonzept! – Und eine Imagestudie. Und eine Machbarkeitsstudie. Und ein neues Markenkonzept. Alles unter einer neuen Marke vereinen, die wir elegant überstülpen; da wehren sich die Betroffenen ohnehin Jahre… Und dann präsentieren wir endlich die ganzheitliche, integrierte Werbe- und Kommunikationsstrategie… Ein Konzeptchen geht noch… Der bürokratische Orgasmus naht… Juchuhhhhh!

Jetzt sind wir zufrieden. Jetzt, da uns der weise Wisseng'schaftler – für eine erkleckliche Summe – und einem Jahr harter Analyse die ach wie weise Formel zurücklässt: „Wirklich weitergehen kann nur dann etwas, wenn sie alle anpacken. Hand anlegen – gemeinsam – für eine gute Zukunft… Hilfe zur Selbsthilfe… für ein lebenswertes… Bla, Bla, Bla…" Welch' geniale Strategie des Thanatos, die „Grauen Herren" alles zerpflücken zu lassen!

## Wisseng'schaftler

*„Grau, teurer Freund, ist alle Theorie;*
*und grün des Lebens goldner Baum."*
GOETHE – FAUST I

„Personen in Gebäudekomplexen mit fragiler transparenter Außenkonstruktion mögen sich von tätlichen Aggressionen mit kompakter Materie distanzieren." (Wer im Glashaus sitzt, soll nicht mit Steinen werfen).

„Die voluminöse Expansion subterraner Knollengewächse steht in reziproker Relation zum Intelligenzquotienten des Agrarökonomen." (Je dümmer der Bauer, desto größer die Kartoffel).

- Diese Sprüche aus der Schulzeit zeigen klar: man kann die inhaltslosesten Schwaflereien in bedeutungsschwangere Worthülsen gießen. Oder anders formuliert: Wer was zu sagen hat, tut's; wer nicht, verpackt es hinter Fremdworten.

Natürlich, wir sind beeindruckt: wenn uns wer von der „Komplexität interdependenter Sozialisationsfaktoren" vorschwätzt; dann stehen wir mit offenem Mund da; regungslos angesichts der Eloquenz des Gegenübers. Wenn wer schlicht und einfach sagt, - „Versteh' ich nicht" - dann wird derjenige sofort mit dem Etikett „dumm" versehen.

„Die Vorurteile eines Professors nennt man Theorie", bemerkte Mark Twain. Und es ist wirklich faszinierend, wie aus lebensfrohen, spontanen, jungen Leuten in wenigen Uni-Semestern überlegte, sachliche, analytisch denkende Studiosi werden. Plötzlich reden, nein: erörtern sie „öffentlichkeitsrelevante Themen", „thematisieren Problematisierungsansätze", „sichten vorhandenes Datenmaterial", „analysieren die Basisindikatoren in ökologischen, ökonomischen, sozialen und politischen Dimensionen"; „multivariabel und interaktiv" selbstverständlich. Die „Problemfelder" werden „in mehrstufiger Vorgangsweise definiert", nachdem alle „relevanten Fakten detailliert erfasst" wurden. Letztendlich gelingt's aber, übergreifend mit externen Experten ein „integriertes Gesamtkonzept nach Evaluierung aller Problemlösungspotenziale" vorzulegen...

## Cerebral-Masturbation

*„Es kreissten die Berge, geboren wurde eine kleine Maus."*
HORATIUS

Sie sprechen nicht mehr von Liebe, sondern von „emotionaler Affinität". Statt sich beispielsweise für Bauern einzusetzen, macht man „Agrarmarktpolitik". Und wer sich ein bisserl ungut dabei fühlt, hat eine „temporale Identitätsdiffusion".

Was sind das für Leute, die ihr Leben lang nur „diskutieren", besser: monologisieren. Wobei sie ihre Nullaussagen und Nona- Erklärungen in einer Flut von Fremdworten einweichen, dass das Gewäsch wissenschaftlich wichtig klingend seine Gourmets findet; welch‘ Scharlatanerie!

In den ersten Semestern meines «Publizistik- und Kommunikationswissenschafts-Studiums» (das Wortungetüm sagt aus, wie schwierig es ist, miteinander umzugehen...) hatte ich das Gefühl, mein „Kommunikations-Talent“ zu verlieren. Für meine Welt der Büchergelehrsamkeit hab‘ ich gelesen, gelesen – und die reale Welt ging an mir vorbei. Alles wurde zerpflückt, auf die Waagschale gelegt: Ich hab‘ nicht mehr gelacht, sondern die Themen, worüber Witze gerissen werden, analysiert. Der Wissenschafter betritt die Meta-Ebene der teilnahmslosen Beobachtung... Statt einfach mit dem Trafikanten ein paar Worte zu wechseln, betrieb ich – im Café anderen Kommunikationstalenten lauschend – „Inhaltsanalysen“.

Ich hab‘ nach wie vor meine Probleme mit einer Wissenschaft, die umfassendste Literaturlisten verlangt, sich für die Gedanken der StudentInnen aber überhaupt nicht interessiert. So wühlt man in verstaubten Büchern und schreibt von anderen, bereits anerkannten Wissenschaftlern ab und nennt dies stolz Erkenntnisfortschritt, „komplexe Thematisierungsansätze kognitiv und emotional in ein ganzheitliches, interdependentes Wertsystem zu integrieren.“

## Thanatos schon in der Schule

*„In der Schule werden junge Menschen auf ihre Brauchbarkeit hin herangezogen.“*

GOTTFRIED VON EINEM

„Pädagogen können ihre schöne Aufgabe als Lebensphilosophen, Gefühlspfleger, selbstbewusste Geistes- und Erfahrungswissenschaftler, Verehrer des Kindes nicht erfüllen als Anpassler, Überstundensammler, Feriensüchtige“, meinte Günther Nenning. Leistungsstress, Verbürokratisierung, Schulangst, Desinteresse, Verhaltensstörungen – unsere Schule steckt in einer tiefen Krise. Warum?

Astrid erzählte, dass nur wenige Tage, nachdem sie ihre Lehrabschlussprüfung absolviert hatte, die politischen Parteien bei ihr nacheinander eintrafen, um sie vom Beitritt zu parteipolitischen „Lehrervereinen“ zu überzeugen. Die Schule zappelt mehr denn je im Netz der Schulbürokraten und Politiker. Nur mutige Einzelkämpfer unter den Lehrern befreien sich gelegentlich aus der amtlich verordneten Umklammerung und feiern kleine Innovationssiege. – Für einen leitenden Posten kommt ein solcher Unruhestifter ohnehin nicht mehr in Frage.

„Was sie brauchen, ist Anpassungsfähigkeit", wurde meinem Lehrerfreund G. für seinen Berufsweg mitgegeben, „versuchen sie erst gar nicht, etwas zu ändern, dann kommen wir gut miteinander aus."

Ein solch zynisch und humorlos vor sich hinwurschtelndes Schulsystem produziert ebensolche Staatsbürger. „Pädagogik als Hilfswissenschaft zwecks Zurichtung von Industrie- und Konsumzombies", urteilte Günther Nenning.

Es möge sich aber bitte keiner wundern, wenn aus kleinen „Diktatursklaven" keine großen Demokraten werden.

„Schule muss wie Medizin sein", sagen die Dumpfgummis, „sie hilft nur, wenn sie bitter schmeckt." – Wenn sich die Schule aus ihrem Dumpfgummistatus lösen kann, muss sie zu einem Tummelplatz der Lebensphilosophie statt der Fachidiotie werden; Schule als Hege- und Pflegestätte statt Sterilisation der Ideen und Gefühle. Härtegrade von Gesteinen sind sicher wissenswert; aber wichtiger sind die „Fremdsprachen Natur, Kreativität und Leben". Lasst den Schülern ihre Neugier und ihre Leidenschaft!

## Du sprechen bürokratisch?

*„Jede Uhr, die steht,*
*hat zweimal am Tag recht."*
JOHANN MILLENDORFER

Expertisen, Studien, Gutachten, Papier, Papier, Papier... – Ein bürokratisches Dramulett in endlos vielen Akten: Ich dachte, ich sei in einem Kabarett und gebe Ihnen mein Ehrenwort, folgende Sätze wahrheitsgetreu – ohne publizistische Überspitzung – wiederzugeben; gehört in einem Ministerbüro: „Der Not gehorchend, nicht dem eigenen Triebe." „Ich weiß nicht, ob DAS erwünscht ist." „Da haben wir eine eigene Stelle, die sollte nicht übergangen werden." „Ich hab das jetzt nicht konkret im Kopf; aber da ist sicherlich Herr B. ein guter Ansprechpartner und wenn der nicht, dann gehen's zu Herrn K." „Ich will nicht durch eine Ungeschicklichkeit etwas Kontraproduktives auslösen." „Sie müssen wissen, es ist nicht so leicht in einem Amt." „Wir reagieren da nur auf Notwendigkeiten." „Da hab ich keine eigene Meinung dazu..."

Diese Worte stammen von einer leitenden Ministerialbeamtin. Und mir liegt nichts ferner als Frauen zu diskriminieren. Ich habe ähnliche Dumpf-Floskeln auch schon von vielen Hofräten gehört. Etwa: „Mir sind da leider die Hände gebunden." „Ja, wenn ich könnt', wie ich wollte." „Die Zeit ist noch nicht reif dazu; man darf nichts überstürzen."

- Welch' Leben muss das sein: ohne Engagement den Tag abzusitzen; darauf zu warten, dass eine Weisung kommt. Von jenen Politikern, die in Wahlreden „jede neue Initiative begrüßen", um sie dann systematisch auslaufen zu lassen. Einer, der's jahrzehntelang in einem Regionalmanagement am eigenen Leib verspürt hat, Richard Greindl, weiß: „Ideenträger kann man vernichten, indem man sie zu Subventionsempfängern macht."

## Lebensinhalt Intrige

*„In jeder Gesellschaft gibt es Macher, Mitmacher und Miesmacher."*
RIDO BUSSE

Unter den „Angstbeißern" vieler Großbetriebe, Ämter und Parteien kursiert folgender Spruch: „Hallo, wie geht's, wie laufen die Intrigen? – Ich hoffe, zu deinen Gunsten..."

Schaudern und Frösteln durchfährt den Beobachter, wie in vielen Unternehmen Mitarbeiter verschoben werden wie leere Eisenbahnwaggons. – Gestern noch Triebwagen, heute schon am Abstellgleis. Die Rangierarbeiten leitet die Politik. Qualifikationen sollen bestenfalls nicht schaden, sind aber nahezu unerheblich. Politische Opportunität, die ist gefragt, unter Beweis gestellte Loyalität und ja kein Widerspruchsgeist!

Das führt dann genau zu jenem von Robert Jungk als „Analphabetendemokratie" bezeichneten System, wo wir nur noch unser Kreuz auf die Wahlzettel machen.

Klar, dass uns die Etablierten so wollen: bequem, kuschend und pflegeleicht. – Es gehören nur auch jene dazu, die sich's gefallen lassen. – Nur tote Fische schwimmen mit dem Strom!

## Thanatos und Liebe?

„Wie bitte, Liebe?“, hinterfrägt Thanatos. Und zitiert Studien dazu: Wissenschaftlich ist sie „hormonell bedingter Irrsinn“, der Körper und Geist außer Kontrolle geraten lässt. Phenylethylamin sei das Hormon, das den Liebesrausch auslöse – und so stark wirke, dass so bezeichnete Verliebte problemlos ganze Nächte wach bleiben können. Deshalb ist es wichtig, kühlen Verstand zu bewahren. Und sich nicht mitreißen zu lassen. Von einer kurzen Leidenschaft. Einem Brennen, sich Verzehren. Denn Liebe ist gefährlich, wie jede Leidenschaft: Liebe ist Wahn-Sinn; ist unbezähmbar und ver-rückt...

## Partnerschaft und Ehe mit Thanatos

*„An einer fremden Hochzeit hab‘ ich noch nie was Widerliches gefunden.“*
NESTROY

Vor zehn Jahren wurde jede dritte Ehe geschieden, mittlerweile bereits jede zweite. „Die Ehe ist das Grab der Liebe“, müssen viele erkennen. Und wenn Sie sich allein die Worte „Ehe schließen“ zu Gemüte führen, wundere ich mich, dass nur die Hälfte aller Ehen in Brüche geht.

„Im Namen der Liebe“ legt Thanatos Fangeisen an. „Geschlossene Gesellschaft“ – das heißt: luftdicht verpackt. Wir beide, zusammen, und sonst nichts und niemand. Freunde gewöhnen wir uns systematisch ab; Hobbys haben wir keine gemeinsamen, und nicht mal bei Musik und Fernsehprogramm können wir uns einigen. Die fatale Formel der Ehe: 1 + 1 = 1. Das heißt bestenfalls: Zwei Ganze reduzieren sich – kompromissbereit – auf zwei Halbe und werden dann zu einem neuen Ganzen. Real bedeutet es meist: 90 + 10 = 100 Prozent. Einer bleibt auf der Strecke; und darf seinen Enkerln im Alter erzählen – „ich hab mich lebenslänglich aufgeopfert“.

Ehe bedeutet leider oft die Kastration des Gefühlslebens. Pragmatisierte Gefühle haben plötzlich Vorrang: so wie in der Beamtenlaufbahn – auch in der Partnerschaft. Ich will meine Sicherheit: mein Essen um 12, meine Hauspatschen, am Dienstag wird aufgewaschen, und bitte um eine Eintragung im Grundbuch. Zuerst stehen sie da, die beiden Partner, wie Eichen im Wald; stark und frei. In der Ehe werden sie gefällt, verlieren die Äste. Nach der Hochzeit ist vielfach der Zauber weg. Die Königskinder im verlorenen Glück verwünschten, dass das Wasser nicht tief genug gewesen war... Als die Monogamie erfunden wurde, starb der Mensch mit dreißig. Heute wird er dreimal so alt. Liz Taylor, die achtmal vor den Traualtar trat, sagte, sie habe ihre Männer nie betrogen, sondern immer nur ihre Liebe geheiratet. „Eine Ehe ist eine schwierige Gratwanderung zu zweit mit dem Ausblick auf ein herrlich romantisches Panorama", meint Friedrun Pleterski.

## Das Jammertal des Thanatos

Leider: es ist oft auffindbar. Plötzlich steht man mitten drin. Im Jammertal. In der abgebrannten Steppenlandschaft des Thanatos. In dieser Dunstglocke der Depression, der Mutlosigkeit, der Selbstgefälligkeit. Wo nichts mehr geht. Wo man ja prinzipiell gerne machen würde, ABER... LEIDER... Die Rahmenbedingungen... Der Neid, Missgunst, Mobbing... Da vergönnt jeder jedem nur das Übelste... Nichts zu machen hier... Dieser Betrieb ist zum Scheitern verurteilt... Eine absterbende Region... Die Abwanderung... Die Überalterung... Die mangelnden Arbeitsplätze... Und die Sonne scheint zu heiß... und der Regen ist zu intensiv... Und die Nächte zu dunkel... Bei uns geht das nicht... Wir sind ein ganz besonderer Platz... Ja, glauben sie nur, dass das möglich ist; wir werden sie eines besseren belehren... Hier hat noch jeder resigniert... Wir haben noch jeden klein gekriegt... Das geht einfach nicht, nicht bei uns... Wir sind konservativ (bis zum Absterben).

**Willkommen in der ResigNATION!**

Hier ist das Biotop der Energievampire und Zombies.

Hier wird Beamtenmikado gespielt; wer sich bewegt, hat verloren.

Wer einen hellen Gedanken hat, muss ausscheiden.

Sie haben Visionen? Sie Armer – hier ihr Überweisungsschein in die Psychiatrie.

## Fremd

*Das Kind*
*in dir schreit – wonach?*
*Spiel, lach, leb, lieb – sei!*

*Schreib!*
*Du selbst bist Inhalt genug –*
*Für eine nie endenwollende Enzyklopädie!*

*Eros –*
*fremd ist er mir geworden,*
*mein zärtlicher Freund – mein Anteil!*

*Rosemarie Rupp*

# Hast du heute schon gelebt?

Die schreiende Farbe aus der Spraydose macht die gesprühte Frage an der Hausmauer nur noch provokanter. – „Heute schon gelebt?“ – Nicht nur gearbeitet, geraucht, getrunken, dich treiben gelassen, deine Stars bewundert, eingekauft, Solarium besucht, deine Beruhigungs- und Aufputschmittel geschluckt, deine Show abgezogen...?!

Viele lassen‘s gar nicht zu; das Leben: „Manche reden gerne, zu gerne vom Tod, von Resignation und Hoffnungslosigkeit. Sie reden nicht nur davon, sie verbreiten sie auch“, mahnte der leider zu früh verstorbene Grazer Theologe Franz Artner. – „Gebannt starren sie auf den immer größer werdenden dunklen Fleck, in endlosen Wiederholungen beklagen sie die heutigen zahlreichen Verbrechen.“

Artner, der den Eros in sich schwingen ließ, wollte die Aufmerksamkeit auf andere Werte richten: „Magst du Kinder? Magst du alte Leute? Magst du Behinderte? – Magst du jemanden? Kannst du dich mit ihm verständigen, ihm zuhören? Kannst du zärtlich sein und lachen? Kannst du vertrauen und Zeit haben, träumen und erleben – oder, einfach gefragt, wählst du das Leben? – Es ist ein schönes Kunststück, der Verneinung des Lebens zu widerstehen! Sich nicht anstecken zu lassen von Gleichgültigkeit, Resignation, Apathie und

Enttäuschung; vom kritiklosen Mitmachen und von Passivität, von Frustration und Lähmung."

„Gegen die Herrschaft der Bitteren in Wirtschaft, Politik und Journalismus", betitelt ein anderer „Erophiler", Helmut A. Gansterer einen seiner Essays und legt seine Lebensphilosophie offen: „Grundsätzlich ist es jedem unbenommen, mit Leichenbittermiene auf Leichenbeinen durch die Welt zu gehen und mit Leichenzungen zu reden. Man darf also niemanden anklagen und vor Gericht zerren, nur weil er ein saurer Pessimist ist. Schade."

Gansterer, der Philosoph, erfand das großartige Wort „Dumpfgummis" für jene „Kleingeister" und „weinerlichen Kraftlosen". Er will „Gegengewicht sein zu all den deprimierten Bremsern im Land, den staatlich diplomierten Masochisten, Melancholikern und Misanthropen". Der Formulierungskünstler und leidenschaftliche Schreiber („mit Inbrunst und dem Gefühl, zu Hause zu sein") regt an, „aus der verkrampften Welt der linken, viereckigen Hirnhälfte in die wunderbare instinktsichere Welt der rechten Hirnhälfte" überzuwechseln. Aktuelle Hirnforscher raufen sich ob der links-rechts-Hirn-Trennung die Haare, Eros nimmt's nicht so eng, solange Sie mehr die Kopfhaut auf den emotionalen Stellen aktivieren...

„Love it, change it, leave it". – Wenn du in Gesellschaft von Mistigen bist, wird Mist in dich eingeworfen. Wenn du in Gesellschaft Kreativer und Gutherziger bist, wird Schöpfungskraft und Herzlichkeit in dir wach werden...

## In Gefahr, das Leben zu verlieren

Der Perfektionismus, die Sucht, alles mit Strukturen zu belegen und messen zu wollen, führt uns in den Abgrund. Denn der analytische Blick des Prüfers macht es unmöglich, die Magie dieser Welt zu sehen. Wir sind in höchster Gefahr, das zu verlieren, was Leben wirklich ausmacht. Wir töten es systematisch in öden Sitzungen, Endlos-Debatten und hören weiter brav zu, wie sich Leute, die nichts zu sagen haben, produzieren. Die Forderung kann nur lauten: Rote Karte für Vielredner und Dumpfgummis! Schluss mit der Überbetonung der Thanatos-Prinzipien!

Es wird Zeit für einen Paradigmenwechsel: die Gier nach Ruhm, die Sucht nach Anerkennung, die Karriere-Strategien fruchten wenig. Vielmehr sind sie hinderlich.

Denn die Muse lässt sich nicht drängen! Sie landet auch nicht am bestausgebauten Rollfeld.

## Das Gesetz der Reziprozität

Es ist schon eine faszinierende Erkenntnis und bedarf einer hohen Bereitschaft, Zusammenhänge sehen zu wollen: alles, was Ihnen passiert, jede Begegnung, jedes Projekt, jede Erfahrung, ist nichts anderes als ein Resultat Ihres Denkens und Verhaltens.

Das heißt: Sie wundern sich, dass Menschen Ihnen nicht offen begegnen? – Es fängt damit an, dass Sie nicht offen sind. Können Sie diese Botschaft so annehmen?

Wir erziehen uns Skeptiker, wir schaffen jene, die UNS misstrauen, weil WIR misstrauen. Wenn ich mieselsüchtig aus dem Haus gehe und überall nur Feinde erahne, werde ich überall die Bestätigungen dafür finden!

So wie wir den Menschen begegnen, mit welchen Gedanken wir auf sie zugehen, genauso beeinflussen wir deren Verhalten. Vertrauen gegenüber anderen braucht zuvor Selbstvertrauen. Wer sich nicht liebt, ist für Liebe weder empfänglich, noch kann er sie geben. Misstrauische Menschen misstrauen vor allem sich selbst. So einfach – so erschreckend einfach!

**Thanatos schafft Thanatosse** und wird ewig von Thanatossen umgeben sein.

**Eros schafft Erotik** und wird auf Schritt und Tritt von Erotik umgeben sein...

**Was wollen Sie?** Die Entscheidung liegt ganz bei Ihnen!!!

Die einzige Möglichkeit, liebenswürdigen Menschen zu begegnen ist, (sich!) selbst (und andere) zu lieben!

## Leben mit Thanatos

Witz mit Tiefgang: „Sie sehen ja wirklich gut aus“, streut ein Geschäftspartner dem anderen Blumen; der entgegnet: „Das trügt – innerlich bin ich ein Skelett.“

Wir tragen alle das Ablaufdatum unseres Lebens am Rücken; nur können wir‘s – Gott sei Dank – nicht lesen. Der Sand tropft unerbittlich im Stundenglas. Wir vermögen nur Eines: das Leben bis zur letzten Stunde so geschmacksintensiv wie möglich zu gestalten. Gewürze, die der „Lebens-Gourmet“ in seine Suppe streut, sind: Neugier, Offenheit, Leidenschaft, Lust, Visionen, Risikobereitschaft, Mut, Wahrhaftigkeit, Freude, Liebe...

Thanatos soll keinesfalls verdrängt werden. Lebenserfahrene wissen: Glück ist ein Kontrastgefühl. Süß wird etwas erst dadurch, weil man das Saure kennt. Der lebensfrohe Eros will den düsteren Thanatos nicht in die Flucht schlagen: es darf uns auch mal schlecht gehen, wir dürfen krank sein, übel gelaunt, pfeifdrauf und anderen gegenüber richtig gemein. Das sind die normalen Wellenbewegungen des Lebens.

Es geht nur darum, ob ich gewillt bin, Thanatos phasenweise anzuerkennen oder ihm permanent bereitwilligst das Kommando zu übertragen – auf dass fortan ALLES in meinem Dasein nur noch dunkelgrau, leidvoll, absterbend, mühsam und traurig wird.

Eros und Thanatos sind Geschwister; sie gehören zusammen. Dieses Buch entsteht, um die Überdominanz des Thanatos in unserer Wettlaufgesellschaft einzudämmen – und Eros mehr Spielraum zu schenken. Im Eros schwingen auch die dunklen Flügel des Todes mit. Und im Tod wäre es Zeugnis höchster erworbener Lebenskompetenz, mit dem Lächeln des Eros hinüberzugehen...

„Wie schön", waren die letzten Worte des großen Kardinals Franz König 99jährig am Sterbebett.

## Voller Harmonie und Liebe

Eros – Gott der Liebe: vollkommene Harmonie mit mir, mit meiner Umwelt, Partner, Kind... die Ernüchterung lässt nicht lange auf sich warten!

EROS ist für mich viel mehr als nur körperliche Lust; ist, dankbar meine Unvollkommenheit anzunehmen, unsere Einzigartigkeit staunend zu betrachten, ehrfürchtig zu bleiben bis ins hohe Alter.
Heute verstarb ein lieber Mensch in meiner Anwesenheit
- weich gebettet,
- schmerzfrei,
- gelöst,
- mit zufriedenem Gesichtsausdruck,
- ohne Angst,
- voller Harmonie und Liebe umgeben,
das ist EROS FÜR MICH!

*Isabella Löckinger*

# Tod und Eros?

Ein Mensch stirbt, wird herausgerissen aus einer Gemeinschaft. Einer fehlt plötzlich. Und die Welt hält keinen Moment inne; nicht eine einzige Sekunde, nicht einen Atemzug lang. Dabei hat er soviel getan, wollte noch soviel tun. Und doch nichts, was nicht ein anderer ebenso tun könnte. Wie unmissverständlich uns doch klar gemacht wird, dass wir alle letztlich nichts sind; außer eine wunderbare Selbsttäuschung, vielleicht doch für einige Menschen wichtig (gewesen) zu sein...

Der Tod? Und Eros? Gibt's eine absurdere Kombination?
Ich wage es, beide miteinander in Beziehung zu setzen. Es gilt – wie mein Freund Michael sagt: „mit der Eros-Energie auch die Todes-Klinke in die Hand zu nehmen".

Warum fürchten wir uns vor dem Tod?
Weil er irgendwann über uns herfällt wie ein ganz gemeiner Räuber am Wegesrand. Weil's zu einer der ganz wenigen Gewissheiten dieses Lebens gehört, dass wir ihm irgendwann nicht von der Schaufel springen können.

Das macht betroffen; denn es besagt, dass es Kräfte und Mächte gibt, die absolut keiner von uns besiegen kann. Nicht der Stärkste, nicht die Intelligenteste, nicht der Schönste und auch nicht die Reichste.

Es gibt nur eine Antwort, unserem Feind, dem Tod, zu begegnen: ihn eben nicht mehr als „Todfeind" anzusehen und ihn ins tägliche Leben einzubinden. Alles ist im Fluss aus Leben, Sterben, Kommen und Gehen.

Was heißt das? – Ich lebe und genieße, arbeite und liebe, als wäre er ständig um mich. Wie's ja auch tatsächlich der Fall ist, wir aber nicht immer wahrhaben wollen.

Ich kann mir nur eine Strategie zurechtzimmern, und die lautet: wenn der letzte Vorhang fällt, dann soll's ein Leben vor dem Tod gegeben haben...
Das letzte Hemd hat keine Taschen, weiß der Volksmund.

Der letzte Atem reicht auch nicht aus, seinen Liebsten und allen sonstigen „Lebens-Menschen", jenen stets fördernden Begleitern, das zu sagen, was man ihnen immer sagen wollte. Demnach ergeben sich folgende Ratschläge, um auch für den letzten Flirt – mit Freund Tod – gerüstet zu sein:

- Sag Deinen Liebsten das, was Du für wichtig hältst, bei Lebzeiten...
- Lebe intensiv und bewusst: Du musst zu dem stehen können, was Du in DIESEM Moment tust; denn schon im nächsten könnte es vorbei sein.
- Und jener Mensch, mit dem Du diesen Moment lebst, mit dem Du Deine wertvolle Zeit verbringst, muss für Dich auch würdig eines möglichen „letzten Botschafters" sein, der Deinen „Hinterbliebenen" (wie's so grausig heißt) klar macht, – hier ist ein glücklicher Mensch von der Lebensbühne abgetreten.

Flirt mit Leben und Tod heißt anzuerkennen, dass das Schicksal die „Hauptregie" führt; und keiner von uns Regieassistenten kennt die Überlegungen dahinter; weiß, wann und warum er von der Besetzungsliste gestrichen wird. Gewiss ist uns nur, dass unser Auftritt irgendwann endet.

Mein Gott, was ist so schlimm an dieser Erkenntnis? – Zu wissen, dass das Spiel einmal vorbei ist, kann ja nur den klaren Auftrag beinhalten, im Spiel alles zu geben, sich seine Spielpartner sorgfältigst auszusuchen und die größtmögliche Freude daran zu haben.

Es ist der Auftrag, „abschiedlich" zu leben. Jede Begegnung könnte die Letzte sein. Okay, dann trinken wir eben noch ein Glaserl Sekt; hier und jetzt, im Garten des Dommayr, unter'm Kastanienbaum des Schlossgasthofes Rosenburg, der Berg-Hütte oder auf der See-Terrasse und freuen uns, wenn es ein nächstes Mal gibt, um wieder auf's Leben anstoßen zu können.

Es ist auch der Auftrag, sein Vermächtnis zu leben. Das, was ich jetzt tu, das, was ich jetzt sage, schreibe, erzähle, könnte „der letzte Akt" (gewesen) sein... Dieses Wissen fordert klare Konsequenzen: für Ehrlichkeit, 100 % Wahrhaftigkeit!

Warum sollen wir unsere Energie in Unabänderliches investieren?! – So wie unabänderlich feststeht, dass dich der Tod irgendwann an der Hand nimmt, so fix ist auch, dass wir Schauspieler UND Autoren unseres Lebensstückes sind. – Wir haben's in der Hand, wirklich zu leben; und dann ist selbst dieser sogenannte Feind namens Tod irgendwann ein willkommener Freund.

*„Nicht der Mensch hat am meisten gelebt, welcher die höchsten Jahre zählt, sondern derjenige, welcher sein Leben am meisten empfunden hat."*

JEAN JAQUES BAPTISTE ROSSEAU

# Jetzt oder nie (mehr)...

„Hallo Manfred, ich weiß nicht, ob man es dir schon mitgeteilt hat: Martin ist am Abend des 2. November mit seinem Auto in Klagenfurt tödlich verunglückt. Das Begräbnis ist heute um 11 Uhr in Fürnitz. Wenn du wieder in Kärnten bist, bitte melde dich bei mir. Charly."

Was für ein SMS! Am Morgen des 4. November. Nach 8 Uhr. Und die Keule lässt mich zusammensinken. Martin... Mein Freund! Darf ich das überhaupt sagen über wen, den ich erst vor Monaten kennengelernt habe, den ich insgesamt 5 Mal gesehen habe?!

In jedem dieser Treffen, ab dem ersten Moment des Kennenlernens, haben wir uns tief berührt. Und wir erfanden die Welt neu. Da war Verbundenheit, Nähe, Ehrlichkeit. Nie schaute einer von uns auf die Uhr. Denn es gab im Zusammensein nichts Wichtigeres als uns. Der Sonnenuntergang auf der Wörthersee-Terrasse oder die Theater-Aufführungen in Villach waren nur schöne Draufgabe; Beiwerk.

Und so wollten wir möglichst viele Kreuzungen schaffen, an denen wir unsere Wege zusammenlaufen lassen könnten. Projekte, die wir starten wollten, hätten für die nächsten paar Jahre gereicht. Und es wären ja hundert neue entstanden. Und...

Hätten, wären, könnten, wollten...

Aus, vorbei!

Trauer heißt, um die EIGENEN versäumten Möglichkeiten zu weinen. Und ich sitze in Wien – und schreibe, während die Begräbnisvorbereitungen abgeschlossen werden. Ich bin vier Stunden zu weit entfernt; und doch spüre ich die Verbundenheit: Mit Martins Freundin; mit Charly. Ich erahne den Schmerz von allen, vor allem Martins Mutter; sie hat bereits ein Kind begraben – und ihren Mann. Ist das Leben gerecht? Warum gehen die Guten oft so früh?!

Es ist immer zu früh; für Menschen, die man liebt.

Im Radio wird gerade Falco gespielt; auch einer, der viel zu früh abberufen wurde. „Come and rock me Amadeus..."

Martin, wir bleiben verbunden! Und für deine Freunde lebst du. Wie auch deine Botschaft. Für mich heißt sie: JETZT ist das Leben!

Die Ironie des Alltags will es, dass ein anderer Freund an diesem Abend ein Fest nach seiner Scheidung steigen lässt: Motto „Carpe diem". Und auch dort kann ich nur in Gedanken dabei sein, weil ich anderen Freunden bereits lange zuvor zugesagt habe.

Ja, das alles ist das Leben: Und es geht darum, auch wirklich zu leben.

Die Fülle wahrzunehmen. Auszuwählen. Und die Zeit nicht zu verplempern.

Martin, dein Begräbnis möge die Auferstehung für viele, für uns alle sein – die wir jede Minute die Wahl haben, der Lebendigkeit zu folgen, oder hundert Argumente zusammenzuzimmern, warum's nicht geht...

Eros of life: Für eine neue Qualität des Lebens; für Tiefe, Buntheit, Leichtigkeit – Intensität!

*„Wir leben alle auf einem Boot, das Leben heißt.*
*Wir haben keine Ahnung, wo es herkommt und wo es hinfährt.*
*Alles, was wir tun können, ist, nett zueinander zu sein."*

FERNANDO PESSOA

## Die Wertigkeiten zurechtrücken...

Mit Eros verbinde ich Lebensfreude, Antrieb, etwas Wesentliches, um ein erfülltes Leben zu leben, vielleicht würde ich es auch als Lebensqualität beschreiben. Diese Energie spüre ich besonders, wenn ich in Kommunikation mit mir nahe stehenden Menschen bin und ich ein inniges, tiefes Gefühl von Freundschaft empfinde. Diese Energie spüre ich auch beim Tanzen oder zuletzt mit meinem Mann auf dem Boot: Sich am See dahin gleiten zu lassen, die Füße im Wasser, (kein Handy mit!) zu plaudern, Zeit zu haben, die Sonne zu spüren... Aber auch in spontanen Gesprächen, Begegnungen – mit bis dahin fremden Menschen – in denen man spürt, dass es von gegenseitigem, echten Interesse ist, sich kennen zu lernen... Das alles ist für mich Lebensenergie, die meine Batterien wieder aufladen kann.

Ich denke aber auch, dass es in einer Welt voll Leistungs- und Zeitdruck schwer ist, sich darauf zu besinnen. Auch dieses ständig am Handy erreichbar sein zu müssen (?), nimmt doch einiges an spontan im Alltag erlebbaren, kostbaren Augenblicken, die sicher da wären, wenn ich achtsamer durch den Tag ginge. Ich denke mir oft, was bleibt in Erinnerung, wenn man alt ist – und es sind sicher nicht die Arbeitsstress-Momente... Vielleicht hilft ja Eros, die Wertigkeiten im Leben wieder etwas zurecht zu rücken!

*Mag. Doris Seidl*

*„Denn keiner ist je dem Eros entflohen und wird ihm entfliehen, solange es Schönheit gibt und Augen sehen.“*

LONGOS

# IV Eros erschaffen

## Das Drängen des Eros

– *Was willst du denn, Eros, unruhiger Geist?!*
Ich will Raum, Zeit,
Ich will gehört, wahrgenommen werden!
Ich will, dass du mir Entfaltungsmöglichkeiten einräumst,
Platz schaffst dafür,
dass ich das Ungeplante, Neue, Besondere erschaffen kann.
Ich könnte dich verführen, wenn du mich lässt; wenn du dich lässt...
Natürlich kannst du auch weiterhin meinen Ruf überhören,
vernachlässigen, dich wegdrehen, und anderen Gehör schenken.
Doch tief in dir drinnen weißt du, worauf du verzichtest.
Gib mir Raum, Frei-Raum,
um dich zu befreien...

*mg*

## Am Leben

„Hallo,
lebst du noch?
Sag doch etwas!"
– Woran kann ich erkennen, dass ich lebe?
Gut, ja, die Körpertemperatur lässt darauf schließen,
dass ich am Leben bin;
auch die Körperfunktionen arbeiten. Einwandfrei.
Mir tut nichts weh. Ich habe keinen Schmerz. Das ist gut.
Manche spüren sich nur im Schmerz. Das Leben, ein Leiden.
Ich leide nicht; kurioses Indiz dafür, nicht voll zu leben?!

Ich krieg Hunger, hab Durst, esse, trinke,
verdaue, scheide aus, werde müde, schlafe,
wache wieder auf, steig aus dem Bett, zieh etwas an,
absolviere die to-do-Liste des Tages,...
Ich sitze und beobachte den Sekundenzeiger vorrücken.
Ich bin also da, anwesend, vorhanden.
Auch für andere registrierbar.
Mancher muss einen Bogen um mich machen,
ich bin im Weg, also bin ich.
Manche lächeln mich an,
ob ich zuerst gelächelt habe, oder das Gegenüber, ist nicht wichtig.
Ein Lächeln, das fühlt sich lebendig an.
**Ein Lächeln.**
Vielleicht macht ein Lächeln das Leben aus?
Ist das Leben mehr als – bestenfalls – ein Lächeln?
Da huscht etwas kurz über die Erde;
ein paar kurze Jährchen.
Ich lächle, immer wieder,
also lebe ich, immer wieder.
Lächeln ist Poesie. Die Seele lächelt.
Im Gefängnis der Vernunft und Alltagsroutine
entweicht das Lächeln durch die Gitterstäbe,
auch wenn sie golden sind.
Ein Lächeln lebt von den Zwischentönen,
von kurzen Momenten der Begegnung,
von anderen Sichtweisen, Aus- und Einblicken, Impressionen;
ein Lächeln ist ein Aufstand wider die Schwerkraft.
Ein Lächeln ist Tanz, Tanz des Herzens,
orientalischer Tanz, in leuchtenden, kräftigen Farben,
fließenden Bewegungen, als Ausdruck der Huldigung des Schöpfers
und Dankbarkeit für die Schönheit seiner Schöpfung.
Ein Lächeln ist Liebe.
Ich bin ein Lächeln, das liebend, demütig und dankbar für das Schöne
durch die Poesie des Seins tanzt.
Ja, jetzt spüre ich's: das volle Leben in mir!

*mg*

## Wachruf

Und? Was ruft „Eros" bei Ihnen wach?
Eros... „Das ist Lebensgefühl; das Gefühl, überhaupt am Leben zu sein, sich in jeder Faser des Körpers lebendig zu fühlen," meint Florian. Eros? „Wie Ramazotti", relativiert Stefan, „oder das Eros Center Hamburg". „Eros ist die Liebe zum Leben, so wie ich's lebe", befindet der Unfallchirurg Manfred Krenn.

Eros? Ich habe viele „Feldversuche" gemacht und oftmals die Frage nach Eros gestellt. Der Antwortreigen fiel bunt aus. Was jedoch nie der Fall war: KEINE Antwort zu erhalten. Eros hat die Kraft, Menschen aus der Reserve zu locken.

Worte sind Köder, Worte haben Signalcharakter. Worte werden zu Begriffen. Und nur wenige von ihnen können derartige Energien wachrufen.
Sie können's ja auch damit probieren, einem Gegenüber das Wort „Ekel" darzubieten. Vielleicht noch mit einem süffisanten Lächeln und einem Blick in die Augen. Ich bin überzeugt, dass auch dieses Wort Reaktionen auslöst...
Sie haben's in der Hand bzw. auf Ihren Lippen, wie Sie diese zu welchen Worten formen.

Eros? Alleine die Frage bringt es mit sich, eine Situation in andere, höhere Bahnen zu lenken. Die Verkrampfung verringert sich, die Menschen machen auf. Und meist huscht auch ein Lächeln über die schönen Gesichter.

## Farbe in den grauen Alltag

*„Wenn die Passion fehlt, fehlt alles.*
*Ohne Leidenschaft ist nichts zu erreichen."*
ALBERTO MORAVIA

Wichtig ist, sich selbst klar zu werden: ist mein Alltag „grau"? – Hätte ich's gerne bunter um mich? Dann muss ich für Farbe sorgen. – Ganz einfach!

Und wer dies erkennt, muss rasch handeln: auch auf die Gefahr hin, dass das System natürlich keinen besonders liebt, der aussteigt.

Zum Glück gehört nun mal, alles Beengende abzuwerfen: vielleicht auch die Enge des Heimatortes, wo man mit dem ständigen Rechtfertigungsbedarf leben muss: mit wem trifft er sich, wieviele Achterln hat er jetzt getrunken, warum singt er heute nicht im Kirchenchor mit...

Irgendwann kann's keine „Rücksicht" mehr geben: Wer immer nur „zu-rück-steckt", dessen Rücken wird früher oder später unter der Last des Aufgebürdeten brechen. Natürlich ist es „bequemer", in bestehenden Strukturen zu verharren, denn immerhin bieten sie „Sicherheit". Und Kinder wollen versorgt werden, die Autoleasingrate ist fällig und außerdem, was würden denn die Leute sagen...

Kümmern Sie sich 'mal überhaupt nicht um all das Gerede um Sie herum. Wenn Ihnen der Heimatort zu eng ist, dann raus! Finanzielle Überlegungen dürfen keine Entscheidungsgrundlage für's Lebensglück sein. Eine Beziehung nur fortzuführen, weil das Haus im Rohbau steht und „der Kinder wegen", ist fatal: Kinder merken sehr wohl, dass zwischen den Eltern etwas nicht stimmt. Besser, sie haben einen Elternteil voll und ganz als beide nur ein bisschen. Und besser einen Rohbau - mit Verlust - zu verkaufen als später in einem echten Gespensterhaus zu leben. Wie heißt's so treffend: Besser ein Ende mit Schrecken als ein Schrecken ohne Ende.

Und das gilt genauso für die Berufssphäre: wenn Sie nicht wirklich zufrieden sind, dann raus aus dem Grauen! Auch wenn's sein könnte, dass Sie in Ihrem neuen Job vielleicht weniger verdienen. - Dieses Geld ist als „Freiheitsbeitrag" anzusehen.

– Wie es sich überhaupt empfiehlt, ein eigenes „Freiheitssparschwein" laufend zu füttern, mit dem Sie im Falle des Falles Ihre Unabhängigkeit für eine gewisse Zeit finanzieren können.

## EROS – ich begrüße Dich!

*Eros, ich heiße dich mit jeder Faser meines Körpers, jedem Schlag meines Herzens und jeder Schwingung meiner Seele willkommen!*

*Ich entscheide mich mit diesem Buch, dir noch näher sein zu wollen. Mit dir Zeit zu verbringen, Hand in Hand durch dieses Leben weiterzuschreiten. Zu springen, zu laufen, zu verharren, zu schauen, hinzuschauen, mal wegzuschauen, immer aber zu genießen...*

*Eros, ich bin bereit, lassen wir uns aufeinander ein!*

# Die Energien zum Ausdruck bringen

Alles in uns und um uns ist Energie und Ausdruck eines bestimmten Bewusstseins. Aus Energien wie z. B. Gedanken, Gefühlen, Stimmungen und Ideen kreiert sich das Leben. Es entstehen Persönlichkeiten, Lebenswege und Materie. Zur Energie der Seele gehören Liebe, Lebensfreude, Kreativität, ihr Sprachrohr ist die Intuition. Ihr Umsetzer heißt Eros.

„Aus der stärksten Kraft heraus - aus der Energie der Seele - erforsche ich diese Energien und mache sie sichtbar“, sagt die Malerin Marion Wagner.
„In meinem Leben und Malen geht es darum, die Kraft der Seele zu entfalten, dieses innere Licht nach außen zu bringen und das Leben daraus zu kreieren. Dazu gehören Liebe, Lachen, Lebensfreude, Frieden, Bewegung und ein tiefes inneres Wissen um höhere Zusammenhänge. In diesem Sinne bringen die Bilder die Energien hinter den Erscheinungen zum Ausdruck.“
Die Bilder, der Malprozess können als wunderbares Gleichnis für ein von Eros geführtes Leben gelten: In uns strahlt ein inneres Licht, eine Sehnsucht. Gedanken wollen sich ausdrücken, als Projekte realisieren. Ideen entstehen, und werden mit bereitgelegten Farben auf der Lebensleinwand zu einem Bild. So entstehen die Bilder, unsere Projekte, Freundschaften, Partnerschaften von selbst. Nach und nach wird sichtbar, welches Thema, welche Energie sich auf der Lebens-Leinwand ausdrückt. Den Titel fügt man erst hinzu, wenn das Bild realisiert ist...

*„Tanze im Feuer das Wunder des Lebens.*
*Fließe mit dem Wasser in die Tiefe deiner Träume.*
*Atme im Wind die Weite des Himmels.*
*Wachse in die Erde zur Quelle deiner Kräfte.“*

INDIANISCHE WEISHEIT

# Eros spürt den Zauber der Energie

Energie, das ist Bewegung, Antrieb. Wenn wir uns energielos fühlen, wird jede Bewegung schwer; mühsam. ENERGEIA - Grundbegriff bei Aristoteles, bezeichnet die Wirklichkeit im Sinn von einer verwirklichten Bestimmung.

Die verwirklichte Kraft im Gegensatz zur bloßen Möglichkeit. Synonym verwendet mit ENTELECHEIA – etwas, das sein Ziel in sich selbst hat. Das Prinzip, das die Möglichkeit erst zur Wirklichkeit macht – der zur Vollendung führende Faktor. Wir brauchen Energie, um etwas zu verwirklichen, weiterzubringen. Wer wagt schon, von Vollendung zu sprechen.
Die Entelechie eines Körpers ist nach Aristoteles übrigens die SEELE.

„Energy is eternal delight – Energie ist ewiges Entzücken", betont der englische Dichter und Maler William Blake. Energie nach dieser Definition wird deutlich, wenn wir Kindern beim Spielen zuschauen; jauchzend, rastlos; Energie und Entzücken gehen nahtlos ineinander über. Da entsteht der vielgepriesene FLOW; im Unterschied zur müde machenden Arbeit.

Energie kann vergeudet werden. Wenn wir sie in falsche Zuwendung investieren. In Kampf, in Streit, in endlose Debatten, wo's um's bloße Rechthaben geht.

Wenn wir so verschwenderisch mit unserer Energie umgehen, uns mit Energievampiren abgeben, uns aussaugen lassen, dürfen wir uns nicht wundern, wenn wir die Freude, die Lust, den Antrieb verlieren.

Wir können unser Energie-Potenzial erhöhen, indem wir alle Dinge aus dem Leben entfernen, die unnötige Energie kosten. Machen Sie eine Liste aller Unannehmlichkeiten. Und stopfen Sie nicht länger mit viel Aufwand diese Energielöcher. Sondern schütten Sie sie ein für alle Male zu.

„Energie ist Freude", betont William Blake.
Je mehr Energie wir haben, umso größer ist auch unsere Freude.
Freude entsteht durch Energie. Überfließende Energie wird zur Freude. Zu einem Fest. Osho sagt deshalb: „Wenn die Energie in dir tanzt, wenn sie im Einklang, in tiefer Harmonie, im Rhythmus, im Fluss ist, wirst du ein Segen für die ganze Welt sein!"

Es gibt eine wunderbare Gleichung für Freude, gepaart mit Energie:
Und das ist EROS. Eros ist die Energie der Freude; der Lust. Etwas zutiefst Lebendiges; Sprühendes. Leidenschaftliches. Springlebendig sprudelt die innere Quelle, wenn wir sie lassen...

„Die Schönheit der Dinge lebt in der Seele dessen, der sie betrachtet", so David Hume. Lassen Sie Ihre Seele, die Energie in Ihnen, sich mit der äußeren Energie verbinden – und im Einklang schwingen.

## wahr-nehmen wahr-geben

euphorie
rasend
oberflächlich
spiel

erregung
reizend
orientierungslos
seitensprung

eifersucht
ratlos
ohnmächtig
schmerz

eins-sein
ruhend
ordnung-spürend
stärke

*Florentina Wiesinger*

# Danke für die Wunder

*„Enthusiasmus ist das schönste Wort der Erde."*
CHRISTIAN MORGENSTERN

Mein Gott, wie schön sie sind, die Kinder. Strahlend, wach, sprühend zeigen sie sich auf den Fotos von ihrer Erstkommunion. In der schmucken Kirche in Gleisdorf bedanken sie sich auf bunten Papierstreifen „für die beste Mama der Welt", „für wunderbare Eltern", „für die vielen Freunde", dafür, dass sie „gut Flöte spielen" oder „tolle Fußballer" sind. Es gibt offenbar so viele Gründe, Danke zu sagen. Wenn man jung ist?!

Vielleicht liegt in der Fähigkeit, Danke zu sagen, das Geheimnis der Jugend, der strahlenden Fröhlichkeit.

Ein weiterer Schatz verbirgt sich, eingearbeitet in den Boden rund um den Altar: Für jedes Kind wurde ein Stein gestaltet, samt Geburts- und Taufdatum. Große, kleine, runde, eckige, bemalte, lackierte oder schlichte Steine, mit großer, markanter, kleiner, dezenter Schrift; oft kunstvoll umrandeten Lettern. Und doch wird die Botschaft klar: du gehörst dazu. Jeder hat seinen Platz im Miteinander.

Eros of life heißt, die vielen Wunder um uns als solche wahrzunehmen.

## Damoklesschwert über Eros

Es stimmt schon, man braucht eine Begabung für das Schöne; eine Bereitschaft für Eros. Und wenn wir uns hartnäckig weigern, die Pracht des Lebens zu erkennen, wahrzunehmen, findet das Leben Möglichkeiten, um uns darauf hinzuweisen.

Krankheit, schwere Krankheit, ist oft das letzte Mittel. Und so musste auch Silvia die Schreckens-Diagnose „Krebs" vernehmen. – Plötzlich ist alles anders; von einem Moment zum anderen verändern sich Wertigkeiten. Silvia hat diese Herausforderung jedenfalls angenommen, sich mit voller Kraft samt Chemotherapien auf dieses Wellental eingelassen – und kann nunmehr von einem neuen Gipfel aus Menschen Mut machen: „Ich bin seit meiner Krankheit ein anderer Mensch geworden. Ich war immer nur für alle anderen da, habe wahres Glück nur begrenzt erleben dürfen und dabei ganz auf mich vergessen. Seit meiner Genesung entdecke ich so viel an mir, soviel, was mir Freude macht, ich empfinde Natur und Musik anders als früher, fühle so intensiv, erlebe viel Neues. Es ist scheinbar vieles Schöne an mir vorüber gegangen. Jetzt habe ich einiges zum Nachholen. Habe endlich Zeit zum Lesen und jeden Tag bewusst zu leben. Ich umgebe mich nur mehr mit positiven, liebenswerten Menschen. Und mit dem gelegentlichen Schreiben habe ich begonnen, als mir das Buch ‚Glücksmomente' in die Hände fiel und ich meine wahren, tiefen Gefühle niederschreiben musste. Alles braucht seine Zeit. Es kommt alles so, wie es kommen soll."

Lebenskunst nach Eros besteht darin, das Wesentliche bereits ohne Damoklesschwert einer schweren Krankheit erkennen zu können.

*„Eines Tages kam der Augenblick, wo das Risiko, fest in einer Knospe verschlossen zu bleiben, schmerzhafter war, als das Risiko zu erblühen."*

ANAIS NIN

# Eros und die Zeit

Welche Chancen hat er denn, Eros, uns zu beflügeln, wenn wir nie Zeit für ihn haben?! Es lächelt Sie wer an – und Sie können nicht mal das Lächeln erwidern, weil Sie doch soooo unendlich gestresst sind. Was wäre denn, wenn der andere das Lächeln als Einladung auffasste; und dann zu plaudern begänne, und man ihn nicht mehr anbrächte...

Nein, ist schon gut so, dass wir für solche Mätzchen keine Zeit haben.

Zeit! – Seit Wochen führt meine Armbanduhr ein seltsames Eigenleben. Obwohl die Batterie erst vor 2 Monaten getauscht wurde, bleibt sie immer wieder stehen. Unberechenbar. Erst kürzlich habe ich ein Seminar um gut eine Stunde überzogen, weil die Uhr ausgesetzt hatte. Zweieinhalb Stunden ohne Pause – die Leute waren offenbar sehr gut drauf... Und mir wurde wieder mal klar: Zeit ist etwas so Relatives. Ein Tag im Flow huscht vorbei wie ein Moment; ein Moment hingegen in Gesellschaft der „falschen Leute" zieht sich wie Stunden...

Ich wage es immer mehr, mich ganz auf mich, und nicht auf den Chronografen zu verlassen.

„Ihr habt die Uhren, wir haben die Zeit", lautet ein Satz der Indianer, verächtlich dem Westen entgegengeschleudert. Wir haben ein so gutes Gespür für Intervalle, wie lange etwas gemäß unseren Prioritäten dauern kann, darf, soll. „Die selbstgemachte Zeit" ist mehr als eine Illusion. Es liegt nun mal ausnahmslos an uns, dem Bedeutung einzuräumen, was uns wirklich wichtig erscheint.

EROS bedeutet für uns: Liebe, Sex, Partnerschaft, Gefühle, Seitensprung, Begehren, Flirt, Anziehung, Zuneigung, Beziehung, Treue.

*Elisabeth und Gerhard Prohaska*

# Erregung der Impression

*„Die größte Sinnlichkeit ist die Fantasie."*
CHRISTIAN MORGENSTERN

Vieles, was tagtäglich auf uns einströmt, schafft es nicht, als Eindruck abgespeichert zu werden. Nichts drückt sich ein... Dabei ist nicht immer das Geschehen schuld, das es eben nicht über unsere Aufmerksamkeitshürden schafft. Meist sind's genau diese von uns selbst errichteten Barrieren, die sich als verstopfte Sinneskanäle entpuppen. Damit sabotieren wir uns selbst. Denn dadurch gelangen wir zur Überzeugung: nichts Bedeutendes passiert um uns.

Worauf's ankommt, ist eine persönliche Gabe: das Schöpfen aus momentanem Erleben, das Prinzip vom Handeln, Denken oder die Kunst der Bewusstheit. Wir stehen uns bei der Erregung der Impression leider selbst im Wege. Unsere Meinungen und Vorstellungen von dem, was sich im nächsten Moment möglicherweise ergeben oder nicht ergeben könnte, prägen das Erleben. Jeder Mensch hat nur die Sicht seiner Möglichkeiten... Damit wird die gelebte Intensität ständiger Erneuerung verhindert.

Eros verfolgt zwei Grundgesetze: Loslassen – und einlassen!

Und zum Augenblick sagen – verweile doch, du bist so schön...

Können Sie sich richtig be-geistern? Vor Freude und Glückserfüllung aufschreien oder hellauf lachen. Den Wunsch verspüren, die ganze Welt umarmen zu müssen?! – Dieses Training ist mindestens so wichtig wie der Besuch eines Fitnessstudios: Impressionstraining. Und all das wahrzunehmen, was an Gutem, Schönem um uns passiert; es zu sehen, hören, schmecken, riechen, tasten, – die Vielfalt des Lebens zu be-greifen.

„Eros in seiner Grundtendenz ist jung und frisch verliebt.
Er liegt nackt in der Badewanne im Freien,
unter'm Sternenhimmel,
eine Flasche guten Rotweins steht bereit,
er gibt sich Sehnsüchten und Fantasien hin,
und spürt plötzlich, wie wer zu ihm in die Wanne steigt."

*Georg Walter, www.waltergrafik.at*

# Gedanken schaffen Realität

„Die Welt ist so wie du sie siehst“, betont Clown-Freund Michael Trybek. Auf seiner Visitenkarte stellt er sich als „Schöpfer“ vor. Wir sollten uns bewusst sein, dass wir alle diesen Titel tragen. Tagtäglich erschaffen wir unsere Realität; leider, ohne uns dessen wirklich im Klaren zu sein. Wir erschaffen unsere Freuden, unsere Streitigkeiten. Wir bewirken, wie Menschen uns begegnen, ob und wie sie Notiz von uns nehmen. Wer argwöhnisch in den Tag geht, wird Argwohn ernten. Wer mit einem Lächeln in die U-Bahn steigt, wird mindestens mit einem Lächeln beschenkt aussteigen...

Ist's Ihnen schon zu „abgehoben“, zu esoterisch? – Für all jene, die nur glauben, was sie sehen können, hat der japanische Arzt Masuro Emoto in Studien nachgewiesen, dass Wasser Informationen speichert. Er fror Wasserproben bei minus 25 Grad ein und machte Wasser-Kristall-Fotografien. Die Forscher um Emoto „bespielten“ das Wasser u. a. mit Mozart-Klängen. Und siehe da: es entstand ein besonders schöner, symmetrischer Kristall. Aber auch Worte, Gedanken und Gebete können sich im Wasser manifestieren. So bildete sich ein formvollendeter Kristall nach buddhistischer Meditation. Gedanken von Hass bzw. atonale Musik bewirkten gegenteilige Formationen.

Was heißt das für uns Menschen, die wir zu 70 Prozent aus Wasser bestehen?!
Ich bin verantwortlich, welche Energien in meinem Körper abgespeichert werden.
Ich selbst treffe die Auswahl, was sich als Erfahrungen manifestieren soll.
Ich selbst erschaffe meine Realität.
Ich kreiere mir meinen Tag, beruflich wie privat.
Ich bin der Regisseur meines Lebens!

Und ich selbst bin für den Missbrauch meiner Körperzellen, meiner Körperflüssigkeit, verantwortlich; wenn ich mich etwa vor den Spiegel stelle und hässlich befinde, dann muss ich's nur noch einige Male wiederholen, um das Ergebnis serviert zu bekommen...

Wir prägen den Fluss der Gedanken! Misstrauen erschafft Misstrauen; Liebe bewirkt Liebe.

– Welche Wirklichkeit wollen Sie erleben?

# Tritt ein, ins Reich des Eros

Nun, da es dein freier Wille ist:
Tritt ein – und sei herzlich willkommen
im Reich des Eros.
Die Tür ist nun offen,
wie du's sein solltest.
Und du selbst bestimmst,
wie schnell, wie weit du gehen willst.
Lass los, um dich einzulassen.
Du wirst Wunder erleben,
und Überraschungen,
je nach deiner Bereitschaft.
Sieh, höre, rieche, schmecke, fühle,
sei empfänglich für Stimmen, Ausstrahlung, Schwingungen,
spiel deine ganze Sinnlichkeit aus.
Sei bei Sinnen – und sei Staunen.
Sei dieser Moment – und der nächste.
Erfinde Geschichten,
erfinde dich neu!
Erlebe, aber dränge nicht.
Der Weg ist das Ziel,
wenn's ein Ziel gäbe.
Gib dich hin – ohne Wehr.
Wenn du Macht anwenden willst,
wirst du deine Ohnmacht erkennen.
In Demut vor dem Allmächtigen
wirst du hingegen deinen Eros spüren.
Alles kommt, wie's kommen muss.
Du bist der Schöpfer deiner Erfahrung.
Du kannst alles und alles sein.
Du bist Eros.

*mg*

# Eros im Brennpunkt

Wir sind, womit wir uns befassen. Die Themen unserer Aufmerksamkeit färben auf uns wie auch das Umfeld ab. Fleischhauer und Totengräber mögen mir diese These nachsehen – sicher gibt es Ausnahmen wie SIE! Doch wer sich tagein tagaus nur mit Paragrafen auseinandersetzt, sieht nichts anderes mehr als „Fälle". Wer hingegen tagtäglich Pflanzen zieht, wird auch zum Gärtner der Zwischenmenschlichkeit und lässt verbal manch' Blume wachsen...
Menschen meines Umfelds meinen, Eros im Brennpunkt meiner Überlegungen, meines Zuhörens und Wachseins, würde mir sehr gut tun. Meine Augen sprühen, ich durchbreche Muster, wage Neues, lasse mich auf Abenteuer ein, bin umgänglich, offen, wertschätzend...
Ich entwickle mich immer mehr zu Eros... Und, Vorsicht, sehr geehrte Dame, sehr geehrter Herr, die Sie diese Zeilen lesen: Sie werden immer mehr EROS!!!

Wer weiß, vielleicht verändern Sie, Sie, und Sie, die Sie soeben gleichzeitig, aber an verschiedenen Orten, dieses Buch lesen, mit Ihren energievollen, pikanten Gedanken die Welt. Vielleicht macht diese sogleich einen kleinen Ruck der Ausgelassenheit. Und wer weiß, was schon morgen an Ihrem Arbeitsplatz anders sein wird... Man wird Ihnen an den Augen, an Ihrem Verhalten ablesen können, dass Sie Eros im Fokus führen.

Doch das hat GARANTIERT keine üblen Auswirkungen. Lebendigkeit nimmt von Ihnen Besitz und sie tragen diese weiter. Früher oder später reißen wir gemeinsam in einer Lawine des Positiven, Frohen, Hellen alle Miesepeter und -Petras mit uns, auf dass sie gar nicht anders können als fortan ebenso strahlend zu agieren.

# Angst und Enge

„Es lässt sich letztlich alles auf Angst reduzieren", fasst Gesprächspartner H. zusammen: „Aus Angst unterzugehen, muss ich Geld verdienen, aus Angst unbedeutend zu sein, mache ich meinen Job weiter. Aus Angst vor Zeckenbiss lasse ich mich impfen..."

Angst kommt von „Enge“. Man sieht nicht die Fülle, die Möglichkeiten, die Vielfalt, die Buntheit; man sieht nur die Einbahn, Alternativlosigkeit, den Tunnel, wo eventuell ein kleines fernes Licht lockt.

Was wäre H. ohne Angst? Ein freier Mensch, der dann allerdings die Verantwortung für seine Freiheit zu übernehmen hätte. Uiii, da wächst die Angst, die Angst zu verlieren. Die Enge ist so schauderlich schön vertraut. Ich hab mich doch schon an meinen engen Kanal gewöhnt, durch den ich vorwärts robbe... Den soll ich verlassen?

„Angst tötet jeden Eros“, bringt's Alf Stummer auf den Punkt. Wo Angst, die Enge, dominiert, da kann sich die weite Lebendigkeit des Eros nicht entfalten.

## Ampel auf grün

„Die grüne Phase des Brainstormings“, damit assoziiert Tina Holzfeind Eros. „Grün“ bedeutet „freie Fahrt“. Wenn kreative Methoden erfolgreich eingesetzt werden, dann nur, wenn diese das „Fließen“ ermöglichen. Es darf einfach drauf los gedacht werden. Ohne dass wer die Vorschläge sortiert, bewertet, zer-diskutiert.

Was wäre wenn... Was wäre, wenn wir fortan überhaupt nur mehr „grün“ agieren?! Keine Bewertung, keine Skepsis, keine Abfangjäger der Kreativität. Wir lassen uns von der Vernunft fortan kein Vergnügen mehr vergällen!

„Bereuen kann ich nur Dinge, die ich nicht getan habe“, lautet meines Vaters schalkhaft vorgetragene Devise. Die Universität Cambridge hat diese Lebensweisheit nun bestätigt: Wer immer tugendhaft ist, bereue später heftigst... „Wer sich allen Zwängen unterwirft, sich selbst immer perfekt unter Kontrolle hat, sich nie gehen lässt und dadurch rationell richtig handelt, kommt später darauf, wieviel Vergnügen er sich entgehen ließ – und kann das nie mehr nachholen”, ist Wirtschaftsprofessor Ran Kivetz überzeugt. „Wir alle bereuen, wenn wir einen Unsinn gemacht haben, doch diese Reue vergeht relativ schnell. Das Bedauern über eine aus Vernunft versäumte Gelegenheit kommt später, hält aber viel länger an.”

## Auf den Spuren von Eros...

Sie sollten:

- Barfuß durch nasses, sattgrünes Gras laufen und dabei laut jodeln.
- In einem klaren See zu zweit nackt untertauchen.
- So viel Champagner trinken, dass die ganze Welt sich um Sie dreht.
- Blind mit dem Finger auf die Weltkarte tippen und die Koffer packen.
- Im Auto laut singen und nicht aufhören, obwohl jemand zusieht.
- Einen Lachanfall bekommen, wenn es gerade gar nicht passt.
- Mit Delfinen im offenen Meer schwimmen und sich wohl fühlen wie ein Fisch im Wasser.
- Eine Runde schmeißen, nur aus dem Grund, weil sie sich freuen, dass das Leben schön ist.
- Einen Menschen so leidenschaftlich küssen, dass er keine Luft mehr bekommt.

*Mag. Barbara Reiter, Kurier-Leben*

# Phantasie – der Welt ein paar Träume hinzufügen!

„Ich bin ein Wesen leichter Art, ein Kind mit tausend Launen,
das Nied'res mit dem Höchsten paart, s'ist wirklich zum Erstaunen.
Kurzum, ich bin ein Kraftgenie, sie seh'n in mir die Phantasie."

So würdigt Ferdinand Raimund die „Hauptdarstellerin" in seinem Zauberspiel „Die gefesselte Phantasie", das heute so aktuell ist wie vor 200 Jahren. Wenn die bösen Zauberschwestern die Schöpfungskraft in Fesseln legen, müssen nicht nur die Dichter schweigen. Selbst die Liebe erstarrt in Kälte und Kraftlosigkeit, wenn die Phantasie im Käfig der grausigen Schwestern Vipria und Arroganzia, des Neids und der Überheblichkeit, eingesperrt ist. Die Phantasie, ein Schmetterling, lebt wie Eros aus der Absichtslosigkeit des Moments; als Bote der Anmut zwischen Himmel und Erde schwebend.

Es lohnt sich, wie Raimund, für die freien Kräfte der Kreativität in die Bresche zu springen, ehe kalter Verstand und überzogener Realismus die Menschheit beherrschen. Wie gefesselt ist heutzutage unsere Phantasie? Wie weit fesseln wir sie selbst? Wir unterbinden unsere Träume und Sehnsüchte. Und lagern sie in „reservierte Zonen" aus; zahlen lieber Eintritt im „Traumtheater Salome" – wo sich am Tourneeort Berlin auch meine Phantasie wieder einen Stärkungs-Impuls geholt hat. Mit seinem 1980 gegründeten Traumtheater hat sich Märchenerzähler Harry Owens selbst einen Traum erfüllt: ein Theater, das die Sinne anspricht und das Publikum in eine Welt voller Geheimnisse entführt. In der Show „Schöne Träume – was der Wind uns in den Sand geschrieben" verteidigt Owens den Kinderblick energisch gegen jene Realisten, die das Träumen zu fürchten scheinen. „Ihr Menschen, ich schaue in Eure Augen", so Harry Owens, „all das Weltliche hat Euch schon gefunden – aber wer ist es, der mit Euch über den Regenbogen geht und mit seinen glücklichen Tränen dem Himmel ein paar Sterne schenkt? – Der Mensch erkennt die Welt nicht an dem, was er ihr entnimmt, sondern an dem, was er an Träumen hinzufügt."

*„Kaffeehaus,*
*Bett meiner Sehnsucht,*
*ich will deinen Schlaf bewachen,*
*um mich zu wecken.*
*Tausend Schicksale haben Platz genommen.*
*Ort der menschlichen Quantensprünge.*
*Ort der schnellen Flirts und Kathedrale aus Irrsinn.*
*Ort zwischen Milchschaum, tausend Sprachen und Du."*

GERALD UHLIG, Inhaber Café Einstein unter den Linden, Berlin

## Ein Schubs von Eros

„Prometheus brachte uns nicht das Feuer, um es in Streichhölzern abzubrennen", tobt Alma in der genialen, gleichnamigen Paulus Manker-Produktion. Die Aufführung im geschichtsträchtigen Ambiente des Berliner Kronprinzenpalais war ein weiteres Kreativ-Etappenziel, um den Eros-Schreibfluss anzuregen. Gelungen, denn die Weltmetropole vermag mit ihrer Geschichte rund um Jackpoint Charly, Nazi-Hauptquartier, Mauerresten, jüdischen Friedhöfen, Ampelmännchen, der Echtheit, die in Nebengassen lebt, gepaart mit modernster Inszenierung, kreative Kräfte wieder ins Fließen zu bringen.

Nach dem Pflichtprogramm – Schifffahrt auf der Spree, Brandenburger Tor, neues Regierungsviertel und Hackersche Höfe – nehmen mich am Kurfürstendamm Eros samt Phantasie an der Hand – und schubsen mich spontan in den Doppeldecker-Bus X 10. Nicht, weil es unbedingt ein Ziel zu erreichen gilt, sondern weil's Eros genießt, im Stockautobus chauffiert zu werden. Und er beschließt, an irgendeiner Station auszusteigen... Wenn's passt. Wo immer das sein wird. Und es ist bereits mitten im Grünen. „Ich hab Hunger", meldet sich der Magen unerbittlich – und der Verstand schaltet sich ein: „Was sollen wir hier noch finden? Bestenfalls ein Würstelstandl; und dafür sind wir in Berlin?!" Nur Zeit lassen – und Vertrauen haben... Komm', wir gehen noch ein Stück in den Wald. Da, ein Schild, zum „Chalet de Suisse". Was das wohl sein mag? „Das ist sicher schon abgerissen – oder wenn, dann hat's heute Ruhetag", meldet sich Thanatos... Doch Eros lässt sich nicht beirren: weiter, wir gehen hin. Und siehe da: ein wundervolles Holzhaus. Mit Kellnern im Smoking. Wer hätte das gedacht. Das Fest kann beginnen... Eros schmunzelt – und alle Widerstandsgeister verstummen.

Es geht um Schmecken, wahre Gaumen-Freude. Im Gourmet-Geheimtipp bei Diekmann.

Um Riechen. Milde Waldluft, am Rande einer pulsierenden Millionenstadt.

Um Sehen. Augen-Blicke der Schönheit; des Mahles, der Menschen, der Pflanzen.

Um Hören. Die Tierwelt im Berliner Wald. Die Gespräche zufriedener Menschen.

Um Fühlen. Die Spuren der Geschichte, hier wurde die Wiedervereinigung Deutschlands vorbereitet...

Eros – ein Gesamtkunstwerk, das von Ihnen, von mir, erschaffen werden kann. In Berlin. Nicht nur. Aber auch...

## Leidenschaft & wallendes Blut

*„Du musst kalt oder warm sein;*
*wenn du lauwarm bist, spuckt dich Gott aus."*
JERRY LEE LEWIS

Blut ist Leben, es pulsiert, es wallt, es kommt in Schüben. Das Leben ist genauso: explosiv, intensiv, leidenschaftlich, ungebremst. Bitte keine Entschuldigungen mehr dafür, dass Sie „im Affekt" gehandelt hätten; ausgeschert sind, anders gehandelt haben, als von Ihnen erwartet worden war. – Bitten Sie vielmehr um Pardon, wenn Sie auf Ihre Emotionen vergessen...

Ich, der ein Semester Medizin studiert hat, diagnostiziere an viel zu vielen Zeitgenossen akute Anämie, Blutarmut.

Jenen sieht man's nicht (mehr?) an, dass die Spezies Mensch mit Leidenschaft erfüllt ist. Sie führen in ihrem Wort„schatz" Begriffe, die ich mir zu verwenden untersage: nett, lauwarm, himmelblau. – Ich hasse die Mittelmäßigkeit: entweder ist es großartig oder unter jeder Kritik, heiß oder kalt, tiefblau oder dunkelrot. „Es gibt sehr viele Menschen, die ihr Heil in der Regelmäßigkeit suchen. Ich halte fast jede Form der Regelmäßigkeit für außerordentlich peinigend", bekennt der Kulturpublizist Peter Vujica.

Das Seichte, Farblose, „Na ja" sind mir zutiefst zuwider. Liebe oder Hass zählen. Ja oder Nein! – Man muss die Objekte seiner Zuwendung mit starken Gefühlen belegen, um sie in der Erinnerung fortleben zu lassen; nur die Mittelmäßigkeit ist erinnerungslos. Lass die Leidenschaft fließen; lass dich überfluten und erregen! – Stell' dich der Herausforderung, dem Risiko. Wenn in meiner Gegenwart von „Problemen" gesprochen wird, packe ich meine Sachen und verroll' mich. Ich will nichts zu tun haben mit mieselsüchtigen, kleinkarierten, engstirnigen Kleingeistern und Verhinderern. – Private Abrüstung: fort mit den Abfangjägern der Kreativität und Sensibilität!

## Funkenflug über die Selbstgefälligkeit

*„Du sollst aus Liebe brennen und vor Begeisterung. Dann bleibst für immer jung."*

ANDRE HELLER/ WOLFGANG AMBROS

Der Leidenschaftliche kann seine Mitwelt entflammen, mitreißen, ja zu den Sternen emporheben. Er hechelt, giert, liebt und lebt. Er ist besessen. Und genießt seine lustvolle Lebensqualität, in der Fremdbestimmung minimiert ist.

Passion erfasst jede Faser des Körpers. In der Tiefe seines Wesens brennt Feuer, dessen sinnliche Glut in die entferntesten Körperregionen ausstrahlt.

Brodelnde Leidenschaft ist die Gabe, sich verzaubern zu lassen. Worte, Eindrücke, Gefühle wie Honig auf der Zunge zergehen zu lassen. Alles, was der Persönlichkeit, dem Genuss dient und mit offenen Sinnen wahr-genommen wird, ist richtig und willkommen.

Wer sagt, Funkenflug sei gefährlich? Doch nur die, die Sorge haben, ein Heer aus Entflammten könnte sie aus ihren Palästen der Selbstgefälligkeit treiben.

Politfunktionäre, die nicht entscheiden, sondern kalkulieren; die nicht brennen, sondern sich bestenfalls für ihre Vergünstigungen erwärmen können. Beamte, die nicht planen, sondern verwalten. Und die zahllosen Frustrierten, die erst gar nicht in Kontakt mit Beseelten kommen wollen. Klar, dass sie Angst haben und sich gegen jene „Zündler" wehren: doch für den Luxus der Selbstbestimmung und Freiheit kann man schon mal einen kleinen Schlag einstecken. Zur Quelle findet man nur gegen den Strom. – Es gilt, den eigenen Rhythmus zu finden; den weniger begangenen Weg zu gehen und sein Leben nach eigenen Vorstellungen zu verändern. Der Kreative, Leidenschaftliche lebt im befruchtenden Strudel der Träume und Visionen; er stellt sich gerne den Illusionen – und nimmt auch gerne die eine oder andere Desillusionierung hin.

Lassen Sie Ihre Funken der Leidenschaft sprühen! Sie sind Lebenselixier, Motor und Energie! Für sich und für uns alle!

## An eine Unbekannte

Stück der Natur sind sie,
jene konzentrischen Kreise.
Der Wurf eines Steins nur:
Aufruhr, herrliche Trübung.

Schicht um Schicht wirbelt hoch,
wo der Stein auf den Grund fiel.
Wünsche von damals tauchen
auf im neuen Bewusstsein.

Achtung: Nach langer Zeit
Aufruhr im Tümpel der Seele.
Längst das Wasser geglättet,
plötzlich ein Wellenschlag: du.

*Klaus Wohlschak*

## Malen oder lieben

Eros & Film: Seit langer Zeit verheiratet, beschließen Madeleine und William aufs Land zu ziehen. Dort lernen sie ihren blinden Nachbarn kennen, der mit der jungen Eva zusammen lebt. Als deren Haus in Flammen steht, bieten sie ihnen Unterkunft an. Adam und seine Frau bringen eine merkwürdige Spannung in das Leben von Madeleine und William. Eines Abends zeichnet sich wie selbstverständlich die Möglichkeit einer sinnlichen Erfahrung ab...

Mit «Malen oder Lieben» gelang Jean-Marie und Arnaud Larrieu ein poetischer, stimmungsvoller Film über den Zustand des Übergangs, der sowohl Abschied als auch Neuanfang verheißt. Mit heiterem Hedonismus und einer über jedes Vorurteil erhabener Intelligenz erzählen sie über die verwirrenden Wechselbeziehungen, die zwischen zwei Paaren entstehen können. In der atemberaubend schönen Landschaft am Fuße der französischen Alpen spiegelt sich der seelische Sommer ihrer Protagonisten.

## Die Liebe, das Leben komponieren

*„Ohne Begeisterung schlafen die besten Kräfte unseres Gemütes. Es ist ein Zünder in uns, der Funken will.“*

HERDER

«Das Zebra» – Ein Film, der als Komödie mit dem Prädikat jugendfrei versehen wurde. Und die große Masse hat sich auch bloß köstlich unterhalten. Einige waren faszinierbar vom Tiefgang. Inhalt: ein Paar, das 15 Jahre Ehe absolviert hat; 2 Kinder. Sie Lehrerin. Er Standesbeamter. Alles läuft brav und zufriedenstellend. – Bis er lautstark verkündet, Liebe dürfe nicht bloß zufriedenstellen, sondern müsse von Leidenschaft geprägt sein. So bringt er Würze in die abgestumpfte Beziehung. Er schreibt ihr anonyme Liebes-, nein: Leidenschaftsbriefe. Sie lässt sich auf ein „Treffen mit dem Unbekannten“ ein; lässt die Verführung in einem Hotelzimmer – mit verbundenen Augen – geschehen. Seitensprung mit dem eigenen Ehemann. – Er gesteht's ihr; sie ist fassungslos. „Liebe ist Jugend; ist Phantasie. – Sie kann und darf nie erwachsen werden“, sagt er. Und gibt als Art Vermächtnis: „Ich wollte im Leben immer etwas Besonderes sein; doch das Schicksal hat mir keine besonderen Talente mitgegeben. So hab' ich mich darauf konzentriert, die Liebe zu komponieren. Das Leben damit zu einer Symphonie zu machen und ihm auf diese Weise Unsterblichkeit zu verleihen." Beim Publikum im Kinosaal setzte ein Raunen über so viel „Schmus eines Irren" ein; abgelöst von herzhaftem Lachen. Nur einer wollte nicht hellauf mitlachen: Ich hab' das Gefühl, ich war/bin jener Irre... Und das ist mein Dilemma: ich will und kann keiner von jenen sein, die erkennen, dass eben alles im Leben früher oder später „in normalen, geregelten Bahnen" verlaufen muss. Dass sich alles abkühle; dass Leidenschaft von Alltagsroutine abgelöst wird. – Im Beruf, in der Liebe, im Leben... „Ich hab' meine eigene Sprache und lebe in meinem eigenen Universum", gesteht der Leinwandheld ein. Und mir war selten zuvor so klar, dass ich mindestens so weit weg bin von den Alltagsnormen wie er. – Ich will nur EIN Kriterium für mein Lebensglück gelten lassen: ich muss die Leidenschaft in jeder Faser meines Körpers spüren.

## Urknall der Gefühle

*„Schönheit ist die vollkommene Übereinstimmung des Sinnlichen mit dem Geistigen."*

GRILLPARZER

Wer spontan und aufgeschlossen seiner Mitwelt begegnet, wird sich auch spontan und aufgeschlossen zu Menschen hingezogen fühlen. Und auf diese Weise immer wieder einen „Urknall der Gefühle" erleben. Diese „Liebe auf den ersten Blick" muss sich gar nicht nur auf einen Menschen beziehen; auslösende Momente können auch Stimmungen, Gesprächsrunden im Cafe, eine Bergwanderung oder ein besonderer Erfolg im Berufsleben sein. Das Hormon Oxytocin versetzt uns – all jene, die sich durch den Verstand nicht in Schranken weisen lassen – in Hochgefühle. Dieses Liebeshormon wird im Hypothalamus, dem für die Gefühlssteuerung verantwortlichen Hirnbereich – produziert und ins Blut abgegeben. Das Herz schlägt schneller und der Körper wird in einen höchst reizvollen Erregungszustand versetzt. – Dieser Kick wirkt wie ein Aufputschmittel und setzt ungeahnte Energien frei, die wiederum ganz leicht für Dinge eingesetzt werden können, die zuvor noch unmachbar schwer erschienen waren.

## Alles was ich will, ist alles...

Verliebt ins Leben. – Alles, was pulsiert, was Temperament ausstrahlt, was funkelt, was sich bewegt, hat meine Aufmerksamkeit. Ich will von Leidenschaftlichen, von Originalen umgeben sein, die unruhig sind. Nur eines darf ruhen: mein Waldviertel. Das bewundere ich gerade für seine Stille und Gelassenheit.

Ich muss brennen wie ein Scheiterhaufen; ich liebe mein Sinnesfeuer, das sich aus dem (Waldviertler!) Holz der Kreativität nährt.

Ich mag keine Durststrecken; ich ziehe einen lustbetonten Lebensstil vor. Das Risiko übt einen faszinierenden Reiz aus. Ich brauche dieses Leben in Höhen und Tiefen; einem EKG gleich, wo die Nulllinie für den Tod steht. Meine Lebenskurve ist ausgeprägt und weicht vom Mittelmaß ab. Ich benötige das Hin und Her aus Rückzug und Ekstase; aus Euphorie und „schwarzen Löchern"; gerade dieses Wechselspiel macht mein Glück aus. Glück ist die Leidenschaft des Augenblicks. Leben auf der Überholspur oder auf einem einsamen Feldweg; nie aber auf breiten Durchzugsrouten! Ich muss immer wieder meinen eigenen Weg gehen – gerade auch gegen den Strom schwimmen; Dinge einfach ausprobieren. Ich will nicht einmal sagen müssen, das hätte ich eigentlich tun wollen.

Ich genieße es in vollsten Zügen, mich in Aufgaben verlieben zu können, dafür zu brennen und so mein tagtägliches Vermächtnis zu leben. Ich bin kein Verwalter sondern Agierender. Ich hasse Besprechungen und will lieber auf Hochtouren laufen; kre-a-k-tiv sein...

## Hallo, hier ist Eros, was hältst du davon: ich erfülle dir einen Wunsch...

Du sagst, einladend, mit keckem Augenaufschlag, ich hätte einen Wunsch frei.

Einen Wunsch bei dir! Ein Wunsch werde durch dich – von dir – erfüllt...

Und du lässt mich ratlos zurück... Unruhig. Freudig.

Mit einem Schmunzeln, noch einem, und mit einem Kick für meine Fantasie.

Was darf ich mir wünschen?

Was wünschen sich Menschen, wenn sie einen Wunsch geschenkt bekommen?!

Die simplen Assoziationen sind wirklich nur simpel: ich kenne wen, der würde sich

„einen Lotto-Sechser" wünschen. Geld, Reichtum, Auto, Haus in Cannes,...
Frauen würden sich – so tippe ich – ein schönes Dinner in ansprechendem Ambiente wünschen. Männer, richtige Männer, würden diesen „Frei-Brief" wohl mit Sex einlösen: „Baby, du weißt, was ich will... Zieh' dich aus..."
Ich bin ein Mann... Der etwas übrig hat für schönes Essen in ansprechendem Ambiente...
Apropos: während ich überlege, sinniere, fantasiere, wie ich meinen Wunsch bei dir einlösen möchte, will ich dich und deine Kreativität ebenso beschenken.
Ich schenke dir... mich! Nein, nicht auf Dauer. Wir wollen nicht übertreiben. Es soll ja nur eine „kleine Aufmerksamkeit" sein. Für den Moment. Vielleicht für einen besonderen Moment?
„Was würdest du mit dem Geschenk machen, schenkte ich mich dir?" – Diese Formulierung trägt Spannung in sich. Und die Antwort kann ernüchternd ausfallen. „Danke, eigentlich hab ich keine Verwendung für dieses Präsent..." „Mit Bedauern retourniere ich..." „Kann ich das Packerl umtauschen?!"
Was wünsche ich mir von dir?

Ich wünsche mir eine Grenz-Überschreitung. Ein völliges-sich-einlassen. Ich will in deine Weltoffenheit eintauchen. In deine Flexibilität. In deine Neugier. In dein Offensein. Ich wünsche mir Zeit ohne Zensor. Zeit zum Spielen. Zum sich Kennenlernen. Zum Philosophieren. Ver-rückt sein. Lachen, weinen, reden, nah sein und sich näher kommen. – Wenn sich's gut anfühlt. Wenn die Wenn's und Aber's keine Kraft mehr haben, sich einzumischen... Ich wünsche mir dich!

## Frei und unabhängig

*„Es gibt im Leben kaum etwas Schöneres, als nicht zu müssen."*
PHILIPPE LÉOTARD

Vom Cafe Stein über den Dächern von Salzburg auf die Salzach runterschauend, im „Cafe de l'opera" in Brüssel, im „Extrablatt" in München sitzend oder auf einem Granitfelsen im Waldviertel. – Spätestens dann erneuert man sein Gelübde: Frei und unabhängig will ich sein; selbständig und doch nie distanziert. Nie will ich leidenschaftslos, blutleer sein. In einer Travestieshow habe ich vor Jahren „Mut, Ehrlichkeit und Toleranz" als Prinzipien der Künstler gehört; die drei Begriffe haben mich nie wieder losgelassen. Jeder soll mit seiner Manier (seiner Manie...) glücklich werden. – Was du tust, tue ganz und leb's in Wahrhaftigkeit. Mein Körper wehrt sich mit jeder Faser gegen die Unmenschlichkeit eines geregelten 8-Stunden-Bürotages. Mein selbststrukturierter 12-Stunden-Tag kommt ohne Stechuhr und Klimaanlage aus. Ich kann auch nicht unterscheiden zwischen Privatleben und Job; zwischen Partnerschaft und Berufsleben. – Entweder ist es ein stimmiges Ganzes oder man gibt sich dem Selbstbetrug hin.

## Ver-rückt und wahn-sinnig glücklich

*„Normal ist für mich etwas Erschreckendes."*
KARL-HEINZ HACKL

Ich leiste mir den Wahn, „sinnig" zu sein.
Ich bin ver-rückt. Nicht normal. Lebe in einer anderen Welt.
Abgerückt von der Normlinie; vom Durchschnitt.
Ich liebe es, ein Chaot zu sein und den „Schalk" in mir auszuleben.
Ich sehe nicht ein, warum das Leben Routine sein muss.
Es liegt doch an uns, einen neuen Weg zu befahren
oder besser selbst anzulegen, sobald etwas merklich eingefahren ist.
Warum soll ein Beruf lebenslang ausgeführt werden, wenn die
ursprüngliche Berufung lustlosem Hackeln gewichen ist.
Warum soll man eine Partnerschaft aufrecht erhalten,
wenn jede Form des Prickels raus ist.
Ich kann nur in Leidenschaft leben;
jeder faule Kompromiss würde mich umbringen.
Es gilt, sich selbst auf einem gewissen Niveau treu zu bleiben!
Ich genieße die Gesellschaft von Menschen,
die für neue Ideen feuchte Augen bekommen.
die ihr Herz hörbar mitpoltern lassen -
in Vorfreude auf einen möglichen Erfolg.
Die mitbrennen, und Brennholz nachlegen.
Helle Persönlichkeiten, die bunte Phantasien malen,
statt finstere Gesellen, die jede Hoffnung zerplatzen.

Träumer und Sehnsüchtler,
die als Geburtshelfer agieren,
anstatt das zarte Flämmchen
mit aller Anstrengung auszupusten.

Glück ist eine Fähigkeit, ein Talent, sich nicht selbst im Weg zu stehen und sich nicht in Lethargie einzuschließen. – Die oftgebrauchte Ausrede, das Glück sei vom Partner, Chef, von Kindern oder Lottomillionen abhängig, gilt nicht! Sie können nur über Ihre eigenen Schnürriemen des Lebens stolpern. In dem Moment, wo Sie sich – kritisch betrachtend – NEBEN Ihrem Körper, neben Ihren Gefühlen und Wünschen stehen sehen, wird's höchste Zeit, zu agieren: „Rein ins Leben", heißt die Devise. Ob Sie's nun von Epikur, Udo Jürgens oder vom Wirten lernen: wichtig ist nur, dass Sie's tun – und die Lebensfreude in Ihr Leben lassen. Viel zu viele glauben, ihr Leben als tägliche Krisenbewältigung abdienen zu müssen. „Lebensglück genießen" ist wohl das wichtigste Training, das wir zu bestreiten haben. Es wurde nachgewiesen, dass der „Glanz im Auge der Mutter" für die Entwicklung des Kindes in Richtung Selbstwertgefühl enorm wichtig ist. – Es ist doch einen Versuch wert, sich auf die reizvolle Suche nach den funkelnden Augen der Leidenschaft zu begeben...

*„Wer mit offenen Augen und mit offenem Herzen durch die Welt geht, wird Menschen treffen, die mit offenen Augen und offenem Herzen durch die Welt gehen."*

FOLKE TEGETTHOFF

## Carpe diem – pflücke Rosenknospen!

„Carpe diem, nutze den Tag, macht was aus eurem Leben", predigt ein grandioser Robin Williams als nonkonformistischer, freidenkerischer Lehrer John Keating im sensationellen Film «Club der toten Dichter». „Pflückt Rosenknospen, so lange es geht; saugt das Mark des Lebens auf, lasst euch von der Poesie verzaubern; irgendwann sind wir nur noch Würmernahrung und dienen den Narzissen als Dünger..." In diesem zeitlos aktuellen Meisterwerk werden an einer traditionsbewussten US-Eliteschule verkrustete Strukturen aufgebrochen und Lebensfreude, geistige Unabhängigkeit und Individualismus gelehrt. Die Schüler finden den Mut, ihre Träume zu verwirklichen, selbstständig zu denken und an ihrer eigenen Persönlichkeit freudvoll zu arbeiten. – „Macht euer Leben außergewöhnlich", lautet die vom liberalen Lehrer Keating ausgegebene Losung.

Und nach (empfehlenswertem mehrmaligen) Aufsaugen dieses Films formuliert man betroffen und glückserfüllt: es gibt nur ein Gesetz: das des Lebens. Es fließt in Einmaligkeit und Unregelmäßigkeit. Wer es fassen will, aufhalten möchte, der hat schon verloren. – Lass Dich mitreißen, genieße. Schwimm' mit im Strudel der Leidenschaft. Heb' ab, sieh' Dir die Erde mal von oben an; unter verändertem Blickwinkel. Leb' ohne Skrupel und schlechtem Gewissen. – Was soll daran falsch sein, das Leben zu lieben? Pflücke den Tag! – Solange Du mit Deinen Ansichten und Handlungen keinem weh tust und auch Dir selbst nicht, ist alles bestens!

## Eros ist der Fluss

*Wie trete ich an den Fluss heran,*
*wie nähere ich mich ihm?*
*Mit Zweifel? Vorsicht? Zaghaft?*
*Zentimeter um Zentimeter... scheu,*
*einen Fuß vor den anderen schiebend?*
*Oder: Mutig, freudvoll, neugierig?*
*In schwungvollen Schritten,*
*mich im Gehen bereits der Kleidung entledigend,*
*in der Gewissheit, reinzuspringen...*
*Ohne vorher das Wasser zu prüfen, ohne abzuduschen;*
*Einfach springen... – ins vermeintliche Nichts.*
*Und spüren, wie man in ein anderes Element eintaucht,*
*wieder auftaucht,*
*in ungewohnter Umgebung, nass,*
*mit ihr eins wird,*
*sich nicht dagegen wehrt,*
*indem ich dem Wasser meine Bewegungen aufzuzwingen versuche.*
*Rein in den Fluss des Lebens...*
*Ohne Pläne, ohne Zweifel, ohne Erwartung, ohne Skepsis,*
*in Zuversicht, Freude, Präsenz, Liebe!*
*Welch' Geschenk!*
*Go with the flow...*
*Du hast nur eine Chance auf's Glück*
*... zu springen!*
*mg*

## Strahlen der Erotik

„Es geht um den Ausdruck ästhetischen Kunstverstands", verteidigte sich der große Maximilian Schell gegen angebliche «Grapscher» Vorwürfe. Nur wahre Gefühlsanalphabeten (v)erkennen in einem Erotiker einen Perversling. Wer für das Erotische empfänglich ist und sich daraus inspirieren lässt, hat noch lange nicht den Drang, die ganze andersgeschlechtliche Welt „aufs Kreuz" legen zu müssen. Erotik ist absolut kein Freibrief für exzentrisches sexuelles Verhalten.

Erotik setzt sich zusammen aus Charisma, Schönheit, Stärke, Erfahrung und Verweigerung...

Erotik bedeutet ein bedingungsloses Ja zum Leben. Wer Antennen für's Erotische hat, der lebt intensiver. Er/sie erkennt die Schwingungen zwischen den Menschen und kann diese Schwingungen libidinöser Impulse aufnehmen sowie weitergeben.

Erotik ist feinsinnig.
Erotik ist augenblicklich.
Erotik ist alles; ohne Erotik ist alles nichts.
Erotik ist die umweltfreundlichste Energie.
Erotik ist geistig-seelisch-sinnliche Liebe.
Erotik ist die Gabe, Details wahrzunehmen.
Erotik ist permanentes Frühlingsgefühl.
Erotik ist eine der wesentlichsten Triebfedern des Lebens. Sie ist Teil des Lebens und verbreitet ein positives Lebensgefühl. Sie, diese Kombination aus Provokation und vermeintlicher Erfüllung, wird in verschiedensten Bereichen erfahrbar: Erotik der Worte, Eros der Macht, Erotik des Erfolgs, Eros von Persönlichkeiten, Erotik des Geistes... Besonders anregend ist die „Erotik der Arroganz": Wenn sich etwas unserem Zugriff entzieht, unerreichbar und doch so nahe scheint... Hier wird das Prickeln in jeder Körperfaser spürbar. Ein unbeschreiblicher Kitzel überzieht unser Wesen.
Erotik ist der Eintritt ins Reich der Sinne.

Wer unter dem arktischen Kältegrad seiner Gleichgültigkeit erstarrt ist, kann mit Erotik natürlich nichts anfangen. Ihm sei nur verdeutlicht, dass ein wahrer Erotiker nicht an Pornomagazinen im Gepäck erkennbar ist und auch ohne Nachtclubs auskommt. Erotik ist Fantasie und keinesfalls auf's Sexuelle reduziert. Ein Erotiker nutzt seine Augen, offene Sinne und sein Herz.

Erotik folgt der „Grundeinstellung Liebe" – entweder man sagt Ja, hat Lust aufs Leben, ist für seine Mitwelt empfänglich oder legt Scheuklappen an. Es ist das Eintauchen in Leidenschaft und die Bereitschaft, diese Gefühlslawine über jede Faser des Körpers niederprasseln, in jede Pore eindringen zu lassen. Erotische Signale und Stimuli sind Blicke, Sprachmelodien, ein bestimmter Händedruck, Bewegungen, Gesten,... Wirksame Erotik wird zwischen 2 Persönlichkeiten gespannt: regen, spritzigen Geistern; gefragt ist der Esprit eines Menschen. Und schon stehen beide Gesprächspartner unter „erotischer Spannung".

Energiequelle Erotik; Lebenselixier: das Blut gerät ins Wallen; plötzlich ist man auf 180, und läuft wie eine überdrehte Steckdose unter Starkstrom. Das sind jene Momente, die ein Kreativer braucht. Erotik ist die Muse, die inspiriert und beflügelt. Und wer möchte sich nicht den Luxus leisten, nur noch von Schönheit, Anmut, Erotik umgeben sein zu wollen.

Schönheit ist ein Ideal. Ideale sind Wunschbilder; ein Traumentwurf, der über die normale Wirklichkeit hinausführt. „Ideale sind die Spuren des Paradieses", sagt Wolfgang Kraus. So hat wahre Schönheit einen göttlichen Funken. Die Schönheit als Form allein – also beispielsweise die Ebenmäßigkeit der Züge, richtige Proportionen – wirkt gar nicht schön, sondern tot und leer. Erst wenn die Form auch einen Inhalt hat, wenn etwa die Augen die Seele widerspiegeln, das Gesicht einen von innen her strahlenden Schein hat, stellt sich Schönheit ein. Schönheit, die erotisch anziehend wirkt und reizvoll zu provozieren vermag.

*„Licht senden in die Tiefen des menschlichen Herzens – des Künstlers Beruf."*
ROBERT SCHUMANA

## Ungelegen

Hallo, hier bin ich, Eros,
komm ich gerade ungelegen?!
Oje; tja, das ist meine Bestimmung:
Dass ich mich nicht planen lasse;
Dass ich keine Vereinbarung eingehen kann.
Denn das würde mir die Energie rauben.
Ich könnte nicht spontan und uneingeschränkt fließen,
wie man mich aber andererseits schätzt.
So kann ich nur versuchen,
bei jeder und jedem – irgendwann – vorbeizuschauen,

anzuklopfen und versuchen, sie oder ihn für's Leben zu gewinnen.
Viele reagieren leider ablehnend; geradezu vorwurfsvoll:
„JETZT geht's bei bestem Willen nicht;
JETZT muss ich zusammenräumen, fernschauen, schlafen,..."

Ich würde Sie gerne verzaubern,
bitte haben Sie jedoch Verständnis,
dass ich nicht voraus sagen kann, wann ich bei Ihnen bin.
Nur eines: seien Sie auf mich gefasst –
Und lassen Sie sich von mir erwischen...
Vielleicht im nächsten Moment?!

*mg*

## Eros – aber nicht jetzt!

„Musst du immer dann auftauchen, wenn ich gerade mit anderem beschäftigt bin?!" Ein berechtigter Einwand... Warum hat Eros so wenig Einfühlungsvermögen?! Er meldet sich in den unmöglichsten Momenten. Prinzipiell ist's ja ganz in Ordnung, wenn die Lebendigkeit anklopft. Aber doch nicht jetzt. NICHT JETZT!

Viele Menschen verbringen ihr Dasein damit, sich für den richtigen Moment vorzubereiten. Den richtigen Moment, da man einem Headhunter gegenübertreten kann. Dem richtigen Moment, um den Partner des Lebens zu finden. Einmal passt das Äußere nicht, einmal das Innere. In der Regel fühlt sie sich hässlich, bei Regen laufen die Haare zusammen, der berufliche Stress ist ebenso hinderlich. Sein Schreibtisch quillt über, der Kopf ist voller Projekte. Und die to-do-Liste reicht für einen Monat. Was faselt dann wer von Spontaneität.

Welche Bereitschaft für Eros bringen wir mit?

„Für ein Foto klettere ich noch immer auf Bäume oder lege mich auf die Straße", wird ein greiser Starfotograf zitiert. Ein bissl was muss man schon zu investieren bereit sein, um ein bissl was Besonderes zu erhalten...

Je mehr Engagement bei der Aussaat, umso höher verspricht der Ernteertrag zu sein. – Und je höher die Bereitschaft für Eros, umso leichter kann er seiner segensreichen Wirkung nachkommen. „Ich bin deshalb so glücklich, weil ich mich auch über ein dreiblättriges Kleeblatt freuen kann", verrät Trainer-Freund Karl Leger.

## Wenig ist oft viel und alles zu wenig

Eros: wie wir mit anderen, vor allem auch ohne Worte kommunizieren. Im Grunde hat alles mit uns selber zu tun. So wie wir uns, unser Aussehen, unseren Körper empfinden, wie wir uns selbst schmecken und riechen können, so gehen wir auch auf andere zu. Jede Geste, jeder Blick hat für mich etwas von Eros, hat mit Tiefgründigkeit zu tun. Mich interessieren die Menschen, egal ob Mann oder Frau. Manchmal trifft man auf jemanden, der einfach genau in diesem Augenblick der Richtige ist. Ob für einen spannenden Flirt, ein ausgedehntes Gespräch, eine freundschaftliche Umarmung, einen Händedruck, besonders nahen Sex oder ein Spielchen, das im Ermessen beider Teilnehmer liegt. Man kann so viel im Kopf haben, was nie passieren muss. Wenig ist oft viel und alles ist oft viel zu wenig.

*Gabriele M. Miglar*

# Eindruck statt Keindruck...

*„Es gibt ein Auge der Seele,*
*mit ihm allein kann man die Wahrheit sehen."*

PLATON

Mein Gott, wie liebe ich diesen meinen Referenten-Job; der nie derselbe ist und meinem nomadischen Naturell so entspricht. Montag Voitsberg, Dienstag Loipersdorf, heute Mitterberg bei Gröbming, morgen Wien; dann ein paar Tage Pause. Und ab nach Klagenfurt – 2 Tage Uni. Tags darauf Lesung in Neumarkt. Dann SPES-Akademie Schlierbach, dann...

Und tagtäglich wartet eine neue Welt, entdeckt zu werden. Immer neue Menschen. Viele „reisen durch", ohne Eindruck zu hinterlassen. „Keindruck" sozusagen. Eros drängt uns dahin, Eindrücke entstehen zu lassen. Selbst mit entsprechender Offenheit dafür zu sorgen, dass sich etwas ein-drücken kann; andererseits aber auch mit dem Willen, sich aus-zudrücken, damit beim Gegenüber sich eine Impression bilden kann.

Ein wunderschönes Beispiel ist der Eindruck, den ich von Mitterberg mitnehme: eine 1000 Einwohner Gemeinde im Ennstal, hoch oben und sensationell idyllisch liegt das Hotel Häuserl im Wald. Dieses dürfte eine Art Zentrums-Funktion haben, gibt es im Ort ja weder Kirche noch Geschäft. Doch es gibt etwas, das anderswo nicht zu finden ist: unter'm Motto „So klingt's am Mitterberg" haben sich rund 150 Musikanten in 13 Gruppen zusammengefunden, um zu singen, zu spielen und zu dokumentieren, „wir bringen etwas zuwege!" Nicht von ungefähr gibt es den Spruch: „wo man singt, da lass dich nieder!"

Stundenlang haben junge und ältere MitterbergerInnen ohne Rundfunkübertragung für sich musiziert; von Kindergartenkindern bis zum Pfarrer. Die Stimmung, die Begeisterung übertragen sich auf den Gast. Ich bin beeindruckt – und ziehe bereichert weiter. Danke.

# Musen statt Müssen

*„Erhebet euch, Geliebte, wir brauchen eine Tat.*
*Erhebet euch, eh' dieser Tag zu Ende geht."*
ANDRÉ HELLER

„Der Geist sperrt sich gegen die Organisation", lautet die Überzeugung von Ralph Dahrendorf, dessen Lebensprinzip die geistige Unabhängigkeit ist. Das Wort „Leben" beinhaltet schon die Revolution; denn es besteht aus dem Weiterschreiten. Wer das ernst nimmt, ist für jede Veränderung offen und dankbar. Leben ist Aktivität, Unberechenbarkeit, Offenheit, Risiko. Leben ist Streiten statt Taktieren; Auseinandersetzung, Diskussion. Kreativität kommt aus dem Chaos, entsteht vielfach aus der Krise. Ich hab' das Wort „Müssen" längst aus meinem Sprach- und Lebensschatz verbannt; ich darf, ich kann, ich sollte vielleicht, aber ich muss gar nichts. Vielmehr lasse ich mich leidenschaftlich gerne von Musen küssen; inspirieren. Natürlich gibt es Gebote, Gesetze; aber kreative Menschen finden selbst im engmaschigen gesellschaftlichen Raster immer und überall noch Spielraum für die persönliche (Um-)Gestaltung. Wer sich die Fähigkeit bewahrt, sich selbst, die Mitwelt, festgefahrene Strukturen und Regeln zu hinterfragen, der hat das Rezept gegen den Alltagstrott bereits gefunden. Siddharta („Der das Ziel erreicht hat"), geboren 556 vor Christus, entdeckt seine Sinne, lernt bewusst tasten, hören, riechen, schmecken, sehen. – Und wird so zum Erleuchteten, zum Buddha. Diese Sinnes-Kraft kann jede/r lernen, trainieren. Sensibel werden für sinnliche Impulse! Die Augen öffnen – für's wahre Leben.

# Die Muse

Ich hab' DIE Muse kennengelernt. Sie hat mir ihre Zeit, ihre Inspiration geschenkt. Stücke vom Paradies für mich rausgebrochen und mir aufregend am Altar der Schönheit dargeboten.

Doch ich habe mich unwürdig verhalten; vermeintlich männlich, indem ich alles – und das sofort – einforderte. Es tut mir leid, Muse, sie brüskiert zu haben. Mit peinlicher Direktheit. Ich werde nunmehr strenger, achtsamer und demütiger sein, mich der Fantasie als würdig zu erweisen – um ihnen eine kreative, freud- und lustvolle Landebahn zu errichten. Ich bitte sie, sich mir wieder „offen" zu zeigen...

## Eros und die Musen

Sind Musen mit Eros verwandt? Ja.
So wie Eros – der Gott der Liebe – für alle Menschen verantwortlich ist, sind die Musen für ihre Künstler bzw. für deren Inspiration verantwortlich.

Eros, DER männliche Gott und Sohn der Aphrodite, soll Liebe und Erotik versprühen. In der heutigen Zeit würde man(n) fragen, was ist wichtiger: Aussehen oder Charakter? Früher galt – Schönheit oder Logos?

Muse, DIE Frau, die Künstlern ihre Ideen einflüstert. Es gibt unterschiedliche Musen, die jeweils für einen Bereich zuständig sind (Dichtung, Musik, Tanz...). Wie immer inspirieren Frauen durch ihre Ausstrahlung, ihren Charakter und ihre erotisch, freundschaftliche Beziehung.

Beide sind für etwas Ungreifbares, Unfassbares, etwas Philosophisches, verantwortlich. Beide sind unsterblich und werden immer wieder gebraucht.

Ohne Eros keine Liebe, keine Freude, keine Menschheit.
Ohne Muse keine Kunst, keine Kreativität, keine Träume.

*MMag. Verena Moser, MUSikErin*

# Umgang mit der Muse

*Mit einer Muse umzugehen, ist Lebenstraining pur.*
*Denn es ist Humbug zu meinen, du könntest sie steuern,*
*du könntest sie erobern oder gar festhalten.*
*Sie wehrt sich gegen jede Schublade;*
*Darin ist es zu dunkel, zu abgeschlossen.*
*Das Eindimensionale ist ihr zu simpel.*
*Jede Schlussfolgerung ist ihr zu banal.*
*Denn sie agiert, wie es ihr gefällt.*
*Und durchbricht jedes Reiz-Reaktions-Schema.*
*Das Einzige, das du kannst: sie zu lassen...*
*Ihr Freiheit zu gewähren, sich auf dich zu beziehen.*
*Vielleicht schenkt sie dir deine Aufmerksamkeit.*
*Vielleicht mehr als du dir je zu wünschen gewagt hast.*
*Doch die Tür muss permanent offen bleiben.*

*Du kannst sie locken!*
*Indem du ihre Inspiration befruchtest.*
*Wer geliebt werden will, muss zuerst lieben.*
*Wer Interesse bekommen will, muss interessiert sein.*
*Wer einen Wink der Muse will, muss...*
*...der muss das Müssen, die Strategien und Erwartungen verbannen!*

*Dann besucht sie dich plötzlich,*
*ist so offen, herzlich, froh, schaut dir tief in die Augen.*
*Und du erliegst der Fantasie, sie wäre dir zugetan.*
*Weil du Schlüsse ziehst aus ihrem Verhalten.*
*Doch Musen weigern sich, zusammenzuzählen.*
*Einzelne Begegnungen werden als solche gesehen,*
*nicht jedoch zur Summe aufgewertet.*
*Nichts unter'm Strich gibt dir eine Garantie auf weitere Bonitäten.*

*Jeder noch so leidenschaftliche Musen-Kuss*
*lässt kein Anrecht auf mehr ableiten.*

*Die Premiere könnte schon der Abschied gewesen sein.*
*Viele erleben nicht mal den Ersten.*
*Anderen hängt die Muse an den Lippen;*
*weil diese... weil...*
*... weil sie keine Begründungen und keine Bedingungen kennen.*

*Ihre Erfüllung besteht darin, dich herauszufordern; etwas zu Tage zu fördern.*
*Die Gewogenheit der Muse ist eine Illusion, oft eine Vision.*
*Manchmal sogar Realität.*
*Dann lässt sie sich – wieder – vor dir nieder.*
*Ganz entspannt, vertraut, so, als wolle sie länger bleiben.*
*Gewährt dir ungeahnte, intimste Ein- sowie spannende Ausblicke.*
*Und dann bist du gefordert:*
*diese Momente dankbar als große Geschenke anzuerkennen.*
*Deine Demut ist angebracht:*
*Deinen Kopf in Zufriedenheit über das Gebotene zu senken.*
*Und ihr einen – möglicherweise letzten –*
*verzückten, zärtlichen Blick zuzuwerfen.*

*Und du beginnst das Spiel des Lebens zu durchschauen;*
*sogar Freude daran zu finden:*
*Und du erkennst, die Muse gerade dafür schätzen zu lernen,*
*dass sie in ihrer Zuneigung zu dir unberechenbar bleibt.*
*Dass sie dir manches versagt; weil nur sie weiß,*
*dass noch Größeres für dich möglich ist;*
*wenn du dich mit Kleinigkeiten nicht verausgabst.*

*Wer mehr will, immer mehr, und noch mehr,*
*der kann der Muse beim Entschwinden*
*anklagend und verärgert nachschauen.*
*Sie wird sich nicht mal mehr umwenden.*
*Sie trägt keine Schuld, muss keinen Gegendeal erbringen.*
*Sie hat dich besucht, hat dir wundervolle Augenblicke beschert*
*und zieht nun weiter.*

*Wenn ihr deine offene Landebahn zusagt,*
*wenn du ihre Inspiration zu nähren weißt,*
*ohne zu fordern, ohne aufzurechnen, ohne sie erpressen zu wollen,*
*dann könnte sie rasch wieder bei dir einkehren.*
*Die Muse – sie ist das Leben.*
*Der Umgang mit ihr – ein lebenslanges Lernprogramm,*
*mit den Themen: Fantasie, Wahrnehmen, Einlassen und Loslassen...*
*Die Meisterprüfung zu bestehen, wäre Erleuchtung!*

*mg*

*„Bob Dylan wurde einmal nach den Ursprüngen seiner Songs gefragt. Er antwortete, dass er bisweilen einfach das Zimmer verlässt und bei der Rückkehr hat ein Geist den fertigen Song auf dem Tisch hinterlassen. Mir geht es manchmal ähnlich. Wobei ich allerdings immer nur einen Zettel mit dem ersten Satz finde. Den Rest muss ich mir selber ausdenken."*

PEDRO ALMODÓVAR

## Aus-Lieferung

In zwei Stunden werde ich mit einer Person zusammentreffen, die ich nicht kenne. Die mich bestenfalls auch nur von bedrucktem Papier kennt. Weil sie das eine oder andere Buch von mir kennt – und mich (trotzdem oder) deshalb auch persönlich treffen möchte. Eine Person, die jedenfalls ebenso „verrückt" zu sein scheint wie ich. Ich habe mich versteigern lassen: „Autor samt 10 Büchern". – Wer bietet mehr? Hieß es in der Benefizaktion einer Zeitung. Ganz schön riskant, aber Dutzende LeserInnen haben sich beteiligt. Und eine erhielt den Zuschlag. Dieser liefere ich nun meine Bücher aus – samt mir. Frei Haus. Ohne zu wissen, was bzw. wer mich dort erwartet. In Unterolberndorf. Toll, dass die Navigation funktioniert. Außergewöhnlich? Ja, das ist es. Und damit interessant. Spannend. Lebendig. Ich sitze schreibend am Computer und schmunzle vor mich hin. Ich höre Karajan und die Philharmoniker, eine Einspielung von Mozarts Jupitersymphonie aus dem Jahr 1987. Soeben neu gemastert herausgekommen. Ein wahrer Genuss für Ohren, Herz und Seele.

## Begegnungen als Diamanten

Waren Sie je in Unterolberndorf? Bitte machen Sie sich nicht lustig, in dem 700 Einwohner Dorf im Weinviertel wurde immerhin die Verfassung von Uganda – am Wirtshaustisch – ausgearbeitet.

Und dort hat sich jene Dame niedergelassen, die meine Bücher samt mir ersteigert hat. MMag. Inna Langner. Sie gestattet's mir sicher, dass ich ihr Versteck oute. Aber sie hat ja eine „Öffentliche Kreativ-Höhle", in die sie jedoch nur – wie sie betont – ausgewählte Menschen einlässt. Das seit 2000 bestehende „Kunsthaus Unterolberndorf" als umgebautes Dorfwirtshaus hat besonderen Charme. – Wie seine Besitzerin. Als Inna Tumarkin wurde sie in Kharkov in der Ukraine geboren. Studierte in Moskau, Wien. Absolvierte div. Kunstakademien. Die Ausstellungen führten sie in die ganze Welt; von Litschau, Wien, Lausanne, Hamburg, Kiew über New York, Quebec, St. Louis und London bis... ja: Unterolberndorf.

„Die Welt ist im eigenen Kopf! Kunst verbindet. Kunst verleiht Flügel. Kunst hilft und relativiert. Kunst verleitet zum Denken und Handeln. Kunst macht einfach glücklich!"

Inna präzisiert: „Der Kunstprozess an sich ist Glück für mich!" Deshalb hat sie wenig übrig für's Marketing. „Mir ist Distanz sehr wichtig", stellt sie klar, „ich will nicht, dass wer mit schmutzigen Fingern in meiner Seele bohrt."

Offenbar waren wir in den 6 Stunden unseres Zusammenseins sehr behutsam. Und ich kann Inna Tumarkin-Langner nur beipflichten, wenn sie, befragt nach dem wichtigsten Gut, sagt: „Begegnungen, denn sie sind Diamanten!"

## Eros und seine 7 Kinder

Mit Inna philosophiere ich auch – na klar! – über Eros. Im Austausch erschaffen wir mit viel Spaß eine ganze Eros-Familie, 7 Kinder, die mit Mama Psyche (wie von den Göttern vorgesehen) gezeugt wurden:

1) Leidenschaft, ein frecher, rothaariger Bub mit Sommersprossen, namens Eusebius; er baut gerade ein Baumhaus, er hasst seinen Namen – und auch seine Eltern, findet sich selbst aber recht cool.
2) Die Zärtlichkeit, namens Beate-Sophie, sie ist warm, weich, hat gelocktes Haar und honigfarbene Augen, sowie immer trockene, zum Streicheln bereite Hände.

3) Die resolute Aurora; dunkelhaarig, forsch, abweisend, distanziert, trägt einen Bikini mit Ketten zwischen den Stoffteilen; hat eine schwarze Dogge namens Vega, mit einem weißen Fleck.
4) Der Genuss, namens Alois, ein 60jähriger mit Glatze und Dreitagesbart. Er ist weich, rund, gemütlich, freut sich am Wein und isst mit den Fingern. Er greift gerne alles an. Und hat Koffer mit Aufklebern aus aller Welt. Sein Hut ist 40 Jahre alt.
5) Die Ängstlichkeit namens Cecile, sie ist zart, hat große blaugrüne Augen, liebt Spiegeln und sammelt Uhren, hat aber stets Sorge, etwas zu verlieren.
6) + 7) die beiden Zwillinge „Spa" und „En"; eigentlich Spannung und Entspannung. SPA, Samuel-Patrick-Amadeus, und die freche EN, Enrica-Novella. SPA führt ein Tagebuch, EN hat einen Kanarienvogel, den SPA hasst. So versucht er, ihm schmutzige Wiener Dialektworte beizubringen...

## Kunst als Ventil

„Ich habe E. vor 20 Jahren bei der Eröffnung meiner Ausstellung kennengelernt", berichtet H. H. Capor. „Sie kam mit ihrem Vater, einem Kollegen von mir und war noch sehr jung. Sie fragte mich, ob ich sie fotografieren wollte. Natürlich habe ich sofort ja gesagt. Wir haben uns gleich sehr gut verstanden und es dauerte nicht lange, bis wir nicht nur fotografierten..."

Kunst zu produzieren, hätte ihnen den Vorwand gegeben, alles tun zu dürfen, was sie wollten. Innerhalb von knapp 1.000 Tagen seien fast 5.500 erotische Fotos gemacht worden. Und im weitesten Sinn könne man die Bilder als Dokumentation dieser Beziehung sehen.

Die pikanten, tabulosen, z. T. provozierenden Fotos werden ab 550 Euro pro Stück, Unikate um 990 Euro, verkauft.

Kompliment, da versteht wer, was es heißt, lustvoll zu leben und zu arbeiten...

„Viele der 30 Serien sind an öffentlichen Orten entstanden – im Schwimmbad, im Park oder anderen allgemein zugänglichen Plätzen. Die Fotografien leben auch durch die Spannung, bei Striptease und Posing möglicherweise entdeckt zu werden", gesteht Capor ein.

Eros ist äußerst fantasievoll, einen Vorwand, ein Ventil für all das zu finden, was versucht werden will.

## Eros ist Vitalität

Vital sein, lebendig, mit Lust am Leben, energievoll, spritzig, witzig, gut d'rauf...

„Es gibt eine bestimmte Form der VITALITÄT, eine Lebenskraft, eine Energie, eine Bewegung, die sich nur durch Sie in Aktion umsetzen lässt", betont Martha Graham. „Und da Sie ein einzigartiges Wesen sind, ist auch dieser Ausdruck des Lebens einzigartig. Wenn Sie diese Lebensenergie blockieren, wird sie niemals durch einen anderen Menschen lebendig und geht für immer verloren."

Jede und jeder hat eine eigene Form von Vitalität. Der Eine misst sie, indem er die erklommenen Gipfel abhakt, der Andere, weil er noch immer ohne Brille auskommt.

Die Eine empfindet sich vital, weil sie ohne Lift den dritten Stock erreicht, die Andere erachtet dieses Prädikat erst zurecht verliehen, wenn sie den Bungee-Jump von der Stauseemauer besteht.

Eros und Vitalität haben viel gemeinsam: sie spielen sich nur bedingt im Außen ab. Natürlich ist's ein enormer Kick, die Marathonstrecke ohne Herzinfarkt zu durchlaufen. Natürlich ist's ein Kick, den x-ten Geschlechtsakt beSTANDen zu haben. Aber Zufriedenheit, Glück stellen sich nur für Momente ein.

Eros und Vitalität sind keine Wettkämpfer. Sie lassen sich von der Stoppuhr und von Stricherllisten nicht wirklich beeindrucken. Was ihnen eigen ist, liegt im Eintauchen, Geschehenlassen, im Offen- und (nach wie vor, auch mit 60, 70, 80 Jahren) NEUgierig-Sein. Im Wagemut, in der Risikobereitschaft, die mit Lebenserfahrung und Weisheit gekoppelt sind. Da probiert wer im Alter von 75 noch einen Kopfsprung ins Wasser, was die 30jährige aus Sorge um ihre Haarpracht ablehnt. Da überlegt Österreichs Zeitungs-Fürst Hans Dichand mit 85 die Gründung einer Gratiszeitung... Da lernen ebenso Alte mit Freude Internet und packen im Cafehaus ihren Blootooth-tauglichen Pocket-Computer aus... Das hat Vitalität – und lässt Eros jubeln.

## Eros spielt mit Effizienz

Und Eros macht, was er will. Und ich versuche, auch das letzte Schnippchen, das er mir soeben geschlagen hat, zu verstehen... – Eine intensive Schreibstunde mit „wichtigen" Erkenntnissen über „Effizienz", die keine „Erfüllung"

bringt und beruflich wie privat idealerweise von „Erwärmung“ in zwischenmenschlichen Begegnungen ersetzt werden sollte, liegt hinter mir. Als letzten Akt drückt man zufrieden auf die Speichertaste, und im nächsten Moment ist alles ganz anders: der MDA stürzt ab...
Hätte ich mir jetzt doch etwas mehr Effizienz gewünscht? JAAA! Kann ich mich in diesem Moment für meinen Pocketcomputer noch „erwärmen“?...
Und Eros wollte mir wohl klar machen: schreib‘ weniger, leb‘ mehr! Nimm die Worte, deine Worte, die du in die Tastatur hämmerst, nicht so wichtig! Und praktiziere mehr die direkte Ansprache; erwärme dich für die nächste Person, die deine Wege kreuzt...
Okay, damit beschließe ich die heutige Schreibsession in Stein bei Loipersdorf. – Aber über die „Erwärmung statt Effizienz“ werde ich noch mal . . .

*„Der Fluss hebt uns gern in die Freiheit empor,*
*wenn wir es nur wagen, uns von ihm tragen zu lassen.“*
RICHARD BACH

## Eros ist ein Witz und wir sind seine Pointe!

Eros ist ein Schelm, der lockt, der flüstert, der uns ungeniert zum Narren hält.

Eros ist unfassbar, obwohl er uns glauben macht, wir könnten ihn fassen, halten, ihn uns zu Nutzen machen, ihn nachhaltig (für immer!) zu „besitzen“ – ein gar garstiger Gedanke.

Ihn, den Freigeist, die lockende Instanz von lustvollen Ahnungen, von Abenteuern im und außerhalb des Kopfes,... ihn fassen und halten zu wollen, dies heißt, ihn zu verlieren und mehr noch: bedeutet ihm nie nahe gekommen zu sein. Nicht im Haben ist sein Geschenk, nicht im Dauerhaften, nicht im Abrufbaren je nach Bedarf, Lust und Laune... Nicht im Internet, nicht im Hochglanzmagazin und nicht auf den übergroßen Plakatwänden ist er zu finden. Was uns von dort entgegenschreit, ist das Konstrukt des Habens, ein sabberndes Wesen mit unzähligen Köpfen, hochstilisiert und mit dem Stempel der Käuflichkeit, des Materiellen gekennzeichnet...

Eros taucht unvermittelt auf, ohne Vorwarnung. Darin liegt seine Magie. In den täglichen An-, Aus- und Einblicken, die be- und verzaubern. Diese flüchtigen Momente, in denen sich Blicke begegnen, wo Lippen sich verlockend formen, als wollten sie von den süßesten Geheimnissen sprechen; wo ein im Herbstwind flatterndes Blatt seltsam berührt und die wechselnden Formen der vorbeiziehenden Wolken von Geschichten der Welt erzählen...

Vor dem Hintergrund der Endlichkeit breitet Eros die Sinnlichkeit seiner ästhetischen Kraft aus. Seine Poesie und sein Liebreiz sind flüchtige Erscheinungen, sind Geschenke, die nur jene sehen und schätzen können, die um diese Vergänglichkeit wissen und welche dieses Wissen nicht verdrängen. Nicht den Augenblick seines Zaubers berauben, durch ein Mehr-Verlangen; nicht plump, derb und tölpelhaft nach Zartem und Reinen greifen, es nicht seiner wonnigen Unschuld berauben, die sich in Verführungskünsten tarnt; die Verlockungen willkommen heißen, sich ihnen ausliefern, sich zum Narren zugunsten der Ästhetik des Augenblicks machen, ein ums andere Mal.

## Eros-Momente als ästhetischer Bruch in der Wirklichkeit

Mit dem Begriff Eros verbinde ich eine mehr an- als erregende Komponente, welche inmitten des Alltags beglückend und inspirierend erlebt werden kann. Dies geschieht dann, wenn es zu einem angenehmen „Bruch in der Wirklichkeit“ kommt, zu einem als ästhetisch und sinnlich empfundenem, in jedem Fall aber überraschendem, sprich ungeplanten Erlebnis. Planung, Erwartung und Vorstellung, wie eine Situation zu sein hat, um „erotische Wirkung“ zu erzeugen, sind diesen „spontanen Eros-Momenten“ eher abträglich, dennoch nicht ganz hinderlich.

Wenn wir die Welt mit dem Tunnelblick des (scheinbar!) Vorhersehbaren betrachten, wird der wache Blick auf den Eros inmitten des uns umgebenden Lebens getrübt. Eros indessen ist davon völlig unbeeindruckt, er kann Dank seines Einfallsreichtums, seiner überbordenden Sinnlichkeit und seiner berührenden Poesie auch das Dunkel des dunkelsten Tunnels kurz erleuchten, indem er uns beglückende Augenblicke vor Augen und Sinne führt.

Eros lädt uns ein, „im Fluss des Lebens zu baden“, und dies Bad führt mitunter auch zu bedrohlichen Situationen wie Stromschnellen und Wasserfällen. Gegen und mit dem Strom zu schwimmen sind ebenso Optionen, wie das ruhige und gelassene sich treiben lassen.

Es liegt an uns, ob wir in diesen Fluss eintauchen wollen oder doch lieber trockenen Fußes (und Herzens) am Ufer stehen bleiben wollen, um nur hin und wieder die kleine Zehe ins Wasser zu tauchen, um sie gleich darauf wieder erschrocken zurückzuziehen. Das Hineinspringen ins Leben kann keiner für uns tun, es sind elementare Erfahrungen, die jeder für sich trifft, um an Erfahrungen und Erkenntnissen reicher zu werden.

Du pflückst die Blume
Nimmst sie mit nach Hause – sie wird rasch welken.
Dies nimmst du in Kauf,
es gibt noch so viele andere Blumen.
Eine Weile kannst du bestimmt
auch ohne sie leben.

Wertvoll wird die Blume für dich im Winter.
In der Zeit der Dunkelheit und Kälte
ersehnst du das Wachsen und Blühen der Blume.

Achtsamer betrachtest du nun die Dinge.
Du erfreust dich an ihrer natürlichen Umgebung,
an ihrem unspektakulären
und doch so berührendem Sein.

Eines Tages siehst du einen,
wie er eine Blume pflückt.
Du lächelst und gehst weiter.

*Michael Trybek, www.trybek.at*

*„Die höchste Wirkungskraft des Eros ist die stufenweise Erweckung des Menschen zur philosophischen Betrachtungsweise, die von der Liebe zu einem schönen Körper bis hinauf zum Schauen des ewigen Schönen und Unvergänglichen führt. In der Seligkeit dieser Schau ist die wahre Glückseligkeit und Unsterblichkeit für einen Augenblick erreicht. Die unvergängliche Frucht dieser höchsten Schau ist jene wahre Tüchtigkeit, deren Sprössling, der Logos, schöner ist als jedes leibliche Kind, und die allein das Leben für den Menschen lebenswert machen."*

SOKRATES

*„Leute, die darauf stolz sind,
dass sie hart arbeiten, mag ich nicht.
Wenn ihre Arbeit sie so hart ankommt,
sollten sie sich eine andere suchen."*

ANDRÉ GIDE

# V Die neue Wirtschaft – mit Eros: Erwärmung statt Effizienz

Hallo, hier bin ich wieder, Eros,
ich habe deine Schwingung gespürt;
schön, dass du bereits Sehnsucht nach mir hast...
Wonach ist dir, wenn dir nach mir ist?

- *Ich weiß nicht so ganz genau; auf der einen Seite ist da Erregung mit viel Fantasie. Sehnsucht nach Schönheit. Sinnlichkeit. Auf der anderen Seite ist da so ein warmes, vertrautes Gefühl, das ich nicht wirklich einordnen kann. Ich genieße es, die Verbindung zu spüren...*

Und dem Alltag die Schwerkraft zu entziehen?! Dir ist nach „Mehr"?! Nach Spannung, nach Lieb-Reiz? Nach Poesie – mit einem Hauch deftiger Prosa?!

- *Ja; ich fürchte, das muss ich nunmehr zugeben.*

Was ist daran zu fürchten? Dass du vom hohen Ross des Verstandes gestiegen bist? Dein Geist ist ja nach wie vor willkommen, allerdings nicht, um zu verhindern, sondern um neue Welten zu erfinden; Horizonte zu überschreiten. Geschichten zu entwickeln... Projekte in die Realität zu heben. Wenn der Verstand aus der Bewertung aussteigt, dann steigst du voll ins Leben ein! Willst du das? Privat wie auch beruflich?

- *Ja, ja, und nochmals ja...*

*mg*

# Persönlicher und beruflicher Freiraum

„Der neue Selbstständige wird zum beruflichen Leitbild des Jahres 2010", ist Freizeit- und Tourismusforscher Peter Zellmann überzeugt. Man müsse sich jedoch nicht selbstständig machen, um selbstständig zu sein. Der persönliche und unternehmerische Freiraum werde zur bestimmenden Kategorie für die Qualität im Berufsleben. Bis dahin dürfte jedoch noch einiges an Überzeugungsarbeit zu leisten sein: in Österreich gibt es nach wie vor eine der geringsten Selbstständigenraten Europas und laut Zellmann will auch im 21. Jahrhundert knapp die Hälfte aller Erwerbstätigen „so arbeiten, wie die Eltern, fest angestellt und mit geregeltem Feierabend."

Vielfach sind uns die Grenzen unseres Tuns bewusster als der sich bietende Gestaltungs-Freiraum. Wollen wir ihn überhaupt? Sind wir in der Lage, das sich bietende Feld zu bespielen – oder wollen wir's lieber konkret, in klaren Anweisungen und to-do-Listen?!

Ich spüre, dass es uns auch und gerade im beruflichen Umfeld in Richtung „Eros" zieht: Banken erkennen ihre Verantwortung und legen Ethik-Fonds auf. In immer mehr Firmen gibt es Programme, die den Angestellten zum Mitunternehmer machen. Der Mit-Arbeiter wird sich darüber im Klaren, dass er Mit-WIRKENder ist. Seine Einstellung, sein Tun und Nichttun erschaffen die unternehmerische Wirklichkeit!

Ich möchte mir vorstellen, dass sich in unserem beruflichen Zusammenwirken Einstellungen durchsetzen wie jene

- von Bernd Lötsch, der als „Schönheitssucher" berühmt werden möchte – der die Schönheit verteidige in einer Zeit, wo alles in Riesenschritten immer hässlicher wird;
- des „vagabundierenden Kulturwissenschafters" Roland Girtler, der die Weisheiten der Land- und Stadtstreicher, Strizzis und Prostituierten, Schmuggler wie Wildschützen erkennt;
- von Ernst Fuchs, der daran glaubt, dass „sich Wohltaten auswirken und Geduld bezahlt macht".

Und dass uns die Botschaft von Antoine de Saint-Exupéry klar wird: „Wer nur um Gewinn kämpft, erntet schier nichts, wofür es sich zu kämpfen lohnt."

# Galant?

Hotel-Chef und Mitarbeiter begleiten mich zu meinem Zimmer. Ein schöner Zug. Würden sie mich meine Taschen nicht hinterherschleppen lassen... Und am Weg noch diverse andere koordinatorische Aufgaben, die in einem Hotel wohl zu erledigen sind, besprechen, während meine Arme immer länger und die Diva in mir immer ungehaltener wird... Galanterie war angeblich das Geheimnis von Casanova. Höflich sein, bemerken, dass man etwas für einen anderen tun könnte – ohne dass der andere untertänigst darum bittet.
Wo bist Du, Eros? Wohin haben sie Dich verbannt?!
Ich fürchte, Du bist diversen McKinsey'schen Effizienzsteigerungs und Einsparungsstrategien zum Opfer gefallen.
Was zählt, ist Pragmatik.
Coolsein. Lässig. Über den Dingen stehend.
Und wo ist er hin, der Charme, der Leben ausmacht?!

# Verkaufen

„Verkaufen, verkaufen, verkaufen, meine Herren und Damen, pardon: Damen und Herren, wir müssen verkaufen. Der Kuchen wird nicht größer, so müssen wir – wenn wir mehr wollen – der Konkurrenz etwas wegnehmen! Der Kuchen ist in Reichweite: Wir betreuen – im wahrsten Sinn des Wortes – bislang maximal 40 Prozent unserer Kunden, die anderen sind statische Masse. Wir lassen unser Geschäft liegen. Sie brauchen keine Kundenbelege abzustempeln, sondern sie müssen verkaufen! Agieren sie bedürfnisorientiert in der Kundenbetreuung! Analysieren sie ihre Kunden, durchleuchten sie ihre Bedürfnisse. Sie sind dazu da, diese zu befriedigen. Gehen sie aktiv auf die Kunden zu. Verkaufen sie!!!"

Und dazu gibt's Verkaufs-Unterstützung. Und Fortbildungs-Seminare. Einzel- wie Gruppencoaching. Motivationsvorträge und Telefontraining...
Wir machen aus ihnen den Top-Verkäufer!

Phuuu. Scheue, behutsam, leise (naiv?) gestellte Frage: Gibt's eigentlich noch den Zauber einer Begegnung? Wo Menschen aufeinander zugehen, sich aus Interesse füreinander annähern, ein Gespräch beginnen, kommunizieren, also etwas miteinander teilen, wie's mal hieß: communicare – Zeit, Zuwendung, Informationen – und nicht innerhalb von Minuten „strategisch handeln"?

Die präziseste Verkaufs-Anweisung hab ich – am handgeschriebenen Zettel an der Kassa – im „Schnitzel-Drive-In" in Krems gesehen; 7 Punkte sind zu beherzigen: 1) Grüßen 2) In die Augen schauen 3) Lächeln 4) Bestellung abwickeln 5) Kassieren 6) Danke sagen 7) Kunden verabschieden.

Eros will keinen über den Tisch ziehen, sondern lässt sich auf das DU ein. Und ist neugierig darauf, welche Möglichkeiten sich ergeben, wenn die Chemie stimmt. Der Verkauf ist ein angenehmes Nebenprodukt.

Nicht das Verkaufen steht im Mittelpunkt, nicht das Funktionieren, sondern die Schwingungen zwischen (mindestens) zwei Menschen.

Schwingungen entstehen im Innen; sie gehen vom Herz aus. Oder vom Kopf, getrieben von „Neues in Erfahrung zu bringen", wertschätzendem Interesse am Gegenüber.

Wenn ich von innen nach außen agiere, getreu meiner Werte, Überzeugungen, meinem ICH, dann wird aus dem „Verkauf" eine „Ver-Äußerung". Äußern heißt, sich zu artikulieren, das ICH ins Außen tragen: was ist mir wichtig? Was zeichnet mich aus? Welche Interessen habe ich? Was kann ich dem Du geben?...

## Qualitätssicherung? – Die einzige Qualität ist der Mensch!

Jahrzehntelang hat er Stahl hergestellt, Pipelines in aller Welt entwickelt. Und für diverse Firmen Millionen-Umsätze in 5 Jahres-Intervallen verdoppelt. „Bisher war der Sinn meiner Arbeit von Geld verdienen und Macht geprägt", sagt der Doppel-Akademiker zu Beginn unseres Coachings im Hotel Astoria. Dass er extra dafür aus Deutschland einflog, muss nicht verwundern. „Ich war ferngesteuert – und bin über die ganze Welt vor mir selbst davon gelaufen. Ich suche nun eine neue Herausforderung, eine, die mein Herzensanliegen darstellt und wirklich Wert für mich hat."

Im Gespräch werden verschiedenste Perspektiven entworfen: Verkaufen könne er, Aufträge hereinholen – speziell für mittelständische Betriebe. Und im Qualitätsmanagement sei er taff.

Bei näherer Betrachtung und provokantem Nachfragen wird dem 56jährigen klar: „Qualitätssicherung? – Die einzige Qualität ist der Mensch!" Er wolle keine Autos, kein Bier, keine Bekleidung und schon gar keine Stahlrohre mehr verkaufen. Und er muss es Gott sei Dank nicht, da er auf Erspartes zurückgreifen kann. Früher sei er auf Kosten von Frau und Kindern zu 80 Prozent im Job aufgegangen; jetzt wolle er mindestens 50 Prozent seiner Frau und der Beziehung widmen. Sie sei ihm das Wichtigste. „Die Seele ist der Stoff, aus dem die Welt gestrickt ist, nicht der Stahl! Es ist besser, Seelen zu sanieren – als Häuser." Materielles sei nicht mehr wichtig; er wolle hingegen etwas machen, was höheren Wert hat als Geld. Eine klare Ansage, werter Herr Diplom-Ingenieur. Und schon bald wird auf seiner Visitenkarte stehen „Seelen-Ingenieur". Der eloquente Mann wird seine Erfahrungen in Vorträgen zum Thema „Die Seele des Verkaufens" weitergeben. Und in dem Moment beginnen seine Augen zu funkeln. Nach zwei Stunden Coaching sagt der „Business Seel-Sorger" mit zufriedenem Lächeln: „Dieser Flug nach Wien hat sich wahrlich ausgezahlt. Darf ich sie auf ein Gläschen Champagner einladen?!" Wir stoßen auf's Leben an – schenken einander das Du-Wort und Jörg formuliert mit sichtbarer Rührung in den Augen: „Ich bin der Seele immer ausgewichen. Dabei ist sie das zentrale Element, die Hauptaufgabe unseres Erden-Daseins."

## So schwer, leicht zu sein

*„Arbeit ist all das, was keinen Spaß macht."*

BERTHOLD BRECHT

Ein wunderschöner April-Morgen – Blauer Himmel, Sonne, über 20 Grad werden erwartet, 12 sind's schon...

Ich besorge den Frühstückseinkauf. Punkt 7 wird der Markt aufgesperrt, zwei Frauen scharren bereits in den Startlöchern – just in dem Moment, als die Ladentüren sich öffnen, werden die Bleche mit frischem Gebäck aus dem

Ofen geholt. Hmmmm. – Ich betrete den Laden mit einem freundlichen „Guten Morgen". Irritierte Blicke aus finsteren Gesichtern treffen mich. Buchstäblich. Da ist keine Freude über duftendes Gebäck, über die Möglichkeit, diese Köstlichkeiten erwerben zu können, keine Freude in den Augen der Bedienenden, keine in jenen der Einkaufenden. Achtlos werden die Waren in die Wagen geschossen. „Noch was?" fragt, nein: faucht die Angestellte. Ihr Tag wird sehr, sehr lang werden... An der Kasse beschwert sich eine Frau, warum die Zeitungen, wenige Minuten nach Geschäftsbeginn, noch nicht aufliegen. In diesem Augenblick kommt ein junger Mann und wirft ein Zeitungspaket ab. Ich schmunzle und sage zu der Frau, „schon wurde ihr Wunsch erhört". Doch ich ernte nur einen griesgrämigen Blick: „jetzt brauch' ich's auch nimmer..."

Ist es wirklich so schwer, das Leben leicht zu nehmen?

## Noch mehr rausholen...

Ein Bauer hatte eine Gans, die ihn – zu seinem großen Erstaunen – täglich ein goldenes Ei schenkte. Sein Reichtum wuchs immens. Doch damit steigerte sich auch seine Gier. In seiner Besessenheit überlegte er, wie er an die Quelle des Reichtums gelangen könnte. Er vermutete den Goldschatz im Bauch der Gans. So wetzte er das Messer und schnitt seiner Goldgans den Bauch auf. Zu seinem Entsetzen musste er feststellen, dass eine gewöhnliche Bauchhöhle blutig zum Vorschein kam...

Ist es nicht so, dass wir der irrwitzigen Überzeugung sind, wir könnten „noch mehr" kriegen?! – Wir könnten noch mehr rausholen: aus dem Tag, aus unserem Partner, aus den Kindern, aus dem Unternehmen, den Mitarbeitern, dem Chef, den Kollegen, aus Geschäften, aus Urlaubsreisen... aus dem Leben!
Und so pressen wir alles zwischen unseren gierigen Händen aus, bis sich der letzte Tropfen Saft gelöst hat.

Warum können wir nicht mit den „Eiern", die uns das Leben tagtäglich schenkt, zufrieden sein? Manche sind größer, manche kleiner. Golden sind sie jedenfalls. Wenn wir die „goldrichtigen" Erkenntnisse aus allen Vorkommnissen, Freuden wie auch Widrigkeiten ziehen können bzw. wollen.

Was halten Sie von folgender These: Was immer wir – Tag für Tag – erhalten, es ist hilfreich für unser Lebensgemälde. Heute kriegen wir die Farbe rot, morgen grün, dann ein bisschen Wasser, einen Fetzen Leinwand, endlich kommt der Pinsel, dann kommt vermeintlich lange nichts, doch diese Zeit ist nötig, um das bisher Geschaffene zu betrachten, kritisch zu hinterfragen, neue Ideen zu entwickeln; da, ein Stück Rahmen, inzwischen trocknet eine Tube aus... der Pinsel verliert Borsten, eine neue Mischfarbe taucht auf...

Wir alle erhalten ähnliche Rohmaterialien; jeden Moment neue. Das können tatsächlich materielle Dinge sein: Bücher, Zeitschriften, Begegnungen, Worte eines lieben – oder eines bösen Menschen; das kann aber auch das bewusst wahrgenommene Ticken des Sekundenzeigers sein, ein Knacken im Gebälk des Dachstuhls, ein Miauen der Katze, das Wiegen des Lavendelstrauches im Abendwind...
Viele registrieren sie gar nicht, die tausendfachen Geschenke des Alltags. Eigentlich schlüssig, wenn diese Menschen auch keine Dankbarkeit verspüren; keine Notwendigkeit bemerken, ihrem Umfeld – oder gar dem Schöpfer – demutsvoll ein anerkennendes Lächeln zu schenken.

Das Gold ist in allem, das uns umgibt, vorhanden. – Wir müssen nur die Augen öffnen, um wahrzunehmen.

## Spannungs-Bilanz

*„Wer nicht mit der Seele dabei ist,*
*hat keinen Beruf, sondern nur eine Beschäftigung.“*
CHARLES TSCHOPP

Erlauben Sie die Frage: Macht Ihnen Ihr Job Freude? Empfinden Sie so etwas wie Spaß daran, etwas zu verkaufen? Verspüren Sie gar etwas wie Eros, Prickel, Leidenschaft?

Besser als jede auf Euros beruhende, nüchterne Zahlen-Bilanz ist die „Spannungs-Bilanz“: so wie bei einem guten Kunstwerk Elektrizität zwischen Künstler und Publikum fließt, so bewirkt die Spannung zwischen Berater und Kunde ein besonderes Einkaufs-Erlebnis. Nicht umsonst spricht man vom

„Kauf-Akt". Da sollten alle Stationen der Dramaturgie durchlaufen werden: vom scheuen Augenaufschlag, dem kecken Erwidern über das Werben, das sich Zieren, das Ping-Pong der Worte, Einwand, Argument, Humor,... Das Einzige, was der Verkaufswillige beachten muss, ist der Energiefluss. Das Spielerische, das Umwerben, ist das Element des Lebens.

Und es muss spannend bleiben im Spiel, sonst verließen wir schon als Kinder das Spielfeld. „Hier ist Raum für ihre Kreativität", wirbt die Wirtschaftskammer mit Plakaten in leeren Auslagen. Es liegt an uns, diese Frei-Räume zu nutzen und mit Leben zu erfüllen.

## Die Farben des Eros

Eros: Bilder, Düfte und Stimmungen im Kopf; eine „Augenweide". Farben: rot in allen Schattierungen, ein impulsives Orange und dunkle Violett-Töne. Auch die Sinnlichkeit von Mokka/Vanille/Schokolade. Ein intensiver Blick meines Partners; schöne, gefühlvolle, persönliche, zugeflüsterte Worte. Stimmung, Leichtigkeit im Sinne der Energie. Angenehme Düfte, schwere, schwülstige Stoffe, aber auch federleichte Seide, Satin. Fühlen mit allen Sinnen... das Streicheln einer zärtlichen Hand, ein Windhauch am Meer, das Aufheizen der Körper durch die Sonne... und ein zarter Sommerregen.

*Mag. Andrea Schmidt, www.farbebewegt.at*

# Nur nicht begnügen!

Wo hat sie uns denn hingebracht? Die von Thanatos geleitete Hetzjagd der Effizienz?! Wir leiden unter Stress, Burn out, Depressionen. Haben das stete Gefühl, uns mit dem kleineren Kuchenstück begnügen zu müssen; die Zahl der Euro-Millionäre hingegen steigt und steigt... Und wo bin ich? Während andere mit den Adlern fliegen, kriech' ich mit den Tauben am Boden rum und streite mich um Krümel...

„Verschwenden sie nicht ihre Zeit", „achten sie auf ihren Umgang" und „setzen sie sich große Ziele", posaunen die Karriere-Ratgeber. Und mahnen immer und immer wieder zur Effizienz!

Was wir dabei völlig verlieren, ist das Eintauchen in Momente, den sich entwickelnden Zauber von Begegnungen, das Fließen lassen von Gedanken, Worten, Witz, Schmerz, von all dem, was Menschsein ausmacht.

Statt Effizienz will Eros zur „Erwärmung" einladen. Effizienz ist kalt, eckig, mit Stahlkanten versehen. Erwärmung hingegen ist warm, rund, anschmiegsam. Mit Erwärmung schaffen wir eine Atmosphäre des Vertrauens, der Liebe, der Offenheit, des Kontaktaufbaus, des Austauschs.

## Wofür können Sie sich erwärmen?!

Der deutsche Künstler Joseph Beuys hat angemerkt: „Da, wo gegenwärtig die Entfremdung zwischen den Menschen sitzt – man könnte sagen als Kälteplastik – da muss eine Wärmeplastik hinein!" Selbst am Arbeitsplatz zwischenmenschliche Wärme zu produzieren, sei für Beuys eine Frage des Wirtschaftswachstums.

Eros am Arbeitsplatz erfreut sich am Ideen-Sammeln, wie die Begegnungs-Qualität wärmer gestaltet werden könnte. Die Begegnungs-Qualität unter KollegInnen, von Chef zu MitarbeiterInnen, von MitarbeiterInnen zu ChefIn, aber auch zu KundInnen – und wieder retour. Wärme ist kein Einbahnstraßen-System, sondern Wärme breitet sich in alle Richtungen aus, wenn man sie lässt und fördert.

Die Kernfragen für Sie lauten:

- wofür erwärmen Sie sich?
- für welche Produkte bzw. Produkteigenschaften?
- können Sie sich für Ihre KundInnen/KollegInnen erwärmen?
- wie könnten Sie dem Ausdruck verleihen?

## Ich darf Ihr Gastgeber sein...

Ein kurzes Gespräch sage oftmals mehr über ein Unternehmen, als 100 Seiten schwülstige Prosa in schicken Broschüren, sind Anja Förster und Peter Kreuz überzeugt. Die beiden Business Consultants berichten von einem Erlebnis, das sie bei einem Kongress in Brüssel hatten. Die freundliche Begrüßung des Kellners an der Kaffeebar: „Hallo, wie geht‘s?“ Wir: „Gut, denn wir müssen heute nicht arbeiten. Und wie geht‘s ihnen?“ „Mir geht‘s noch besser,“ erwiderte er, „denn ich darf heute ihr Gastgeber sein.“

Semantisches Geplänkel? Durchgeknallte Mitarbeiter? NEIN, hier geht es um etwas Anderes: Das eigene Selbstverständnis – die Grundüberzeugung für das eigene Handeln. Wenn es allein darum ginge, Kaffeetassen in atemberaubender Geschwindigkeit auszuhändigen, wäre dieser Mitarbeiter eine Fehlbesetzung. Das können Serviceroboter besser und billiger erledigen. Und die Rolle des Kellners? Kreative Wertschöpfung ist die einzige Antwort! Was zählt, sind eine allumfassende Serviceorientierung... Enthusiasmus... Leidenschaft... und Individualität. Dieser Mann an der Kaffeebar hat es verstanden... und seine Vorgesetzten offenbar auch!

Ein wundervolles Beispiel für die neue Wirtschaft, basierend auf Eros: hey, es darf Spaß machen. Meine Arbeit ist keine Qual. Ich arbeite hier, um Freude zu haben und diese an Sie, meine Kunden, Klienten, Kollegen weiterzugeben.

Ich darf – egal ob als Regaleinschlichter oder Autoverkäufer – auf Sie zugehen, ich darf Bezug nehmen, ich darf flirten, ich darf lächeln, einen Scherz machen... Ich darf! Und die Arbeits-Zeit verrinnt im Nu. Lassen Sie Eros ’mal ran...

*„Ich gehe nicht arbeiten,*
*ich gehe mich vergnügen!“*
ROBERT DORNHELM

## Zeit ist reif für Arbeit ohne Zwang

Ist’s reine Utopie? Der Job als täglicher Akt der Freude? Mit stimmigster Motivation, etwas umzusetzen, in die Welt zu setzen, sich zu entfalten, im Beruf seinem inneren Ruf zu folgen, diese Be-Rufung dankbar wahrzunehmen und weiterzugeben?!

„Die Zeit ist reif für Arbeit ohne Zwang“, hebt Götz W. Werner hervor. Er, Boss der Drogeriemarkt-Kette, Milliardär und Professor für Entrepreneurship an der Uni Karlsruhe, predigt seine Vision vom bedingungslosen Grundeinkommen. Ihm schweben Beträge gestaffelt von 800 Euro für Jugendliche bis 1.500 Euro monatlich für Erwachsene vor. Damit könne jeder völlig frei entscheiden, ob er sich durch Arbeit etwas dazuverdienen will. Keine Arbeitslosigkeit. Keine Zwangs-Prostitution. Anstelle des Jobs als Überlebensnotwendigkeit sollte die Arbeit als freiwilliges Bedürfnis treten. Unzählige Opferrollen und Entwürdigungen fielen damit weg. Und wie soll das finanziert werden, Herr Professor? „Wir brauchen lediglich eine Konsumsteuer, die der Umsatzsteuer entspricht. Je nach Wert für Sozialwesen und Umweltbelastung solle diese Endsteuer 20 bis 50 Prozent zum Nettopreis betragen. „Unser bisheriges Steuersystem stammt aus einer Zeit der Eigenversorgung durch Landwirtschaft, Handwerk und Grundbesitz. Leistungen zu besteuern wie Arbeit und Unternehmertum, die wir dringend für die Grundversorgung der Gesellschaft brauchen, ist überholter Unsinn!“ Und – werden dann alle nur noch als Sozialschmarotzer auf der faulen Haut liegen?

Professor Werner schließt das aus: „Menschen ohne Arbeit und Gemeinschaft werden verrückt. Wir wollen sinnvoll und produktiv tätig sein!“ Sonst wären ehrenamtliche Pflege-, Sozial- und Rettungsdienste längst zusammengebrochen.

Gewissensfrage – würden Sie Ihren Job morgen weitermachen, wenn Sie NICHT MÜSSTEN? Ich schau’ kurz auf, lächle, und schreibe die nächste Zeile...

## Das einzig Richtige

„Hallo liebe Freunde, Verwandte, Bekannte, Fans... Ich habe mir meinen Traum erfüllt und trete mit 1. Juli einen einjährigen Urlaub ohne Bezüge an. Davor gibt es noch regulären Urlaub, weshalb ich mich bereits ab 20. Mai als ‚Freifrau von Eminger’ endlich meinen immer zu kurz gehaltenen Neigungen wie z. B. der Malerei ungestört hingeben kann! Eure/Ihre freudig erregte und zu (fast) jedem Abenteuer bereite Gitti/Emi/Brigitta Eminger“.

Eine E-mail, die Eros mitverfasst hat und mich zu folgender Antwort veranlasste: „Gratuliere zu deinem Wagnis – genieße das Abenteuer, liebe Gitti! Ich freue mich auf ein Wiedersehen in deiner neuen Freiheit!“

Worauf die befreite Gitti erwiderte: „Hallo Manfred, schön, wieder mal von dir zu hören. Danke für die lieben Wünsche. Ich wundere mich dauernd darüber, dass viele von ‚Wagnis’, ‚mutigem Schritt’ und ‚kaltem Wasser’ reden/schreiben. Für mich ist die Situation so gereift, dass dieser Schritt nur noch die einzig richtige Folge war. Es wird wunderbar! Ich hoffe, dich bald wieder zu sehen und grüße dich herzlich! Gitti."

Ja, selbst der „Eros-Affine" ist gefordert, wenn jemand tatsächlich die Freiheit nutzt, von der wir alle reden, schreiben, lesen – und wonach wir uns alle sehnen. Dieses Beispiel beweist: es ist möglich! Und es wird wunderbar, wenn wir die Wunder sehen können und wollen...
*Kontakt: brigitta.eminger@aon.at www.gittimalanders.at.tt*

## GeschäftsVERführerIn – mit Interesse an Begegnungen

Eros und Wirtschaft? Eros und Politik?
Sind das nicht „Un-Paarungen"? Ja, schließen sich jene Begriffe nicht bereits per Definition aus?!
Wirtschaft, da müssen die Zahlen stimmen. Und bei Politik? Da müssen die Wählerkreuzerln stimmen. Basta. Alles andere sind Kinkerlitzchen. Was hat das mit Eros zu tun?

Tja, so betrachtet – leider tatsächlich nichts! Und genau darin liegt das Problem! Ich bin überzeugt, dass Wirtschaft wie Politik in die Krise schlittern, bzw. längst drin stecken, weil sie ihr Feld so eng sehen. Weil sie alleine auf Verkauf aus sind. Weil sie rein pragmatisch agieren; kalkulieren, bloß Zahlen zusammenzählen. Weil sie nur mehr „Kunden-Fälle" registrieren. Aber die Wesen aus Fleisch und Blut als solche zu sehen verlernt haben.

Wir berauben uns des Schönsten, wenn wir einander als bloße Geschäfts-Transaktionen behandeln. „Der Nächste, bitte!" Und das „Bitte" ist ohnehin schon selten.

Lassen Sie das Gegenüber wirken. Auf sich wirken. Eröffnen Sie den Energiefluss mit einem Lächeln. Ohne dahinterstehende Absicht. Gönnen Sie sich doch die Befriedigung Ihrer Neugier. Wer weiß, was an Faszinierendem sich im Anderen entdecken lässt?! Versuchen Sie mal, ein wenig Interesse für das DU zu entwickeln: „Und wie sind Sie auf mich aufmerksam geworden?" fragt die/der GeschäftsVERführerIn. Wie wunderbar, wenn wir einander zu schönen Dingen, wertvollen Dienstleistungen, faszinierenden Produkten und angenehmen Erlebnissen verführen!

Wenn Eros in Wirtschaft und Politik das Sagen hat, wird das ursprünglich Primäre (der erfolgreiche Verkauf) sekundär. Im Mittelpunkt stehen hingegen plötzlich Freude am Austausch mit einem Du. Freude am Sein, Freude an dem sich entwickelnden Interesse. Und wenn die Energie zwischen beiden zu fließen beginnt, klappt der Verkauf mit links und das Kreuzerl wird selbstverständlich in der richtigen Rubrik gemacht...

Netter Service, Lächeltraining für die Mitarbeiter und eine blitzblanke Verkaufsstätte: Das ist alles wichtig, ist aber nicht mehr als die Eintrittskarte, die zum Mitspielen im Wettbewerb berechtigt. Es führt Sie nicht an die Spitze, sondern ins Mittelmaß. Warum? Weil viele Wettbewerber genau das Gleiche tun.

## Sexy Angebot?

Ehrlich: finden Sie Ihr Angebot erotisch? – Ist Ihr Unternehmen Eros würdig? Würde sich in Ihrem Betriebsklima Eros wohl fühlen? Hätte Eros mit Ihnen Freude?

Sind das berechtigte Fragen?

Ich bin überzeugt davon: JA!

M. hörte kürzlich vom Chef eines großen österreichischen Unternehmens, nachdem er einen Sponsorvertrag über 350.000 Euro unterschrieben hatte, „wenn sie nicht für die Abwicklung verantwortlich wären, hätte ich's nie gemacht"... Und dabei blickte er ihr tief in die Augen. Ja, es ist ein Kriterium, ob Geschäftsmeetings auch das Herz erwärmen...

Die Botschaft lautet: selbst Geschäfte werden nicht mit Firmen, sondern mit Menschen gemacht. Warmblütlern. Und dieses Blut muss man pulsieren spüren.

Die meisten Menschen und Unternehmen sind zu wenig in der Lage, unwiderstehlich zu sein oder sich unwiderstehlich zu machen. Da wird Unwiderstehlichkeit schnell mit Rabatt und Discount verwechselt. Das kennen viele aus der Zeit in Discos! Manche Männer sehen eine attraktive Frau, nehmen sich ein Herz, sprechen sie an und laden sie sicherheitshalber gleich mindestens auf einen Drink ein. Nach dem Motto: „Ich bin zwar nicht schön, gebe aber etwas aus." Diese Zugabe allein ist schon ein Discount auf den eigenen Mehrwert. Je geringer der empfundene Eigenwert, umso höher die Zugaben: ein festliches Dinner, ein Wochenend-Trip nach Paris, ein Wellness-Urlaub... Und das geht oft das ganze Leben so weiter! Ich bin nichts – und nur mit Zuckerln kann ich mir die Gunst des Gegenübers erkaufen.

Welche Discounts geben Sie, um sich selbst, Ihre Produkte oder Ihre Dienstleistung an die Frau oder den Mann zu bringen? Oder sind Sie einfach unwiderstehlich?

## Wellness-Selfness-Soulness–Eros

Das Geschäft mit Wellness floriert. Hunderte Hotels versprechen den Gästen Wohlbefinden, Entspannung und gesunde Angebote: Von Ayurveda bis Reiki, von der Rückenmassage bis zur Bio-Kräutersauna. Und der Trend halte an, versprechen die Tourismusexperten, die Österreich sogar die „Welt-Leaderschaft“ im Bereich Wellness zuschreiben. Nirgendwo anders gebe es derart gut ausgebildete Berater und Therapeuten. Egal, ob der Begriff, der schon mal als „Wellnepp“ enttarnt werden kann, bestehen bleibt, oder von „Selfness“, „Soulness“ abgelöst wird, Wohlbehagen ohne Leistungsstress wird uns allen und unseren Seelen immer besser gefallen.

Muss ich's noch erwähnen, welche Konsequenz ich im Sinne dieses Buchtitels ableiten möchte?! Ja, Sie wissen's: Wellness, Selfness, Wohlbefinden, Einfach-gut-drauf-sein, das alles ist die Lieblingsspielwiese unseres Freundes Eros. Wenn Sie ihm mehr Augenmerk schenken, ihn machen lassen, dann schenkt er Ihnen, was Sie anderswo teuer zu bezahlen haben...

## Eros, der Kreativgeist und Innovationsmanager

Alle reden von Innovationen! Von neuen, kreativen, unkonventionellen Ideen. „Wir brauchen Befruchtungen, frischen Wind und müssen raus aus gewohnten Denkmustern“, posaunen die Bosse, nachdem sie jede kleine Idee über Jahre hinweg systematisch abgetrieben haben... Mit Schrecken erkennen viele, dass das, was über lange Zeit funktioniert hat, in Gegenwart und Zukunft nicht mehr reicht. So muss das Selbstverständliche hinterfragt und über den Tellerrand hinausgeblickt werden. Dazu braucht man Imaginations-Fähigkeit, Angstlosigkeit und ein bisschen Kühnheit; Frechheit mit Augenzwinkern. Ver-rückte Ideen, die dazu anregen, die angestammte Position zu verlassen, sind plötzlich viel wert. Und es ist ein besonderes Phänomen, dass wir für diese schönste aller Beschäftigungen nunmehr hochbezahlte Consulter brauchen: „Business Querdenker“, „Kreativagenturen“ & „Innovationsmanager“. Es gibt also großen Bedarf an mutigen Kreationen und noch nicht ausgetretenen Profilierungs- sowie Kommunikationswegen.

Neu, frech, mutig, anders, voll Leben... Wer ist dafür Experte?
Ja, wir kennen ihn bereits. Und er wartet in den Startlöchern, losgelassen zu werden: EROS.

Was Eros mit sich bringt, nennt der Managementberater Gerhard Vater in seiner Diktion „Wagniskreativität“: diese gedeihe am besten in einem Klima des Vertrauens und der Angstfreiheit. Vier Typen zur Veränderungsbereitschaft haben sich, so Vater, in Unternehmen herauskristallisiert:

- Die Innovatoren, die Veränderungen aktiv anregen.
- Die „frühen Mitmacher“, die Neues bereitwillig und ohne viel Zögern annehmen.
- Die „späten Mitmacher“, die Neuem gegenüber offen sind, aber zuerst Beweise für die Nützlichkeit von Veränderung erwarten.
- Und die „konsequent Beharrlichen“, die Neuerungen mit strikter Verweigerung begegnen.

Mit Bewahrern des Status Quo, die Risikominimierung mit Unternehmensstrategie verwechseln und in denen lähmende Langeweile zur Grundeinstellung gehört, ist jedoch kein Unternehmen aufrechtzuerhalten. – Der Name verrät es ja wunderbar: hier ist angesagt, etwas zu unternehmen, statt zu unterlassen...

## Eros = verrückte Leidenschaft!

*„Mit der Verehrung alles Lebendigen wächst meine Seele.“*

BLACK ELK, SIOUX

Veränderungen sind die Keimzellen des Erfolgs. Denn Veränderungen lösen fast immer weitere Veränderungen aus. So können aus kleinen Anfängen große Erfolge entstehen. Die Frage lautet: Wie funktionieren solche Veränderungsprozesse?

Wachstum findet nur außerhalb der Komfortzone statt. Otto M. Zykan meinte, Begabung sei Veränderungswille und Wachheit. Es gilt, den Mantel der Bequemlichkeit abzustreifen. Für Lebensglück und Erfolg müssen Sie das Gaspedal durchtreten. Mit viel Mut eingefahrene Gleise verlassen. Unsicherheit verspüren und die Unsicherheit als sicheren Begleiter anerkennen.

Eros bricht mit verstaubten Konventionen. Scheuklappen werden abgelegt. Das Mittelmaß ist ihm kein Ruhekissen. (Unternehmerische, sportliche, künstlerische) Spitzenleistung funktioniert nur mit Leidenschaft, Engagement, Risiko, Neugierde und Einsatz, der etwas verändern will. Mit lauwarmer Begeisterung und akzeptabler Erledigung der übertragenen Aufgaben können Sie nichts erreichen.

Eros lädt ein, sich hinauszuwagen aus dem sicheren Terrain und Neues zu probieren.

## Begegnungen mit dem Wesentlichen

Eros liebt's, wenn Talente aufeinanderstoßen. Wenn Menschen kraft ihrer Individualität zueinander und sich gegenseitig spannend finden, sich daraus Neues entwickelt. Wenn Träume, Visionen und Möglichkeiten sich wechselseitig aufschaukeln und sich wie selbstverständlich eine Realisierung abzeichnet. Nicht Geldverdienen und Funktionieren stehen im Mittelpunkt, sondern zwischenmenschliche Energien, Schwingungen, Eros...

Gerda Bindoni hat die *Sinnwerkstatt* ins Leben gerufen; forciert das Projekt Friedensuniversität. Und kennt die Marokkanische Wüste wie ihre Westentasche. Unsere Wege kreuzen sich. Ich referiere in ihrem „Personal Mastery"-Lerngang. Wir spüren, dass wir etwas gemeinsam in die Welt setzen wollen. ICH-Marke und Wüste & Sinn. Ich hole Freund & Clown Michael ins Boot. Die erste Begegnung zwischen ihr und ihm wird sofort eng und vertraut. Wir verstehen uns. Lachen. Inspirieren uns. Gebären innerhalb einer guten Stunde Titel und Inhalte einer „Wüstenwoche" für Menschen, die als „Wanderer zwischen den Welten den eigenen Weg finden" wollen.

Titel: „ICH, DU und die Wüste: Begegnungen mit dem Wesentlichen". Eine Woche Seele durchlüften – in Reduktion und Einfachheit; neue Facetten an sich im Umgang mit anderen und fremden Kulturen entdecken, entschleunigen, Abstand, Klarheit und Gelassenheit gewinnen. Kraft schöpfen und die Fülle spüren – ausgerechnet dort, wo alles karg ist.

Wir freuen uns über unser Projekt, brennen selbst darauf, dass es verwirklicht wird, dass wir miteinander durch die Wüste gehen und selbst Teil des Weges werden...

Und deshalb bin ich überzeugt, dass wir auch andere Menschen „anzünden“ können, dieses „Abenteuer zum Wesentlichen“ in der Marokkanischen Wüste im Herbst zu buchen.

## Schaffen einer Wohlfühlatmosphäre

Ich habe eine 10-tägige „Seminartournee“ hinter mir, von einer kommunalpolitischen Initiative beauftragt. 10 Orte in unterschiedlichen Bezirken umfasste das Programm; insgesamt durfte ich etwa 150 Personen in Medienarbeit trainieren, mit ausnahmslos sehr gutem Feedback jener, die gekommen waren. Interessant dabei: einige Male waren über 40 BesucherInnen da, einige Male 5 – 10 Interessierte. Wie ist das zu erklären, wenn immer derselbe Einladungstext vorliegt?

Es liegt schlicht und ergreifend an den Einladenden vor Ort. – Und ob diese einen Draht zu den Leuten haben. Da ist nichts zu beschönigen und zu entschuldigen: einige haben Talent, Menschen zu mobilisieren, andere nicht. Erfolgreiche Menschen und speziell PolitikerInnen zeichnen sich durch beste Kontakte aus; sie sind Beziehungsprofis. „Ja, wenn der B. einlädt, dann kommen wir, egal, was das genaue Thema des Abends ist; denn es passt letztlich immer“, sagte eine Teilnehmerin offen. Dass jene, die volle Säle zusammenbringen, eine Begabung für's Schaffen einer Wohlfühlatmosphäre aufweisen, beweisen weitere Fakten: die Erschienenen wurden auf ein Getränk eingeladen, speziell für ihr Kommen bedankt, der Referent erhielt ein kleines Präsent, und als nette Geste wurde ihm auch noch ein Happen auf Organisationskosten gereicht. Dass die erfolgreichen Organisatoren Wochen vor der Veranstaltung mit mir Kontakt aufgenommen hatten, sich vorgestellt und die Details zu einer optimalen Vorbereitung geklärt haben, versteht sich von selbst.

Bei den Seminaren mit geringer TeilnehmerInnen-Zahl lassen sich andere – aber idente – Beobachtungen anstellen: Schuldzuweisungen, warum wer nicht gekommen ist. Der Wirt klagt, er habe bis zuletzt nicht gewusst, ob die Veranstaltung überhaupt stattfindet; der Verantwortliche lässt sich entschuldigen und von einem anderen vertreten, der dann eine „äußerst engagierte Begrüßung“ nach Schema F runterbetet. Und ich wundere mich, dass überhaupt noch ein paar Leute den Weg hierher auf sich nehmen...

Die Anwesenden zahlen sich ihre Konsumation selbst, der Referent detto; nach dem Seminar zerstreut man sich prompt in alle Richtungen. Und ich weiß selbst nach dem Abend nicht, wer eigentlich verantwortlich war.

Die zentrale Frage stellt sich für mich: will hier überhaupt jemand erfolgreich sein? Will wer die Gebote kennenlernen – wie man volle Säle schafft, wie Besucher in Scharen kommen? Wie von einer Veranstaltung dann auch noch etwas in den Medien berichtet wird?

> *„Bei einer Coacktailparty kam eine Frau auf mich zu und sagte: ‚Ich höre, Sie sind ein faszinierender Mann. Faszinieren Sie mich doch mal...'"*
>
> HENRY KISSINGER

## Eros – das gewisse Etwas

Das Faktum, dass etwas stattfindet, bedeutet in der heutigen Überfülle an dichten Veranstaltungskalendern noch überhaupt nichts. Es muss gelingen, das gewisse Etwas dazu zu bieten, und im Sinne dieses Buches, Eros ein optimales Umfeld zu schaffen:

- hier treffen Sie jemanden Besonderen
- hier erhalten Sie aktuellstes Wissen, bewährteste Tipps, Besonderes, Einzigartiges...
- einen besonderen Gastauftritt
- ein bekannter Mensch in einer neuen Rolle „Es bewirtet Sie – Abgeordneter..."
- exklusiv: hier kann nicht jeder teilnehmen
- beschränkte Teilnehmerzahl „höchstens X Personen"
- rasche Anmeldung nötig
- es muss etwas kosten; kostenlos bedeutet noch immer wertlos!
- dafür erhalten die TeilnehmerInnen ein kleines Geschenk
- schönes Ambiente
- Zusatz-Angebote wie Weinverkostung, Säfte, Selbstgebackenes,...

Wenn Sie als OrganisatorIn Lust auf volle Säle haben, dann achten Sie auf Ihr „Lustbarometer" bei der Vorbereitung der Veranstaltung: würden Sie selbst lustvoll daran teilnehmen wollen?! Solange Sie nicht beherzt Ja sagen können, planen Sie um und beziehen Sie weitere Annehmlichkeiten ein.

# Eros-Moment

*„Betrachte jede Person, der Du begegnest, als überbrächte sie Dir ein großes Geheimnis."*

DRUKPA RINPOCHE

DER Eros-Moment: im Sinn von besonderer Augenblick, Zeitpunkt; eine kurze Zeitspanne.
DAS Eros-Moment: im Sinn von ausschlaggebender Umstand, Gesichtspunkt.

Die Zukunft gehöre der Erlebniswirtschaft, verraten Trendforscher. Nur der könne Erfolg haben, wer das Spielfeld der Emotion beherrsche. Doch was heißt das in der Praxis?

Schon jetzt werden Qualitäts-Standards in mehrere Ebenen unterteilt: Die Basis-Qualität, die Erwartungs-Qualität und die Überraschungs-Qualität.

Die Basis-Qualität zu erfüllen, bedeutet für ein Gasthaus, dass es warme Speisen sowie Bier und ein Hotel saubere Betten bietet. Die Erwartungs-Qualität kann abgehakt werden, wenn die Speisen gut, das Personal freundlich und die TV-Kanäle im Hotelzimmer von 1 – 20 programmiert sind. Dass diese beiden Stufen okay sind, macht noch kein besonderes Erlebnis aus. Das geschieht auf Stufe 3: wenn das Unvorhergesehene, Überraschende eintritt. Wenn der Wirt Sie, obwohl Sie erst zweimal hier waren, mit Namen anspricht und Ihnen Ihr Lieblingsgericht anpreist. Wenn im Hotelzimmer ein handgeschriebenes Kärtchen liegt – als persönlicher Gruß an Sie.

So einfach könnte es gehen, zufriedene bzw. höchst zufriedene Kunden um sich zu scharen. Ein kleines Manko hat dieses 3-Stufen-Modell jedoch: es ist strategisch. Es ist geprägt vom Ziel: „Wir müssen dem Kunden etwas Tolles bieten." „Wir müssen besser sein als die Konkurrenz!"

Es fehlt die Leichtigkeit. Es fehlt die Freude. Es fehlt die Spontaneität. Das gewisse Etwas. Das auf keiner To-Do-Liste steht. Denn es ist ein netter Gag, dass mich die Rezeptionistin mit Namen anspricht, obwohl ich noch nie in diesem Hotel war; und doch wird die Strategie dahinter klar: sie folgt der Order, im Internet nachzurecherchieren, sobald eine Buchung fix ist; das Foto auszudrucken – und wenn der Gast dann erscheint, ihn namentlich zu begrüßen. Doch dieses „Schön, dass sie hier sind, Herr G." klingt immer noch eingelernt. Und was ist schon Besonderes dran, wenn auch Herr Müller neben mir ebenso nett willkommen geheißen wird...

Der bzw. das Eros-Moment passiert dann, wenn sich wer wirklich auf mich einlässt; ein paar Augenblicke Aufmerksamkeit in mich investiert. Am Beispiel des Hotels: man registriert mein Interesse an Zeitungen, für eine bestimmte Zeitung. Und siehe da, am nächsten Morgen liegt dieses Blatt – vielleicht gar noch mit einem persönlichen Post-It „Good News für sie, Herr G." bereit. Unheimlich würde es, wenn gar das Nutella auf Ihrem Frühstücksplatz steht, weil man Ihre Vorliebe dafür bemerkt hat...

Ich hoffe, ich kann Ihnen den feinen, spürbaren Unterschied zwischen strategischer Überraschung nach dem Motto „Wir müssen uns bemühen, um einen besonderen Nutzen zu bieten" und dem spielerisch-leichten Eros-Moment, entstanden aus einfühlsamer Beobachtung und Freude an einer kleinen Umsetzung, klarlegen. Eros-Momente sind live, spontan, frisch – und 100 % authentisch!

Eine Herausforderung, eine Einladung, Ihre Kreativität und Einfühlsamkeit umzusetzen.

Stell Dir vor,
Eros ist Dein kleiner Begleiter;
wo auch immer Du hingehst,
was auch immer Du tust.
Wenn Du morgens aufwachst
und Dein Herz erweckst,
kannst Du es spüren:
das Verliebtsein in Dein Tun,
in Deine Welt und alle,
die Du daran teilhaben lässt;
die Leichtigkeit des Seins,
wenn Du es willst,
wann immer Du es zulässt.

*Mag. Natalia Ölsböck, www.oelsboeck.at*

## Wirf's in den Fluss...

„Der Fluss des Lebens" wird als Symbol nur zu gerne herangezogen; in vielen Festreden überstrapaziert. Wer den Sinn wirklich erfasst, wird nie wieder von Sicherheit, Planung und Kontrolle sprechen. Denn nichts von alldem ist mit dem Fließen vereinbar. Das Wasser sucht sich seinen Weg; und der Fluss ist in seinem Wesen Veränderung; mal breiter, mal schmal, mal stark, mal schwach, mal überströmend, reißend, dann wieder dem Austrocknen nahe, unberechenbar, immer anders und doch gleich. „Du kannst niemals in denselben Fluss zweimal eintauchen“ – diese Botschaft macht deutlich, dass sich alles ständig wandelt. An jedem Morgen werden wir neu geboren. – Wenn wir's zulassen können, wenn wir bereit dazu sind, dieses Neue zu sehen, uns daran zu erfreuen.

Wer im Einklang mit dem Sein lebt, stemmt sich nicht gegen diesen Fluss. „Just go with the flow“, mahnen die Buddhisten.

Einen neuen Erkenntnisschritt hat mir Seminarteilnehmer Ali K., geboren in Bagdad, ermöglicht. Muss man für das eigene Tun, für sein Angebot Werbung machen? Inserate schalten? Laut trommeln? Für Aufmerksamkeit sorgen?

„Mach' deine Arbeit bestmöglich – und wirf sie in den Fluss“, lautet Alis Botschaft. Diese berührt mich ganz tief in meinem Herzen. Denn hier spricht wieder Eros. Und die Übersetzung heißt wohl: geh' in deinem Tun nicht strategisch vor, spekuliere nicht mit Ruhm und Ehre; mach' dich nicht abhängig von Lob und Anerkennung; erwarte keine Dankbarkeit; im Gegenteil – sei skeptisch gegenüber allzu wohlmeinenden Schulterklopfern.

Tu einfach, was du tun musst; was dir ein Bedürfnis ist. Und erledige es nach deinen Kräften, mit vollstem Einsatz, mit totaler Hingabe. Das hat das einzige Kriterium zu sein, was wirklich zählt.

Hab gleichzeitig den Mut, dich von deiner Tat zu lösen; so wichtig sie dir war. Doch sie ist vollendet. Und nur, wenn du sie zurücklässt, kannst du leichten Schrittes weitergehen. Nur wer loslässt, hat die Hände frei für Neues. So einfach, so schwierig. Natürlich identifizieren wir uns mit unseren Werken – und wollen erleben, dass sie vom Umfeld wahrgenommen und möglichst gepriesen werden. Wirf all diese Überlegungen, Absichten und Wünsche mit in den Fluss. Und sei bereit für eine mögliche Überraschung. Wer weiß, wer dein Tun registriert (hat) oder bemerken wird. Doch rechne nicht damit. Mach' weiter. Wir dürfen Vertrauen haben in den Fluss des Lebens. Und so freue ich mich, wenn diese Gedanken, die angeregt durch Ali in mein Buch fließen, irgendwem, vielleicht gerade IHNEN, ein hilfreicher Impuls sein können. Lassen Sie im Moment der Freude auch gleich wieder los. Und bitte werfen Sie, nachdem Sie etwas Passendes aus dem Fluss der Erkenntnis fischen konnten, wieder etwas zurück in den Strom, auf dass wiederum andere, irgendwo, einen guten Schluck Lebensfreude zu sich nehmen können. So ist für alle gesorgt. Und keiner muss bangen, dass er oder sie zu kurz kommen könnte.

## Ambros singt Moser und Eros applaudiert

Auch so wirtschaftet Eros: „Letzten Winter hatte ich ein traumatisches Erlebnis auf einer Tiroler Schihütte“, erzählt der geniale Komponist und Arrangeur Christian Kolonovits: „Ein selbstbewusster norddeutscher Tourist gab Hans Mosers berühmten ‚Dienstmann-Sketsch' zum Besten. Dabei überkam mich eine seltsame Traurigkeit, wie ich sie schon einmal, beim Auftritt einer Gruppe ungarischer Elvis-Imitatoren erlebt hatte.“ In der Nacht nach diesem „skurrilen Hüttenerlebnis“ küsste offenbar die Muse Kolonovits und die Idee, Moser aufleben zu lassen, ward geboren. Mit dabei: Das Ambassade Orchester Wien, bekannt für schräge Auftritte. Und wer soll die Moser Lieder singen? Der Ambros... Konfrontiert mit dem Vorhaben sagte der nur: „Warum is ma des net söba eingfalln...“ Dass Rainhard Fendrich ebenso spontan mittat, verwundert nicht.

Gemeinsam wurde der Geist der 50er Jahre beschworen. „Es lag an uns, die Melodien, die sich schon vor langer Zeit in unsere Herzen eingebrannt hatten, zu neuem Leben zu erwecken“, hebt Kolonovits hervor, „und das gelang auf eine unverwechselbare Art und Weise, intensiv und authentisch.“

Und ich höre voll melancholischer Freude, während sich diverse Eros-Texte entwickeln, die Lieder vom „Alten Sünder“ über die „Reblaus“ bis zur Hymne der Wiener „Es wird a Wein sein – und wir werd'n nimma sein – d'rum g'niaßn ma s'Leben so lang's uns g'freut.“

Man spürt, dass das ganze Team – bei aller konzentrierten Arbeit – unheimlich viel Spaß am Entstehen dieser CD hatte. Ich bin überzeugt, dass nicht der Blick auf die Charts im Mittelpunkt stand. Auch nicht die primäre Absicht, abzucashen.

Kurioserweise ist aber gerade das passiert. Aus der verrückten Idee, der klassen Zusammenarbeit, ist ein großer Erfolg geworden.

Und Eros lacht dazu: ja, so stellt er sich die Wirtschaft vor. Wir wollen miteinander etwas verwirklichen, in die Welt setzen. Und wenn's sein soll, verdienen wir damit auch noch gutes Geld.

## Erfolg

„Erfolg“ – wie bester griechischer Metaxa läuft dieses Sehnsuchts-Wort ölig unsere karrieredurstigen Kehlen hinunter. Jaaah, Erfolg wollen wir haben.

Lässt sich Erfolg am dicken Bankkonto messen – oder an der Zahl der positiven medialen Erwähnungen?! – Was Erfolg ist, divergiert von Person zu Person: für den Einen zeigt er sich in einem Wohnsitz an nobler Adresse, an braven Kinderchen in der privaten, sauteuren Eliteschule und an einem Lebensstil zwischen Maßschneider, Golfplatz, Festspielen, Luxuskarosse und Spontanurlaub auf der mallorcinischen Finca. Andere lesen Erfolg am Grad der individuellen Freiheit ab, an Werten wie intakter Partnerschaft, frohem Nachwuchs und Gesundheit. Für jede und jeden bedeutet Erfolg in irgendeiner Form Macht: Macht über andere, Macht über sich, Macht darüber, was an diesem Tag für wesentlich erachtet wird und umgesetzt werden soll.

Der Weg zum Erfolg glänzt heutzutage verlockend einfach; er ist mit „Erfolgsfaktoren" gepflastert. Das Problem ist, sie werden tagtäglich mehr. Und reichen vom „Faktor Aus- und Weiterbildung" über „Erfolgsfaktor Betriebswirtschaftslehre", „Organisationsentwicklung", „Fremdsprachen", „Leadership", „Methodologie", „Projektmanagement" bis hin zum „Erfolgsfaktor Mensch" samt „Coaching", „Networking", „Branding", „Potenzialentwicklung" und „Öffentlichkeitsarbeit".

„Lebenslanges Lernen" macht gleich 'mal den Zeithorizont deutlich, wann wir den heiß ersehnten Erfolg tatsächlich in der Tasche haben werden...
Lassen wir uns vertrösten auf einen fernen Erfolg; dessen Weg Dutzende Serpentinen aufweist: 1. Kehre – „Wenn ich mal X absolviert habe..."; 2. Kehre – „Jetzt muss ich den Kurs Y belegen..."; 3. Kehre – „Ich sollte dringend den Lehrgang Z buchen..."; 4., 5., 6.,... Und noch eine Fallstudie, und eine Masterthesis, und eine Studienwoche, und ein Auslandssemester,...
Was wollen sie noch alles tun, um irgendwas zu erreichen?!

## Erfolg ist eine Haltung!

> *„Wenn wir an irgendeinem Tag kein Wunder finden in unserem Leben, so haben wir es nur aus den Augen verloren."*
> RUDOLF STEINER

Bin ich ungerecht? Vielleicht nur neidvoll gegenüber all den vielen, die einen Lehrgang nach dem anderen runterbiegen, MBA's und dergleichen absolvieren? Pieke ich auf die „High Potentials" hin, nur weil ich keine Karriere in einem börsenotierten, international-renommierten Unternehmen gemacht habe (wer den 40er überschritten hat, kann getrost in der Vergangenheitsform sprechen)?

Ich bewundere aus tiefster, ehrlicher Wertschätzung alle, die sich für Weiterbildung entscheiden; weil es sie interessiert, weil sie wissbegierig sind, weil sie etwas erfahren wollen, das ihnen hilft, die persönliche Welt größer werden zu lassen, den Horizont weiter und immer weiter anzulegen.

Ich halte hingegen wenig, äußerst wenig von den Erfolgsheischenden, die meinen, sie MÜSSEN diesen oder jenen Kurs absolvieren, um Karriere zu machen. Wie niemals erwachsene Buben und Mäderln wollen sie's wem recht machen und beweisen, wie brav sie doch auf der Bildungsstraße unterwegs sind – und auf Belohnung hoffen.

Als gelernter Publizist, mit absolviertem gleichnamigen Studium, wage ich aus meiner Branche zu plaudern: unter den Tausenden Absolventen haben's jene in die Kommunikationsbranche geschafft, die auch ohne Studium dort gelandet wären. Der große Hugo Portisch, ebenso Absolvent, hat einst den Ratschlag an Studierende ausgegeben: „Natürlich ist's möglich, in dieser Branche erfolgreich zu werden; aber – bitte – erwähnen sie nicht, dass sie Publizistik studiert haben..."

Und so ist's garantiert überall: es gibt grenzenlos geniale Autodidakten und leider viele, viele Versager mit Studien- bzw. Lehrabschluss. Was zählt, ist der Wille, das Talent, in einem bestimmten Segment tätig zu werden – und darin auch noch erfolgreich zu werden.

Erfolg ist eine Haltung! Erfolg ist die Folge einer starken inneren Einstellung; einer Überzeugung. Ja, ich bin in der Lage, ich bin fähig, dieses und jenes Projekt durchzuziehen!

Persönlicher Einschub: Ich fühle mich erfolgreich. Reich an Erfolgen. Deren größter meine Selbstständigkeit ist. Ich bin ständig ICH selbst. Ich strukturiere meine Tage selbst; ich lebe das, was mir wichtig ist. Und was sich aus mir heraus entfalten will. Bestes Beispiel: dieses Buch. Das Eros initiiert hat und nunmehr diktiert. Ich bin fasziniert von diesem Thema – und lasse mich beherzt darauf ein. Indem ich dem Thema über Monate hinweg Tag für Tag mindestens eine Schreibstunde – in der Letztphase nunmehr 8 Stunden täglich – einräume. Egal ob das am Nachmittag dieses heißen Sommertages geschieht, nackt im wohligen Schatten der Terrasse vor dem Computer sitzend, oder nach einem intensiven Tag das mit mir vereinbarte Tages-Schreib-Pensum in dunkler, stiller Nacht abarbeitend. Die freie Zeit- und Themenwahl, die Partner- und Freunde-Kür, die freie Entscheidung für Seminar-, Coaching- und publizistische Aufträge, und das alles bei ausreichenden Honorareinkünften wie auch bester Gesundheit gibt mir das wohlige Gefühl von Erfolg und Zufriedenheit. Mein Karriere ist eine „Eros of life – Tour“ zwischen reizvollsten Etappen-Zielen!

## Erfolg, der Eros folgt

Eros hat sich in mein Leben reklamiert; und ich habe seinen Ruf gerne gehört. Ich bemerke, wie gut mir die Befassung mit ihm tut. Stets kokettiert er mit mir und fragt mich, ob ich dieses oder jenes Projekt, noch ehe ich zusage, wirklich „antörnend“ finde. Ich bin überzeugt, dass in der ehrlichen Beantwortung dieser simplen Frage bereits der Grundstein für einen möglichen Erfolg gelegt wird: „Was sagt Ihr EROS zu dieser Herausforderung, zu einem Projekt, das an Sie herangetragen wird?“

Lassen wir Eros die Wahl! Er entscheidet intuitiv richtig! Vertrauen Sie. In ihm wirkt die stärkste Kraft, die Sie ein- und umsetzen können.

Wenn Eros Sie leiten darf, dann zieht Sie ein Ziel magnetisch an, ohne dass Sie noch viel dazutun müssen. Sie werden getragen, sicher geleitet, der Fluss trägt Sie zum Erfolg.

Wage ich diese Kriterien auch an dieses Buch selbst anzulegen?
Eros hat das Thema ausgewählt; er hat mich als Umsetzungs-Gehilfen erkoren. Ich mache nach meinem besten Wissen und Gewissen alles in meiner Macht stehende, dass daraus etwas Schönes entstehen kann. Ich weiß, dass am 8. 9. das Buch in einem „Fest für Eros“ in meinem geliebten Schlossgasthof Rosenburg mit geliebten Freundinnen und Freunden aus der Taufe gehoben wird. Das bedeutet, dass ich das Manuskript Anfang August meinem verlässlichen Kreativpartner Georg übergeben werde; und Mitte August wird es dem ebenso verlässlichen Druckpartner Janetschek ausgefolgt. Tja, dazwischen lade ich noch FreundInnen und Freunde im Namen von Eros um Wortspenden ein. Was immer „Eros“ als Schreibimpulse in ihnen auslösen mag, sei willkommen in diesem publizistischen Denkmal für den Gott der Lebensfreude...

„Und in welchem Verlag wird das Buch erscheinen?“ – Natürlich in meinem Eigenverlag.

„Und wie wird die Vertriebsstrategie aussehen?“ – Wie bitte?! – Ich vertraue darauf, dass Medienpartner gleicher Schwingung das Buch vorstellen werden. Und dass LeserInnen, die für diese Schwingung empfänglich sind, darauf stoßen werden. Ich vertraue weiters darauf, dass die eine oder andere Leserin, der eine oder andere Leser, von den Gedanken tief im Herzen angesprochen werden. Und meinen, „mit dem Greisinger und dem Thema Eros“ sollten wir etwas machen: ein Seminar, einen Vortrag, eine Lesung, ein Projekt, einen Film, ein Theaterstück oder ein Happening; „Eros-Tage in unserem Hotel“, eine „Eros of life-Urlaubswoche am Meer“, am Wörthersee oder in der Marokkanischen Wüste...

Erfolg? Er folgt Eros! – Das ist meine felsenfeste Überzeugung. Und ich lasse mich persönlich mit jeder Faser meines Körpers, mit jeder Schwingung meiner Seele, jedem Schlag meines Herzens ein. Was immer daraus werden will, es ist willkommen!

Und wenn Sie nun von diesen Zeilen berührt werden, wenn Sie meinen, wir sollten etwas im Zeichen von Eros gemeinsam in die Welt setzen, auf dass diese bunter, froher, leichter werde, dann zögern Sie bitte nicht und wenden Sie sich an mich: greisinger@stoareich.at oder, erstmals die neue Adresse weiterreichend: mg@eros-of-life.com

Ich freue mich auf Ihre Zeilen und antworte Ihnen garantiert!

## DIE EINLADUNG

Es ist nicht wichtig für mich, wie du dein Geld verdienst. Ich möchte wissen, wonach du innerlich schreist, und ob du zu träumen wagst, der Sehnsucht deines Herzens zu begegnen.

Es ist nicht wichtig für mich, ob die Geschichte, die du mir erzählst, wahr ist. Ich möchte wissen, ob du es aushältst, jemanden zu enttäuschen, um dir selbst treu zu bleiben.

Es ist nicht wichtig für mich, wie alt du bist. Ich möchte wissen, ob du dich traust, wie ein Narr auszusehen, weil du deine Liebe zeigst, deine Träume lebst und wirklich lebendig bist.

Es ist nicht wichtig für mich, welche Planeten im Quadrat zu deinem Mond stehen. Ich möchte wissen, ob du den tiefsten Punkt deines eigenen Leidens berührt hast und du geöffnet worden bist von all dem Verrat, oder ob du dich zusammengezogen und verschlossen hast aus Angst vor weiterer Qual.

Ich möchte wissen, ob du mit Schmerz umgehen kannst, meinem und deinem Schmerz, ohne ihn verstecken, verändern oder überspielen zu müssen. Ich möchte wissen, ob du voller Freude sein kannst, meiner oder deiner Freude, ob du wild tanzen kannst, ob du die Ekstase von deinen Fußsohlen bis zu deinen Haarspitzen fließen lassen kannst und deshalb vertrauenswürdig bist.

Ich möchte wissen, ob du die Schönheit sehen kannst, auch wenn es nicht jeden Tag schön ist und ob du den Ursprung deines Lebens auf etwas Größeres zurückführen kannst als das, was du selbst bist und erkennen kannst.

Ich möchte wissen, ob du mit Fehlern leben kannst, deinen und meinen Fehlern, und ob du noch am Ende eines Sees stehen und dem silbernen Mond ein Ja zurufen kannst.

Es ist nicht wichtig für mich, wo du lebst und wieviel Geld du hast. Ich möchte wissen, ob du aufstehen kannst nach einer Nacht voller Trauer und Verzweiflung, erschöpft und bis auf die Knochen zerschlagen und tun kannst, was für die Kinder getan werden muss.

Es ist nicht wichtig für mich, wer du bist oder woher du kommst.

Ich möchte wissen, ob du mit mir im Zentrum des Feuers stehen kannst ohne zu verglühen.

Es interessiert mich nicht, wo oder was du mit wem gelernt hast. Ich will wissen, was dich von innen hält, wenn sonst alles wegbricht. Ich will wissen, ob du allein sein kannst und in den leeren Momenten wirklich bei dir bist.

Ich will wissen, ob du dein inneres Lachen spüren kannst, denn da bist du ganz nah dem Leben, der Liebe, dem All-Eins-Sein, verschmolzen mit der Quelle deiner Kreativität.

*»The Invitation« von Oriah Mountain Dreamer,*
*www.oriahmountaindreamer.com*

Der allumfassende Eros ermöglicht jede positive Beziehung unter den Menschen. Es gilt, Dinge zu überhöhen, auch in die Arbeit ein transzendentes Ziel sowie Liebe reinzulegen.

*DI Adi Kastner*

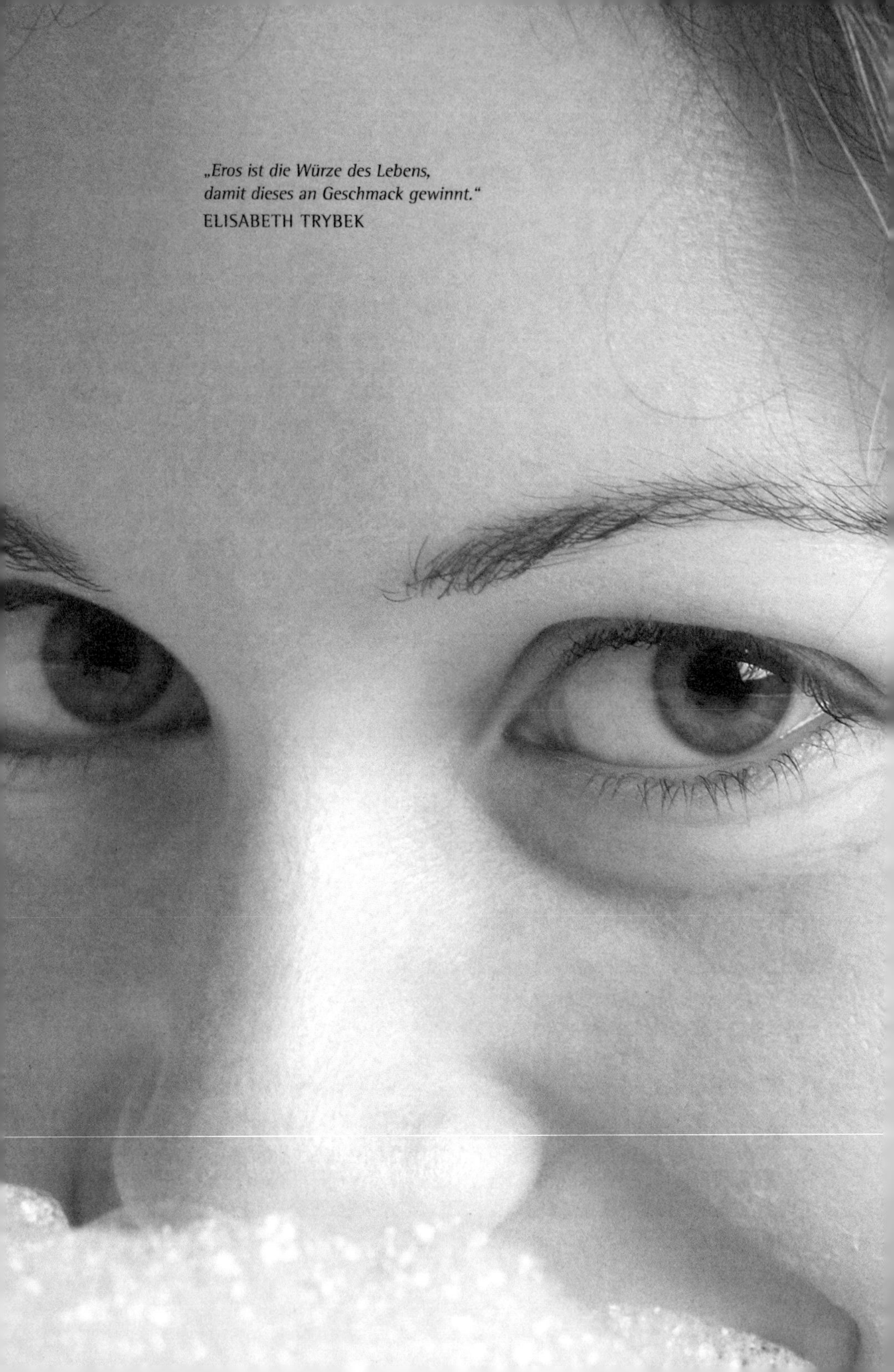

*„Eros ist die Würze des Lebens,*
*damit dieses an Geschmack gewinnt."*
ELISABETH TRYBEK

# VI Die Sprache des Eros = der Flirt

## Nur ein Drittel

Hallo,
hier bin ich wieder.
– *Ja, Eros.*
Schön, dass du mich nun schon mit einem Lächeln empfängst.
Du hast sogar bereits Vertrauen zu mir aufgebaut?
Und mein Wieder-Kommen erwartet?
Das freut mich sehr.
Denn es stimmt: ich will nur dein Bestes!
Apropos: kannst du mir glauben, wenn ich dir folgende – vermeintliche –
Ungeheuerlichkeit sage, sagen muss?!
Du lebst bislang bestenfalls ein Drittel deines Potenzials!
Ein Drittel deiner Möglichkeiten,
ein mageres Drittel dessen, was du in deinem Leben erreichen könntest.
Maximal 33 Prozent in Beruf, Partnerschaft, Sexualität, Spiritualität, Liebe,
Lust, Lachen, Leidenschaft, Freiheit, Glück...
Willst du mehr?
Du verdienst mehr!
Du könntest mehr von all dem erreichen!
Wenn... Wenn du mir, Eros, dein JA gibst.
Bist du dazu bereit?
Dann unterwirf dich meinen Empfehlungen...
Folge mir und mache – flirtend –
den Alltag zum Wunder!

*mg*

# Wer flirtet, lächelt das Leben an

Eros drängt uns vom ICH zum DU, zum WIR, zur Lebendigkeit.
Das Mittel, um zum DU vorzudringen, ist der Flirt.
Dies kann ein Pfeil sein, eine Feder, oder ein Wort.

Wenn man vom Flirten spricht, so klingt das nach oberflächlichem Abenteuer. Nach einem Experiment. Der „Flirt des Eros mit dem Leben" will hingegen gerade zu Tiefe und Bewusstheit anregen. Allerdings von einem spielerischen Ansatz her. Spontaneität, Neugier, kindliche Ausgelassenheit und die Bereitschaft, aus der Reihe zu springen, sind dazu nötig.

Der Flirt ist eine ganz bestimmte Art, mit seiner Mitwelt in Kontakt zu treten: leicht, beschwingt, kreativ, heiter. Flirten heißt: nichts erzwingen zu wollen; nichts verbissen und krampfhaft durchzuziehen – koste es, was es wolle. Don Bosco formulierte: „Gutes tun, Freude haben und die Spatzen pfeifen lassen."

# Flirt – knospende Berührung

> *„Man kann von einer Frau alles bekommen, wenn man nichts von ihr haben will."*
>
> SERGE GAINSBOURG

Flirt: engl. – Berührung, das ist nicht Klammern, Grapschen, rüberzerren, draufsetzen.
Berührung ist etwas Feines, Sanftes, da tanzen Finger über ein Objekt, machen die Oberfläche zum Sinneserlebnis, nehmen jede Nuance wahr...

La fleur: franz. – die Blume: da blüht etwas auf; knospet – und du kannst bereits die volle Schönheit erahnen.

Du erfreust dich am Anblick, ohne diese Knospe unter'm Mikroskop sezieren zu wollen. Du willst sie nicht ausreißen, du schnupperst daran, berührst sie ganz sanft, willst ihr nur kein Leid antun, willst sie schützen, aber unaufdringlich. Du willst ihr Bestes, weil du dich dann möglichst lang an ihr und mit ihr freuen kannst.

Flirt ist:

- 100% Aufmerksamkeit
- Kontakt-Bereitschaft
- Interesse an der Mit-Welt, am DU
- Exklusivität – nur dem Gegenüber zugewandt
- Absichtslosigkeit
- Bereitschaft, fließen zu lassen
- Offene Sinne
- Totale Konzentration
- Pure Energie
- Leichtigkeit
- Lebensfreude
- Angstfreiheit
- Prickel
- Erhöhter Herzschlag
- Adrenalinausschüttung
- Gefühl, unbesiegbar zu sein
- Gelassenheit, besiegt zu werden
- Grenzenlosigkeit
- Jenseits von Zeit und Raum
- Selbstvergessenheit
- Ziellosigkeit
- Lebendigkeit

## Take it easy – but take it...

„Es fiel mir überaus leicht, zu lächeln. Irgendein Lächeln in mir sehnte sich sogar danach, freigelassen zu werden. Und ich stieß überall auf Freundlichkeit, als wäre es der Widerhall meiner eigenen hellgestimmten Seele."

*Erika Pluhar*

# Wie sich Eros ausdrückt

Am entlarvendsten ist die Sprache bzw. das kommunikative Verhalten. Watzlawick wies darauf hin: wir können nicht NICHT kommunizieren. Wir sind ständig auf der Bühne, am Präsentierteller der Öffentlichkeit. Und es liegt in unserer Entscheidung, ob wir andere mitspielen lassen. Der Flirt, das aufeinander Zugehen und Einlassen, folgt einer Bereitschaft. Es braucht Ihr bewusstes „Umlegen des inneren Schalters auf JA". Als Zeichen der „erfolgreichen Installierung" huscht ein Lächeln über Ihr Gesicht. Der französische Neurologe Guilleaume Duchenne de Boulogne fand schon 1860 heraus, dass bei einem echten Lächeln die zwischen Wangenknochen und Mundwinkeln verlaufenden Muskeln gleichzeitig mit den Augenringmuskeln zusammengezogen werden. Die Folge: Um die Augen herum entstehen die winzigen, bezaubernden Lachfältchen, die das Gesicht warm, fröhlich und glücklich wirken lassen. – Bei Erfolgreichen funkeln die Augen, wenn sie kommunizieren. Sie führen und verführen. Sie sprühen vor Charme. Sie beherrschen es, die Anwesenden als solche zu würdigen, zu loben; sich für eine persönliche Leistung – und zumindest für's Erscheinen – zu bedanken...

- das wichtigste Wort im Sprachschatz von Eros ist das DU
- dieses Du begrüßt er, schüttelt die Hände, schaut dabei in die Augen, spendet ein Lächeln
- „Ich freue mich, sie zu sehen!" oder „Schön, dass sie hier sind!"
- Anknüpfen: „Hatten sie eine gute Fahrt?" (einen schönen Tag?...)
- Erfolgsfaktor: offenes Ohr – zuhören, nicken, interessiert sein
- Bleiben „Darf ich mich ein bisserl zu ihnen setzen?"
- Interesse zeigen „Das muss sicher eine tolle Herausforderung sein..."
- Fragen „Und was haben sie dann gemacht?"
- Wertschätzung „Das finde ich beeindruckend..."

Generelle Grundzüge der Eros-Sprache – sie ist

- Fördernd
- Interessiert
- Verbindend
- Stimulierend
- Motivierend
- Optimistisch
- Energievoll

- Liebend
- Sprühend
- Bildhaft
- Humorvoll
- Frech, keck
- Verführerisch
- POSITIV

... im Unterschied zur Thanatos-Sprache (siehe Seite 57)

## Talent zur Lebensfreude

Man kann den Alltag als langweilige Routine sehen oder als mitreißende Sensation. Wer mit offenen Sinnen und einem Talent zur Lebensfreude ausgestattet ist bzw. dieses Talent „aktiviert", macht aus dem Gewöhnlichen frisch-frech-fröhliche Erlebnisse der besonderen Art. Es ist höchst reizvoll, die Sensationen des Alltags suchen und sehen zu wollen.

- man lässt sich inspirieren
- verlebendigt
- lässt sich von Situationen fesseln
- saugt das Mark des Lebens auf
- taut Erstarrtes auf
- Humor als Therapie
- Kraft der Erotik, Kreativität und Phantasie
- Leben auf der Überholspur

## Dem Flirt auf der Spur

*„Spann deine Schwingen, flieg Ikarus,
nicht das Gelingen, sondern der Versuch
zählt am Schluss."*

WILFRIED SCHEUTZ

Was heißt, zu flirten?

Natürlich kommt der Begriff aus dem Vokabular der Liebe. Wer Flirts nicht abgeneigt ist, der ist laut Volksmund ein flatterhafter Charakter. Man(n) denkt immer nur an das Eine... Einen (Bett-) Partner aufzureißen; und danach den nächsten. Amateurpsychologen diagnostizieren bei jenen krankhaften Typen Angst vor Bindung und Verantwortung.

Flirt könnte aber auch etwas ganz anderes sein: Flirt als eine Grundeinstellung zum Leben. Losgelöst von der sexuellen Fixiertheit. Flirten heißt, offen zu sein für alles, was kreucht und fleucht. Offen wie eine Blume – fleur – die ihre Blütenblätter der Mitwelt voll Vertrauen entgegenstreckt. Offen und bereit sein für alle (Zu-) Wendungen, die der Alltag bietet; bereit sein, Neuland zu entdecken und zu betreten, neue Geheimnisse zu erfahren. – Es lockt das überraschende Detail, das bislang Übersehene, Unvorstellbare. Flirt ist ein Akt höchster Kreativität, Sensibilität, Offenheit, Aufmerksamkeit, Spontaneität und Phantasie. Flirt ist Bereitschaft zum Spiel. Forschungs- und Entdeckerwille. Die Bereitschaft zur Kommunikation, sich mit der Mit-Welt einzulassen. Und wer immer nur ans mögliche Scheitern denkt, wird nie Neues beginnen. Flirtkiller sind Kalkül und Diplomatie. Verstandesdominierte werden sich mit dem Spiel des Lebens schwer tun. Sie sprechen dann eher von „Lebensbewältigung“

*„Wer keine Überraschungen zulässt, wird auch keine erleben.“*
VIRGINIA JOHNSON

## Grundeinstellung: offene Hand oder Faust

Es ist eine simple Entscheidung – mit gravierenden Konsequenzen: Wir können überall Feinde, Intrigen und Missgunst wittern. Oder wir nehmen 'mal an, dass auch die anderen um uns gerne leben, lieben und lachen. Positiv denken, heißt das überstrapazierte Schlagwort dazu. Und Verhaltenstrainer verdienen sich dumm und dämlich damit, den Menschen diese Grundeinstellung, die jedes Baby dem Leben entgegenbringt, wieder zurückzugeben. Es liegt in unserer Hand, ob wir sie zur Faust ballen wollen. Es ist jedenfalls anstrengender, mit angespannten gekrümmten Fingern durch den Tag zu laufen als dem Kollegen mit offener Hand zu winken. Das Leben liebt uns. Das Leben lädt jede und jeden immer und immer wieder ein. Manche von uns sind leider Snobs, die sich weigern, sich vom Leben einladen zu lassen...

*„Heute habe ich nichts gemacht,*
*aber viele Dinge geschahen in mir."*
ROBERTO JUARROZ

# Epikur lächelt uns zu

*„Lachen und Lächeln sind Tor und Pforte,*
*durch die viel Gutes in den Menschen hineinrutschen kann."*
CHRISTIAN MORGENSTERN

Epikur, der Grieche, der die Lust als Lebensziel verkündete! – Seine Philosophie ist die der Freude. Er regte – im dritten vorchristlichen Jahrhundert – dazu an, jeden Tag als „beglückendes Geschenk" zu sehen. Im Mittelpunkt steht für ihn das ICH des Menschen und dessen vollkommener Glückszustand. (Eudämonie als völlige Schmerzlosigkeit im Bereich des Leibes sowie völlige Beruhigung im Bereich der Seele). Er predigte den „ungetrübten Genuss am Dasein", das „Erwachen zur Glückseligkeit" indem er auf die Untrüglichkeit der Sinneswerkzeuge vertraut, Persönliche Autarkie besteht für Epikur darin, die Zukunft in eigenen Händen zu wissen. „Es besteht keine Notwendigkeit, unter Notwendigkeit leben", wird er im Buch «Philosophie der Freude» zitiert. Es gehe um eine Vervollkommnung der eigenen Persönlichkeit in steter Heiterkeit des Gemütes das eigene Menschentum zu veredeln und zu erhöhen. Vernunftvoll und gerecht und darum freudvoll leben – wie ein Gott unter Menschen, das ist Epikurs Botschaft an alle, die sie hören wollen. Seine Übung des schönen Lebens ist „nicht auf Dauer bedacht, sondern auf die Köstlichkeit der Ernte..."

So treffend wurde vor mehr als zwei Jahrtausenden das formuliert, was «der Flirt des Eros mit dem Leben» bedeuten könnte.

# Sich auf Flirt-Niveau anheben...

*„Ich bin nicht Optimist, ich will Optimist sein."*
EMILE ZOLA

So wie sich jeder Mensch hin und wieder gerne fallen lässt und sich darin gefällt, sich so richtig zu bedauern („Die ganze Welt ist gegen mich"...), so gibt es auch den umgekehrten Weg: den Anstieg zu emotionalen Höhen. – Damit ist die Überwindung der eigenen Schwerkraft, des eigenen Trägheitsmoments, gemeint. Statt mich in Selbstmitleid oder Dumpfsinn zerfließen zu lassen, sammle ich alle Restenergien, um auf mein höheres Niveau der Fröhlichkeit und Lebenskraft zu gelangen. Das meint: das Licht sehen wollen und sich der

Freude hinzugeben. Von diesem „Flirtniveau“ aus lässt sich alles leichter bewältigen. – Lächle, und die Welt lacht zurück. Ich weiß schon, für jene, denen der Tag in dunklem Grau entgegenkommt, hat der Rat den Charakter eines Affronts: sei offen, lächle, strahle... Vielleicht hilft schon der Ansatz, den anderen nicht „lieben“ zu müssen, aber im Entgegenkommenden, im Gegenüber ein „verwandtes“ Lebewesen zu erkennen, das ich MÖGEN kann... Versuchen Sie's mal. Schauen Sie ruhig skeptisch rüber, aber wenn die Blicke sich treffen, dann lassen Sie's raus: ein Lächeln.

## Expedition in den Alltag

*„Ich bin ein Sammler von Lichtblicken in einer Welt, die immer dunkler wird.“*

ROBERT JUNGK

„Aus, raus, ich kann nicht mehr, ich muss weg.“ – Wer hat diesen Verzweiflungsruf noch nicht ausgestoßen?! – Über jedem von uns bricht hin und wieder alles zusammen. Termine, widrige Umstände, – die Sehnsucht, jetzt und gleich den nächsten Flieger nach Nirgendwo zu nehmen, scheint manchmal unaufschiebbar.

Dabei gibt's einen einfachen Ausweg: die Expedition in den Alltag. Es ist ein faszinierendes Abenteuer, das ganz Selbstverständliche plötzlich als Sensation anzusehen. – Sich über den Kaffee freuen zu können, den ein Kollege aus der Kantine mitgebracht hat... Einer netten Telefonstimme Aufmerksamkeit schenken... Das Lächeln der alten Dame in der Straßenbahn wahrzunehmen. Den Ball des „lästigen, unachtsamen Kindes“ von nebenan zurückzuspielen...

## Finden können statt suchen müssen

*„Viele Menschen versäumen das kleine Glück, während sie auf das Große warten.“*

PEARL S. BUCK

„Ich bin ständig auf der Suche“, hat mir R. gestanden, „und immer, wenn ich glaube, etwas gefunden zu haben, werde ich im nächsten Moment wieder desillusioniert.“

Klar, diese Annäherung ist Garant für lebenslanges Unglück. Suche nicht nach dem, was sich der Verstand zusammenbastelt, sondern sei bereit, zu finden... Und freu' dich am Gefundenen. Wir haben immer ganz klare Vorstellungen von dem, wie der Traumpartner auszusehen hat, was er alles darf und nicht darf, wie ein Job beschaffen sein muss, wie der Urlaub auszusehen hat... Leben heißt doch Veränderung. Wenn ich schon von vornherein weiß, wie alles zu passieren hat, wofür steig' ich dann noch jeden Tag aus dem Bett?! Es gibt nur sehr wenige Grundprinzipien: wer das Leben liebt, der findet...- schneller als wenn er endlos sucht!

## Passieren lassen

*„Genau genommen leben sehr wenige Menschen in der Gegenwart. Die meisten bereiten sich vor, demnächst zu leben."*

JONATHAN SWIFT

Mit Krampf geht gar nichts, heißt's. - Was sich selbst in den intimsten Momenten des Lebens bestätigt. - Sie können noch so intensiv an einem gemeinsamen Orgasmus „arbeiten", er wird sich erst dann einstellen, wenn sich beide Partner fallen lassen und bereit sind, „es" geschehen lassen! Unter Druck- keine Erfüllung.

Liebe, Sünde, Spiel, Glück, Zufriedenheit - sie alle sind im tiefsten Moment der Erfüllung ohne Vergangenheit und Zukunft; nur weil kein anderer Gedanke präsent ist, wird das Gefühl von Ewigkeit spürbar. Lust ist nicht möglich, ohne die Magie des Geschehens, Spontaneität und Ungewissheit zuzulassen. "To fall in love", heißt im Englischen, der Liebe - und damit dem Leben - verfallen. Was nichts anderes bedeutet als: Passieren lassen, eintauchen in Situationen, sich voll und ganz - mit aller Aufmerksamkeit - einlassen können, alles Negative aus den Gedanken verbannen, bereit sein für Abenteuer, das ist der Schlüssel zum erfolgreichen Flirt mit dem Alltag. Reinfallen lassen, mit Haut und Haar, auch auf die Gefahr, dass es ein Reinfall wird. Denn zu fallen – und wieder aufzustehen, das macht das Leben aus. Liegen zu bleiben nach dem Fall, das bringt die tragische Komponente ins Leben.

## Ursprung im Spiel

*„Du siehst Dinge und sagst – warum?*
*Ich aber träume von nie dagewesenen Dingen*
*und frage – warum nicht?“*

GEORGE BERNARD SHAW

Alle Kultur, das wusste der holländische Historiker Jan Huizinga, hat ihren Ursprung im Spiel. Daraus ableitbar: nur wer sich die spielerische Ader bewahrt, ist Kulturmensch. Also, Banausen im Nadelstreif, lasst das Kind in euch wieder raus...

Ich liebe Kinder. Kinder, die Kinder sein dürfen und nicht von ehrgeizigen Erwachsenen zu ebensolchen „hochstilisiert“ werden. Sie strahlen wie Edelsteine. Ihr Funkeln, ihr Lächeln, ihr innerer Antrieb, ihre Gefühlslaunen, ihre Aktivität, all das ist mitreißend. Kinder flirten ständig. Mit der Welt zu kokettieren, alles zu bestaunen, zu be-greifen, ist für sie das Selbstverständlichste überhaupt. Beobachten Sie Kinder, wenn sie aufeinander zugehen. Sie lachen, greifen sich an, spielen miteinander; – solange sie Lust haben, und bis der nächste Reiz lockt. Krampflos. Kindisch sein heißt, nicht in jedem Moment todernste Analysen anbringen zu müssen. Nicht immer „weise“ sein zu müssen...

„Man sollte immer ein Kind bleiben können“, sagt König Kreon in Anouilhs Antigone. Flirten heißt, das Kind in sich leben zu lassen; seine kindliche Lebenslust nie zu verlieren! Flirt ist kindliche Leichtfüßigkeit statt erwachsene Verbissenheit!

*„Warum können Engel fliegen?*
*Weil sie sich leicht nehmen!“*

PAPST JOHANNES XXIII.

## Flirtbarrieren Verkrampfung und Schüchternheit

Wir würden ja...
Wir wüssten es ja...
ABER...
Wie schön wäre der Flirt, das Leben, wenn's die vielen WENN's nicht gäbe.
Wir stehen uns selbst im Weg. Wir blockieren uns.
Wir hemmen uns in unserer Energie.
Dabei kann's so einfach sein. Ohne Verkrampfung und Schüchternheit.

Woher kommt die Schüchternheit? Von einem wackeligen Selbstwert. Was soll die/der denn schon von mir halten... Wenn ich die/den anrede, beachtet sie/er mich doch gar nicht; oder noch schlimmer: die lachen über mich.

Die Schüchternheit hat immer mit panischen Vorstellungen von Folgen des Flirts zu tun. Und vor lauter schlimmen Erwartungen über Eventualitäten unterlässt man erst gleich die Initiative. „Wär' ja eh nichts geworden..."

Um keinen Deut besser ist die Verkrampfung: man fasst allen Mut zusammen, überwindet für einen Moment die Schüchternheit, atmet tief durch und geht – wie auf Stelzen – auf das Flirtobjekt zu. Man hat etwas gehört von Blickkontakt; also starrt man das arme Gegenüber nieder. Man erinnert sich, von der Bedeutung der ersten Sekunden gehört zu haben, und bläst sich entsprechend auf. Das erste, lang überlegte Wort ist eigentlich schon egal: das Flirtobjekt hat das nahende Unglück bereits bemerkt und wendet sich instinktiv ab. „Darf ich sie...?" – „Nein danke..."

Schüchternheit und Verkrampfung sind die beiden Griffe der Zange, die unser Leben fest umklammern. Aus dem Zangengriff entkommt keiner. Vor allem, wenn er sich dagegen stemmt. Alle Energie geht damit drauf. Und die Zange beißt noch fester zu, bis aller Widerstand gebrochen ist.

Kurioserweise beginnt damit die Heilung. Wenn wir nichts mehr verlieren können, gewinnen wir. Werner Grissmann, der österreichische Schifahrer, der stets (leider nur) für Zwischenbestzeiten gut war, hat einst gesagt: „Die besten Rennen bin ich dann gefahren, wenn ich keine Kraft mehr zum Bremsen hatte..."

Keine Kraft zum Bremsen: keine Energie für Verkrampfung und Selbstzweifel...

## Für den Flirt des Eros empfänglich werden:

*„Der Kultivierte bedauert nie einen Genuss.*
*Der Unkultivierte weiß überhaupt nicht, was ein Genuss ist."*

OSCAR WILDE

Wer flirtet, lächelt das Leben an; umwirbt es und packt es von der Sonnenseite. Das hat nichts mit dem antrainierten „Positiv Denken" zu tun: wenn Sie sich's erst einreden müssen – dann vergessen Sie's! – Gehen Sie lieber vor die Tür', atmen Sie mal kräftig durch und versuchen Sie in demjenigen, der Ihnen entgegenkommt, einen interessanten, weisen Freund zu sehen. Vielleicht überwinden Sie sich zu einem Lächeln; vielleicht sogar zu einem freundlichen

„Hallo“. Seien Sie offen für das, was Ihnen dieser Augenblick bringt; für jede neue Erfahrung.

Diese Übung können Sie immer weiter treiben: bis zur „Meisterklasse des Lebensflirts“, wenn Sie hinter‘m Lenkrad sitzend nicht mehr wie der letzte überlebende Neandertaler verbal die Keule ins Nachbarcockpit schleudern, sondern lächelnd die Hand zum Vorranggeben heben...

- Es geht um die ersten 10 Sekunden des Tages. Welche Gedanken und Bilder lassen Sie in Ihr Bewusstsein? Diese geben die Dramaturgie dieses Tages vor...
- Wie steigen Sie morgens aus dem Bett? – Versuchen Sie’s mal positiv: „Willkommen, du schöner Tag”...
- Wann haben Sie zuletzt im Bett gefrühstückt? – Überraschen Sie (sich und) Ihren Partner...
- Wenn ein schöner Tag ist, warum radeln Sie nicht beschwingt zur Arbeit?!
- Versuchen Sie sich an diesem Tag als „Reporter“: alles, was auf Sie an Reizimpulsen einströmt, wird wahrgenommen – und angesprochen: „Oh, welch außergewöhnlicher Hut, woher haben sie ihn?“
- Leben Sie Ihre Neugier aus! Sie dürfen alles fragen...
- Geben Sie Ihrem Gegenüber das Gefühl, etwas Besonderes zu sein. Versuchen Sie, mindestens eine Eigenschaft zu finden, die Sie mögen!
- Legen Sie ein „Glückstagebuch” an, in das Sie tagtäglich drei positive Erlebnisse eintragen. Damit werden Sie (wieder) sensibel für die Schönheit um sich. Und schon bald werden Sie das Glück in ungeahnter Fülle wahrnehmen.
- Wecken Sie Ihre Seele: Sonnenlicht, die Wärme auf der Haut (ev. auch in einem Sonnenstudio), der Duft von Blumen, leuchtende Farben regen die Produktion der Glückshormone (Endorphine) an.
- Öffnen Sie Ihre Sinne, lassen Sie sich in Empfindungen fallen und lassen Sie immer wieder ein Lächeln stehen...
- Lauschen Sie der Natur – mit geschlossenen Augen auf der Parkbank; beobachten Sie spielende Kinder oder im Park Promenierende mit einem interessierten Lächeln. Die Reize, die über Ihre Sehnerven und über die Nase im Hirn eintreffen, werden von der Zirbeldrüse, der Epiphyse, in pure Energie umgewandelt.
- Die Hormonproduktion wird so auf Hochtouren gepusht. Adrenalin beschleunigt den Herzschlag, der Blutdruck steigt; Endorphin putscht auf – wie natürlich auch die Sexualhormone Testosteron und Östrogen. – Die Lust wächst...

- Lassen Sie sich nicht davon abhalten, wenn Sie spontan singen und pfeifen wollen; als Ausdruck der Freude und Zufriedenheit.
- Zelebrieren Sie ganz bewusst den ersten Frühlings- oder Wintertag.
- Nehmen Sie Anteil an Ihrer Mitwelt: wenn wer in meiner Umgebung niest, so sage ich „Zum Wohl", reiche auch gerne ein Taschentuch; wer hustet, wird von mir mit einem Zuckerl, soweit gerade dabei, versorgt.
- Zuckerl im Gepäck zu haben, lohnt sich immer: denn Kindern kann man damit Freude bereiten.
- Wenn wo Leute sind, die fotografieren, biete ich mich an, von der ganzen Gruppe ein Foto zu machen. Das Lächeln für dieses Bild fällt dann immer besonders ehrlich und ungekünstelt aus.
- „Selbst der Kauf eines schlichten Haarföns wird mit ihm zu einem Stunden-Ereignis", entstieß es B. – Der nette Verkäufer hat eben von seinen Urlaubserlebnissen zu erzählen begonnen.
- Wenn im Haushalt ein Schaden auftritt, so ist das natürlich nicht gerade ein Anlass zur Freude; wenn Sie den Schaden aber selbst beheben können, sehr wohl... Noch feiner: wenn ein begabter Freund hilfreich eingreift und das Ergebnis mit einem Flascherl Murauer auf der Terrasse begossen wird...
- Es ist faszinierend, wie sehr ein neues Bild den Wohnungscharakter verändern kann!
- Für einen Angehörigen ein Geschenk besorgen zu „müssen", kann nervtötend sein; nutzen Sie den Schaufensterbummel dazu, auch sich selbst zu beschenken, so wird daraus ein Fest!
- Eine mitgebrachte Rose oder ein Büchlein mit Aphorismen bringt immer Freude.
- Wer mal sein Auto anhält, um wen über die Straße gehen zu lassen, erlebt, wie man Freundlichkeit sofort mit Dankbarkeit zurückbekommt. – Man kann also Nächstenliebe schon aus reinem Egoismus üben.
- Frauen UND Männer, jede/r freut sich über Komplimente. Die Angst, abgewiesen zu werden, ist bei einem ehrlichen, netten Wort völlig unbegründet.
- „Schlange-stehen" ist natürlich mühsam; auf der anderen Seite ist es die Gelegenheit, Menschen kennenzulernen, für die alle dasselbe Thema auf der Zunge brennt: Der Ärger über's Schlangestehen...
- Wenn vielleicht mal so keine Freude aufkommen will: Rufen Sie spontan einen Freund an und gehen Sie ins Kino/Theater.

- Wie würden Sie reagieren, wenn Sie ein Wildfremder, eine Wildfremde plötzlich auf der Straße freudestrahlend umarmt und auf die Wange küsst? – Wären Sie empört? – Oder würden Sie sich schmunzelnd mitfreuen. Also, wer hindert Sie, selbst der/die Aktive zu sein und Ihre Freude rauszulassen?!
- „Sag' mir ein warmes Wort", bat mich mal die Polin Jolanta; ihr gehe es gerade nicht gut, und in ihrer Heimat sei es üblich, mit ‚warmen Wörtern' schlechte Stimmungen zu beseitigen. „Palatschinken, Löwenmähne" waren Worte, die ihr angeblich halfen...
- N. ist ein chaotischer Chef; aber bös kann ihm keiner sein: denn mal ruft er spätabends privat an, wie man sich fühle oder seine Mitarbeiter erhalten nach einer gut abgelaufenen Aktion einen „Dankes- und Schulterklopfbrief"; mit den Worten – „mir hat unsere Zusammenarbeit getaugt".
- M. hat einer „Angebeteten" einfach eine Bahnkarte zukommen lassen, in der Hoffnung, sie würde ihm in den Urlaub folgen. „Zu deiner Disposition", schrieb er drauf; „ruf mich an, ich hol dich vom Bahnhof ab."
- Ein Besuch am Flohmarkt ist ein Ausflug ins Abenteuer: Manch' langgesuchtes Sammelobjekt könnte dort auf Sie warten.
- Ich hab' s gar nicht mehr gewusst, dass ich Schulfreundin B. mal Farbstifte geschenkt habe, mit den Worten – sie bringe Farbe in mein tristes Schulleben. Sie meinte kürzlich, daran könne sie sich noch heute erinnern, während sie nicht mehr die Namen aller Männer wisse, mit denen sie je intim war...
- Die 90jährige Frau F. erinnerte sich an eine große Liebe. Von ihrem Friedrich wusste sie allerdings nur mehr den Familiennamen und dass er zuletzt 1947 in der Wiener Blindengasse wohnte. Beim Zentralmeldeamt stellte sich heraus, dass der Redakteur der Züricher Zeitung 1948 Österreich verlassen hat. Nachforschungen in der Zeitungsredaktion ergaben, dass der Gesuchte leider schon verstorben ist. Leider. Aber sie hatte es versucht, und wenn er noch am Leben gewesen wäre...
- Haben Sie Mut zum Außergewöhnlichen: Nacktbaden um Mitternacht, eine Schlittenfahrt oder Fackelwanderung zur Hüttengaudi, barfuß laufen, sich aus lauter Tollheit einen Hügel hinunterrollen lassen...
- Kontaktanzeigen aufzugeben ist ein lustiges wie prickelndes Unternehmen.
- Oder ein Herz „malen" auf einer angefrorenen Autowindschutzscheibe.
- Spüren Sie mal bewusst die ersten aus einer großen Wolke hervorbrechenden Sonnenstrahlen und lassen Sie sich so richtig davon erwärmen.

*„Die Voraussetzungen für Glück:*
*1) Leben im Freien,*
*2) Liebe zu einem Menschen,*
*3) Loslösung von jedem Ehrgeiz,*
*4) Schöpferische Tätigkeit.“*

ALBERT CAMUS

- Ebenso lustvoll kann's sein, einen Sommerregen nackt mit ausgestreckten Armen „in Empfang“ zu nehmen.
- Im Beisl saßen M. und ich an einem Tisch mit drei netten Mädchen; irgendwie war der Wunsch da, miteinander ins Gespräch zu kommen. Wir inszenierten ein „mehrstufiges Schätzspiel”. Ob sie wohl Schwestern seien? Wie die Altersverteilung aussehe, was sie von Beruf sein könnten... Pro Schätz-Runde gab's 1 Euro Einsatz. Und am Schluss eine Getränkeeinladung für die mitspielbereiten Mädels.
- Ich habe es selbst im Café G. miterlebt, als eine junge Dame den attraktiven Herrn am Nebentisch mit den Worten ansprach: „Darf ich sie um ihre Telefonnummer bitten? - Ich würde sie gerne einladen.” Der Mann war perplex, ging aber wie auf Wolken aus dem Caféhaus...
- Aus „Sorge für unser schönes Land” hatte der Wiener R. das Bedürfnis, dem Bundespräsidenten zu schreiben: „Geben sie der Nächstenliebe einen neuen Stellenwert!” - Der Bundespräsident war beeindruckt und nahm den Brief zum Inhalt für seine Neujahrsansprache.
- Die Publizistikstudentin Gisela K. hatte wohl keine Lust auf das Durchforsten verstaubter Uni-Bücher. Also wählte sie für ihre Diplomarbeit das Thema: „Flirt an der Theke”. So beobachtete sie Pärchen wissenschaftlich im Tete à tete und fertigte Charakterskizzen sowie Kommunikationsstudien an; sicher mit Spaß!
- Es geht darum, den Schalk in sich rauszulassen: Der Kärntner Reinhard E. hat sich zum Faschingsgeneralintendanten ernannt, wollte „bester Möchtegern-Landeshauptmann von allen” werden und machte sich zum Bundesvorsitzenden „Der Besten Partei” - mit dem Parteimotto: „Friede, Freiheit, Fröhlichkeit.”
- Versuchen Sie mal, ein großes Projekt gemeinsam mit Ihrem Partner und/oder Ihren engsten Freunden durchzuziehen. - Es kann mit einem tollen Fest beginnen, ein Segeltörn, eine Vereinsgründung oder gar ein gemeinsames Buch...
- Es ist wunderbar, stundenlang in einem Buchgeschäft rumzustöbern - und mit fünf neuen Büchern den Laden zu verlassen.
- Lassen Sie sich verzaubern: zum 20. Mal von Julia Roberts und Richard Gere in „Pretty woman” oder Louis Armstrongs „What a wonderful world” und St. Exupérys „Kleinem Prinzen”...
- Gönnen Sie sich einen Abend, wie Sie ihn als Kind gerne gehabt haben: Fotos von früher anschauen, Palatschinken essen und dazu das Video „Bambi”...

- Machen Sie einen Tag so richtig zu Ihrem: all das tun, was Freude macht: Massage, Haubenlokal, Kino, FreundIn, ein Cabrio ausborgen...
- Machen Sie ein Jahr so richtig zu Ihrem! Absolvieren Sie die persönliche „Lebensreifeprüfung". Stellen Sie sich Ihrer Matura, Ihrem Studienabschluss. Es gibt nur Sie als Prüfer. Beinhart und gefürchteter als alle Kommissionen dieser Welt. Schummeln unmöglich! Die Matura vor dem Spiegel. Die Akademie des Lebens. Der härteste Studienabschluss!
- Erwerben Sie Ihr eigenes Lebens-Gütesiegel. Kein Mensch kann es Ihnen verleihen. Keine prominente Firma dieser Welt. Keine Frau, kein Mann; kein Freund.
- „Mündig" (MÜND-ig) kommt von Mund aufmachen"; im Unterschied zu „hörig", was sich vom bloßen Zuhören und Reinfressen ableiten lässt. Zivilcourage beginnt damit, diese Begriffe unterscheiden zu können.
- Freiheit bedeutet, Verantwortung für sich selbst zu übernehmen.
- Geh' deinen Weg, sei immer du selbst. Was du erreichst, es basiere nie auf dem Unglück anderer.
- Wenn viele gerne mit Aktien spekulieren; – die wichtigste Aktie ist dein Leben. Setz' d'rauf und sei auf Kursschwankungen gefasst!
- Erfolg hat, wer Selbstvertrauen wie Selbstironie besitzt.
- „Relax", „Don't worry, be happy" – Sorge dich nicht, lebe! – Sollten Sie diese Philosophie nicht nachvollziehen können, lassen Sie sich in Griechenland inspirieren.
- „Man muss sich Ziele schaffen"... Aber auch das Hier und Jetzt ist ein Ziel!
- „Ich lebe nicht in Jobs, sondern in Projekten". Solange eine Aufgabe reizvoll ist, solange sei sie dein Lebensinhalt. Wenn eine Sache abgelutscht ist, spuck' sie aus...
- Immer sind es interessante Menschen, die einen Moment zu einem Ereignis werden lassen. – In der Straßenbahn, am Arbeitsplatz, im Cafehaus, im Warteraum des Arztes. Das Abenteuer lockt überall...
- Sehnsucht, beruhend auf offenen Sinnen und dem Mut zum Träumen, ist die Basis für Veränderung.
- Pflichterfüllung hat natürlich Berechtigung; wenn die Pflicht eine selbstauferlegte ist, Sinn hat und mit der eigenen Weltsicht konform geht. – Übrigens: Jedes Gebot, jedes Gesetz lässt noch Spielraum für persönliche Auslegungen...
- Ab und zu ist „Kopf durchlüften" angesagt; über den eigenen Brunnenrand hinauszuschauen. Eine geniale Therapie ist Bergwandern: Wie klein und unscheinbar doch vieles wird, wenn man die Perspektive verändert!

- Kennen Sie die nette Geschichte jenes Hundes, der ein Spiegelkabinett betrat und freudig mit dem Schwanz wedelnd erkannte, dass ihm Hunderte ebenso gut gelaunte Hunde entgegenwedelten, während dem bissigen, gefürchteten Hund 100 ebensolche die Zähne zeigten... Er zog den Schwanz ein und lief winselnd davon... – Der Volksmund hat einen weisen Lebensrat parat: Wie du in den Wald hineinrufst, so schallt es zurück!
- Oft vergessen wir darauf, uns selbst gesetzte Freudentermine einzulösen. „Wenn die Prüfung vorbei ist, gönn' ich mir..." – Tatsächlich tun statt Selbstbetrug!
- Feste zu feiern, beinhaltet auch die Gabe, feierwürdige Ereignisse zu erkennen: alles, was Bestand haben will auf der Erde, muss begossen werden!
- Genuss ist kostenlos! – Derjenige, der sein Schnitzel hinunterschlingt, zahlt dasselbe wie der, der das Dinieren formvollendet zelebriert.
- Die schwerste Sünde ist die Unterlassungssünde; aber auch beim Sündigen sei ein gewisser Mindestanspruch erfüllt.
- Man kann auch Bekanntschaften steuern: mit persönlichem Marketing. – Was sind meine Stärken; wie soll der mögliche Partner aussehen, welche Eigenschaften werden erwartet. – Kurz: welches Anforderungsprofil erwarte ich – wo ist der entsprechende Markt?!
- Voraussetzung dafür, Alltagsfrust gegen Abenteuer einzutauschen, ist, weniger mit dem Verstand, als vielmehr mit dem Herzen wahrzunehmen und dafür erstarrte Gefühle erweichen zu lassen.
- Viele wollen sich nur Probleme schaffen; ich will sie mir lieber vom Leib halten.
- Auch Irrwege haben meist eine positive Umwegrentabilität!
- Wenn wir den vielen Sand im Getriebe sehen – es kann auch Goldstaub sein.
- Nichts ist entmutigend, sondern: ER-mutigend – etwas zu ändern!
- Eine Tablette Hoffnung ist wirksamere Medizin als zehn Penicillinspritzen!
- Zum Gewinnen gehört, keine Angst vor dem Verlieren zu haben.
- In der chinesischen Sprache ist das Schriftzeichen für „Unglück" dasselbe wie für „Neue Möglichkeit".
- Du kannst alles verlieren, nur nicht den Glauben an dich selbst!
- Zeitnot? – Was wir wirklich wollen, was wir für wichtig befinden, dafür kann man immer Zeit erübrigen.
- In Marokko lernt man die Philosophie: „Wer wirklich reich ist, der arbeitet nicht, sondern lässt arbeiten, während er das Leben genießt."

- Reich ist, wer das Glück kennt; selten ist's umgekehrt.
- Unabhängig ist nur der, der auch einen gewissen finanziellen Background hat; Lebens-Abenteurer können nicht früh genug damit beginnen, einen „Freiheits-Euro" wegzulegen...
- Zur völligen Freiheit gehört nicht unbedingt, alles zu wissen und jede Situation fest im Griff zu haben, man muss nur wissen, wo man was findet und an wen man sich vertrauensvoll wenden kann. Ein guter Steuerberater gehört jedenfalls zur Grundausstattung... Einen EDV-Freak suche ich noch...
- Viel wird geklagt über Sprachbarrieren und Verständigungsschwierigkeiten; dabei haben wir schon in den Windeln eine Weltsprache beherrscht: ein mitreißendes Lächeln.
- Wenn Sie Ihre Sinne ohnehin nicht gebrauchen, lassen Sie sich doch Behindertengeld auszahlen. Sie müssen's nur noch ein wenig deutlicher dokumentieren: mit Augenklappen, Brett vor'm Kopf, Ohrpfropfen, Blindenstock...
- Es sind die Schwächen, die einen Menschen sympathisch machen! – Wenn er sie akzeptiert.
- „Lieber Gott", warum lässt du mich nie im Lotto gewinnen?! – „Gib mir doch eine Chance: Füll' einen Lottoschein aus, bevor du jammerst", lautet die Antwort...
- Lichtblicke? – Sieht man hier, da, dort, überall, wo man sie sehen will. Basis dafür ist eine lichtempfindliche Seele und ein ebensolches Herz.
- Lebe hier und heute – in der Wirklichkeit, statt in der Phantasie. Träum' nicht dein Leben, sondern leb' deine Träume!
- Nimm den nächsten Augenblick, ja den, als Geschenk an – und würdige dieses Geschenk!

*„Clowns streben nach den schönen Dingen des Lebens. Nach Liebe, Glück und Idyll. Wenn sie eine schöne Blume oder eine schöne Frau sehen, können sie nicht anders und müssen ihr eine Liebeserklärung machen."*

PACO CONZALES

„Eros - ein Wecker, der einen sanft erwachen lässt."

*Maria Achathaler*

## Eros öfter dirigieren lassen...

Eros ist für mich der Gott der Liebe ja, und Vater des Seitensprungs.

EROS hat für mich mit Sinnlichkeit, mit Anziehungskraft zu tun. EROS ist aber auch der Unterschied von Traum und Wirklichkeit. In einer Beziehung wünscht man sich diese Leidenschaft, diese Hingezogenheit und Zuneigung, die man in der ersten Phase der Verliebtheit wie im Traum kennenlernt, doch dann kommt irgendwann einmal die „Wirklichkeit". Nix mit Eros. Sinnliche Momente werden von Kindergeschrei, von „Schatz, ich komm heute später nach Hause" oder „Ich muss noch mal kurz..." zerstört. Na ja, vielleicht sollte ich meinem kleinen EROS mehr Beachtung schenken, ihn hegen und pflegen und wachsen lassen.

EROS ist ein unsichtbares Band zwischen Frau und Mann oder wahrscheinlich einfach zwischen zwei Menschen. Romantik fällt mir auch zu EROS ein. Durch EROS funktioniert nonverbal Kommunikation auf allen Ebenen: Man weiß einfach, was die Partnerin oder der Partner denkt und fühlt, ohne dass darüber gesprochen werden muss. Für mich das Schönste überhaupt!

Wenn EROS nur öfters Dirigent meines Lebens werden könnte!

EROS des Lebens. Je länger ich nachdenke, umso mehr kommt mir vor, dass EROS echt das Leben bestimmt. EROS macht auch liebenswürdig, macht spannend, macht gute Stimmung, ist zeitlos, ist fantastisch, verleiht Flügel!

*Doris Winkler, www.sanschein.at*

## Eros, das Salz in der Suppe

Eros ist enorme Antriebskraft für viele Situationen im Leben. Ich bin sicher, dass viele entscheidende Situationen der Menschheitsgeschichte durch Eros beeinflusst wurden. So wie das Salz in der Suppe erfordert der Umgang mit Eros aber auch eine passende, individuelle Dosierung. Was dem einen zu lind, ist dem anderen zu sauer.

Eros ist Feuer: Wenn die Flammen hoch lodern, verleitet Eros die Menschen zu Hochgefühl, Bodenlosigkeit, Realitätsverlust und die Gefahr des Verbrennens besteht. Wenn später das Feuer abgebrannt ist, bleibt außer Asche nichts mehr über. Manche Menschen pendeln zwischen diesen Extremen und finden keine Mitte. Je besser jemand mit dem „Feuer Eros" spielen kann – und damit meine ich kein lauwarmes Feuerchen – umso eher wird er die Flammen, auch in Beziehungen, immer wieder zum Lodern bringen.

*Mag. Franz Bachofner, www.equus.at*

*„So taumle ich von Begierde zu Genuss. Und im Genuss verschmacht' ich nach Begierde."*

GOETHE

# VII Eros und Sexus

Hallo, hier ist wieder Eros; lass' uns über Sex reden:

- *Wie bitte? Das geht ja wohl keinen etwas an!*

DICH sollte deine Sexualität etwas angehen! Also...

- *Was heißt „also" – ich will darüber nicht reden!*

SO schlecht bestellt ist's darum?! Wie lebst du deine Sexualität – so im Alltag?

- *Vergleiche ich mich mit meinen Freunden/Bekannten, so bin ich ganz gut unterwegs; keine Sorge...*

Und wenn du die Realität mit deinen Fantasien vergleichst?

- *... Na ja, da wäre schon einiges vorhanden, was zu erleben wert wäre. Aber ich bin in einer schönen Partnerschaft. Nach zehn gemeinsamen Jahren wird aus anfänglicher Passion eben etwas Anderes, Reiferes, das auf seine Art ebenso wunderbar ist: Vertrautheit, Geborgenheit, Füreinander-Dasein, Verlässlichkeit. Und es ist wirklich ein schönes Gefühl, miteinander entspannt vor dem Fernseher zu kuscheln. Zusammen einzuschlafen und ebenso aufzuwachen, den Tag gemeinsam...*

Halt, ich will jetzt nur über Sex reden. Was würde dich antörnen?

- *Okay; es würde mich nahezu wahnsinnig machen, wenn die Frau an meiner Seite beim Weggehen keinen Slip – oder einen slip ouvert – trägt; nur halterlose Strümpfe, ein raffiniertes Kleid, High Heels, ...*

Na, das sind doch ganz konkrete Fantasien. Und, was sagt die Partnerin dazu?

- *Dass es ohne Slip unhygienisch ist – und kalt werden könnte... Womit sie ja rational sehr richtig liegt...*

Rational; ja. Und was will dein Schwanz? An einer wissenschaftlichen Fortbildung teilnehmen? Oder ficken?!

- *Jetzt reicht's aber. Werde nicht ausfällig. Das ist...*

Was ist das... Außer pulsierendes Leben. Was bedeutet es für dich, leidenschaftlich zu leben?

- *Es bedeutet eine Option; der ich vermutlich bislang zu 30, 40, 50 Prozent nachkomme. Nur Egoisten wagen es, sich die volle Leidenschaftlichkeit auszumalen...*

Ja, die Leidenschaft! Stärkste Lebensenergie! Wehe, wenn sie losgelassen...Hast du wirklich Angst, sie zu 60, zu 80 oder gar zu 100 Prozent wirken zu lassen?! Lebe!

*mg*

Eros: Ästhetische, über die Fleischeslust hinausgehende Sexualität – ist die erste Assoziation, dann mit einem Schmunzeln taucht EROS Ramazotti auf. Er passt eigentlich gut als Metapher für die Gefühlswelt, in die mich dieses Wort nimmt: Männlich, rauchig – verrucht, voller Genuss, schwerer Wein, lasziv, durchdringend, erdig-mediterran...

*Andrea Adler-König, www.adler-marketing.at*

## Für die Libido

*„Von Zeit zu Zeit muss man sündigen,*
*sonst verliert man den Spaß an der Tugend."*

ILONA BODDEN

Fünfmal die Woche, multipel orgastisch und natürlich mit vollster Befriedigung. – Selbst in der Politik wird nicht soviel gelogen, verfälscht und geprahlt wie beim Thema Sexualität.

Und der/die Einzelne bleibt ratlos zurück: wo ist dieses verheißene Land, wo geht's ins Märchenland Sex?

In Thailand könne es der Mann finden; in Gambia und Kenya sei es für die europäische Urlauberin zu erleben. Dort kauft sich so manche daheim vom Erfolg gelangweilte Frau einen willigen „Rastaboy", genannt „Bumster". „Alter und Aussehen ist denen völlig egal", lobt eine Kennerin, „sie sind freundlich und bringen ihre Leistung..."

„Sie müssen etwas für ihre Libido tun", betonte sein Urologe. Und setzte nach. „Ich bin nicht ihr Beziehungs- und schon gar nicht ihr Treue-Anwalt!" Libido sei Gesundheit. Das Genital ist Eingang zur Seele. So sei's enorm wichtig, die tägliche Geilheit zu spüren.

Bitte um Verständnis, dass ich keinen Gynäkologen-Rat parat habe; stellvertretend möchte ich Ihnen, liebe Damen, die (Werbe-)Botschaft von DOVE weitergeben: „In jeder Frau steckt wahre Schönheit – lass' sie raus!" Spielen Sie sie aus. Spielen Sie damit – und mit uns Männern. Wir sind dankbar für Ihre musenhaften Inspirationen!

*„Jenseits aller Vorstellungen*
*von richtig und falsch liegt ein Feld.*
*Dort wollen wir uns treffen."*

RUMI

> Ich genieße die optischen und akustischen Reize beim erotischen Flirt: Flüchtige Einblicke sowie gedankliche Aussichten... Erotik ist für mich eine entstehende Spannung, die zwischen Trieb und Jagdinstinkt liegt. Der Kick des Habenwollens und damit verbunden die Angst, den Pfeil daneben zu schießen; zu verjagen, anstatt zu erlegen.
>
> *Georg Zenner*

## Eros – unnötig wie ein Pfau

„Schon beim bloßen Anblick der Schwanzfeder eines Pfaus wird mir übel", soll Charles Darwin gesagt haben. Er, der die Evolution als bloßes Überleben der Bestangepassten gesehen hat, war versucht, am farbenfrohen Federkleid der Pfaue zu verzweifeln. Denn dieses hat so gar nichts mit den Notwendigkeiten der Umwelt-Angleichung zu tun. Ebenso wenig wie bunte Schmetterlinge, Singvögel und exotische Pflanzen. Darwin musste überall verschwenderische Pracht erkennen, die nach seiner ursprünglichen Theorie bloß nutzloser Überfluss war. Offenbar ging's doch um mehr als das bloße Überleben – und darum, stärker zu sein als der Konkurrent. Darwin erkannte: all der scheinbar nutzlose Schmuck in Fauna und Flora war dazu da, einen Geschlechtspartner anzulocken. Auffallen, ködern, beeindrucken – das war und ist die Aufgabe des Pfauenschwanzes; im Bemühen um die Gunst einer Pfauenhenne...

## Pflicht und Kür

Viele Menschen sehen ihr Dasein als Erfüllung eines Pflichtprogramms. Berufliche Pflichten, Hauseigentümerpflichten werden von elterlichen und ehelichen Pflichten abgelöst... Wir absolvieren unser Soll; irgendwann, in der Pension, gönnen wir uns vielleicht mal einen Mulatschag.

Ebenso pragmatisch läuft die Kommunikation ab; im Staccato-Stil: Essen? Ja, um 12. Viel zu tun? Geht so. Urlaub? Mitte August. Und du? Heuer nicht. Lust auf Sex? Na ja, okay... Gemma!

Wofür bildhafte Sprache? Beim plumpen, reduzierten, eindimensionalen Sprachstil kann es wenigstens zu keinen Missverständnissen kommen.

Wenn dir wer verspricht, er holt dir die Sterne vom Himmel, fragst du dich nur, warum der so krass reinbraten muss...

Das Geistvolle, Charme und Esprit gleichen dem Pfauenschwanz! Sie bieten die Kür zum Leben. Und so muss sich manch simpel gestricktes Muskelpaket schon mal gefallen lassen, dass seine Holde ausgerechnet mit einem zartgliedrigen, bauchigen Maler Momente ungeahnten Entzückens erlebt...

Die Sprache ist weitaus vielfältiger, nuancierter als wir sie zum Überleben bräuchten. Das Verführungsgeschick eines Casanova war vor allem ein sprachliches. Und es gibt Theorien, die dem Drang zu imponieren überhaupt die Basis für jedwede Entwicklung zuschreiben: Kunst, Musik, Dichtung, Erfindungen, Veranstaltungen, die Gestaltung unserer Häuser... All das lässt sich kaum als bloßer Kampf ums Dasein umschreiben.

Wir haben zwar keine glänzenden Federn, dafür glänzende Gedanken, meint Evolutionspsychologe G. F. Miller: „Die beeindruckendsten Fähigkeiten des menschlichen Geistes gleichen dem Pfauenschwanz! Sie sind Werkzeuge zur Partnerwerbung."

Eros steht somit an der Wiege der Evolution. Die Mehrzahl der Hervorbringungen passierte, weil die Menschen einen Antrieb verspürten, mal zum DU, mal aus sich selbst heraus etwas zu entfalten.

Eros – die Kür! Wer nur im Pflichtprogramm möglichst kraftsparend dahinfährt, betrügt sich um das Kostbarste im Leben: Fantasie, Freude, Humor, Lust, Leidenschaft, Erotik.

Sex folgt der Pflicht, für Nachkommenschaft zu sorgen (bzw. im Training dafür zu bleiben); eindimensional, plump, direkt, mit dirty talking, deftigen Ausdrücken, klarem Ziel... Es ist die Sprache, die Wirklichkeit schafft: es macht einen Unterschied, ob man(n) von ein bisserl kuscheln mit Handi halten und Bussi-Bussi säuselt, oder einen ordentlichen Fick anregt. Allein das Wort „Ficken" strahlt Kraft und Leidenschaft aus. Und da gibt's noch... und erst recht... Ja... Jaaaaahhhhhh!

Erotik gebraucht diese Palette an horizontalen (Kraft)-Ausdrücken nicht. Eros erfindet Geschichten, zaubert Stimmungen, malt Farbzwischentöne; er spricht, wenn überhaupt, doppel- bis mehrdeutig; und vermag ebenso zwischen den Zeilen zu lesen. Er verführt vielleicht in erotische Subkulturen zu Herrinnen und Sklaven, Meistern und Dienerinnen, zu Demutsübungen und Dienstbarkeits-Ritualen. Alles ist erlaubt, wozu die Fantasie erwachsene Menschen in Freiwilligkeit zu führen vermag. Die Abenteuer sind im Kopf!

Wenn Erotik in Sex mündet, wunderbar!
Wenn Sex ohne Erotik auskommen muss, wie armselig!

Wenn die Kür des Eros sich eine liebende Pflicht sucht, aus freien Stücken Verantwortung übernimmt, kann man von Leben in höchster Vollendung sprechen. Wenn hingegen die Pflicht Eros aus Beruf und Privatheit aussperrt, verdient dieses Dahinvegetieren nicht, „Leben" genannt zu werden.

*„Zum Sündigen gehört Geist."*
THOMAS MANN

Eros ist Fantasie, das Ungreifbare, nicht Erfüllbare. Unfassbar wie eine Fatamorgana. Eros verklärt die Sinne und lässt die Vorstellung in schönsten Farben strahlen. Er lebt in Erwartung, in Begierde und Verlangen, bis diese von der Wirklichkeit aufgelöst werden...

*Franz J. Gaubitzer, www.gaubitzer.at*

## Erotik – Sex

Endet mit Sex die Erotik?
Bereitet Erotik den Boden für Sex?
Existieren Sex und Erotik getrennt,
gleichzeitig und/oder abwechselnd?

Sex drängt sich grell, geschäftsmäßig und offenherzig in unser modernes Leben. Sex sells, Sex ist allgegenwärtig, jede(r) hat ihn – angeblich – ständig und auch noch gut.

Erotik existiert in vielen Formen, wenig berechenbar, individuell verschieden. Erotik ist schwer zu fassen und doch – bei achtsamen Leben – ebenfalls ständig unsere Begleiterin. Möglicherweise verwechseln und verkennen wir beides.

## In mir – außer mir

So s e h e ich EROS:
EROS ist die heftige unwiderstehliche
seelisch-körperliche Anziehungskraft
zwischen zwei Menschen, der es
zu folgen gilt, möchte man dem
Naturgesetz der LEIDENSCHAFT
gerecht werden...

So s p ü r e ich EROS:
Wenn seine Hände mich streicheln,
verwandelt er meine Haut
in eine summende Wiese
und jede Pore
streckt ihre bunte Blüte
geöffnet seiner Zärtlichkeit
entgegen.

Wenn ER i n mir ist,
bin ich a u ß e r mir;
unterwegs auf einer
wundersamen Atemreise -
ob ich fliege, schwimme,
reite, brenne oder blühe,
kann's nicht genau sagen,
ich bin nicht hier - denn
wenn ER i n mir ist,
dann bin ich a u ß e r mir.

EROS als EINBAHNSTRASSE:
Der Weg zu meinem Schoß
führt n u r über meine S e e l e...

*Manuela Kornberger*

# Warum sollen Erotik und Sex nicht selbst zu Wort kommen?!

Erotik ist die Triebfeder für alles Schöne. Ohne mich gäbe es keine Kunst, keine Kultur, keine Literatur!

***Aber ohne Sex gäbe es erst gar keine Menschen, streng genommen gar keine Lebewesen.***

***Ohne mich keine Fortpflanzung! So einfach ist das!***

„Fortpflanzung"!
Schon das Wort für diese Tätigkeit ist absolut unerotisch.

***Ach, was bitte ist gegen diese Tätigkeit denn einzuwenden? Eine einfache Sache, alle wollen's. Völlig zu Recht!***

Es ist mir einfach zu mechanisch. Zwei einigermaßen kompatible Geschlechtsorgane und ein paar Minuten Zeit reichen. Rein – raus – runter! Na toll!

***Sehr befreiend! Solltest du ruhig mal probieren. So als Abwechslung zur stundenlangen Balz und Minne.***

***Deine Zeiten sind vorbei. Heute können Menschen endlich wieder hemmungslosen Sex haben.***

Und müssen sich nicht mehr mit mir aufhalten?
Dieses Gerücht, bei Erotik geht es ums Verzögern und schamhaftes Verhüllen, ist doch bösartig erfunden. Um mich kompliziert und mühsam erscheinen zu lassen. Erotik kann ebenso rasch zur Sache kommen. Aber eben nicht nur!

***Dann bin ich wohl das schlichte Gemüt?***
***Hirnloses Ficken und so?***
***Danke, sehr nett!***

Das hab ich so nicht gesagt!
Menschen sollten mehr Vergnügen und Freude haben,
als das „Fortpflanzung" und „Hormonstau" versprechen.
Und ich kann ihnen dieses Mehr an Lebenslust geben.

***Also ich stelle immer eine Menge Lebenslust fest, wenn Menschen Sex haben! Da jammert keiner, es fehle ihm so was wie Erotik!***

Wirklich nicht? Sie kennen es oft nicht mehr besser!
Mit den Jahren denken sie doch: „Könnte da nicht mehr sein?" Dann reizt sie das bloße Steckdosenspiel immer weniger und sie suchen sich andere Stecker und Dosen – nur um dann enttäuscht festzustellen: „Auch nix anderes in der Hose."

***Na also, warum dann die ganze Aufregung? Letztendlich kommen alle zu mir zurück! Kommen ohne mich nicht aus, suchen einfache und schnelle Befriedigung, ich bin ja schließlich überall zu sehen!***

Da würd' ich mir auch viel drauf einbilden, für Slipeinlagen und Autoreifen werben zu dürfen und für jeden X-Beliebigen mit Arsch und Busen abgebildet zu werden.

***Hör' ich da einen gewissen Neid heraus?***

Wirklich nicht!

Ich bin einfach in allen schönen Dingen zu finden: im guten Essen, in stimmungsvollen Sonnenuntergängen, in guten Büchern, in Museen... die Liste ist endlos, da Erotik für den Genießer ein ständiger Begleiter ist.

****gähn*... und im Endeffekt wollen alle doch nur das Eine...***

Aber nur weil es mich gibt. Du hättest gar keine Chance, wenn deine primitiven Signale nicht auf geist- und lustvolle Köpfe treffen würden.

Keine frivolen Gedanken, keinerlei Inspiration, keinen inspirierenden Humor... statt Kamasutra hätten die Menschen bestenfalls einen schlichten Porno niedergeschrieben.

***Du glaubst allen Ernstes, ich bin von dir abhängig?***

Genau das denke ich!

***Falsch gedacht!***

***Ohne mich haben alle noch so geistreichen Erotiker Frust- statt Lustgefühle! Und das Kamasutra endet doch auch bei mir!***

***Du kannst es drehen wie du willst, jetzt sag ich es dir ganz derbe: Männer wollen ihn reinschieben, Frauen wollen gefickt werden! So einfach ist das.***

Aber vorher wollen sie sich alle(s) anschauen, Blicke zuwerfen, über die Straße flanieren, kurzen Röcken hinterher pfeifen, auf Knackärsche starren, sich zufällig berühren.

Stellen sich vor, wie es denn sein könnte, wenn diese Hände endlich zupacken; wenn es keine Eistüte ist, die da kunstvoll geleckt wird...

Erst diese Gedanken und Vorstellungen bringen alles auf den von dir angesprochenen Punkt!

Jetzt sag ich es ebenfalls direkt, damit du es ja verstehst: erst dann wollen Frauen die Beine so weit wie möglich spreizen, um ihn endlich zu spüren, das bringt Männer dazu, dass ihnen die Hose zu eng wird und sie sich nach der heißen Feuchtigkeit sehnen!

Dann kommst du erst ins Spiel! Wenn's wirklich gut sein soll, brauchst du mich.

Davor und währenddessen.
Und das Danach bereitet das nächste Mal vor.

**schweigen**

***Okay, du stimmst mir zu: mich gibt's auch alleine, als reine Triebbefriedigung, durchaus berechtigt.***

***Ich stimme dir zu: Gemeinsam bringen wir's zu einem großartigen Lebensgefühl.***

D'accord!
Ohne dich bin ich tatsächlich oft nicht vollständig zufrieden.
In wunderbaren Konstellationen decken sich Erotik und Sex, wird Sex zur fleischgewordenen, tätigen Erotik.

*Mag. Eva Jordan*

## Verstand macht die Gefühle scharf

Im ausklingenden 19. Jahrhundert seien der Don Juan und der Casanova vom wilhelminischen Biedermann zu einer einzigen Figur verschmolzen worden, weiß Herbert Lachmayer, Professor an der Kunstuni Linz; dabei seien das zwei ganz verschiedene Typen. „Casanova ist ein aktiver, risikofreudiger, sinnlicher Verführer, der es gern bunt hat. Don Juan, bei Mozart der Don Giovanni, ist hingegen ein Risiko-Nihilist, ein Individualismus-Experimentierer, der für einen exorbitanten Orgasmus sogar den Tod in Kauf nimmt. Er ist keineswegs der sinnenfreudige Verführer, der sich wie Casanova von Bett zu Bett und von Buch zu Buch hantelt."

Sex ist laut Lachmayer heute rationaler, eindimensionaler organisiert; die Erotik damit schwächer geworden. Die Verfeinerung der Erotik im 18. Jahrhundert habe gezeigt, dass Sexualität etwas ist, was nicht aus reiner Bedürftigkeit erzwungen werden kann, sondern das man aufbauen muss, um wirklich Lust zu gewinnen. Heute stehe die Überfülle an erotischen Reizungen in keinem Verhältnis zur real eingelösten Lust.

Früher hat es Galanterie gegeben – als Kommunikation der Sinnlichkeit, gepolt mit Intelligenz. „Der Verstand hat die Gefühle scharf gemacht", bringt es Herbert Lachmayer auf den Punkt; „bei Casanova ging's nicht um den Quickie, um reine Abreaktion von Triebenergie. Sexualität war eine erweiterte Kommunikationsform. Man musste sehr gebildet sein, um zu reüssieren."

## Eros ist für mich:

Der Moment,
wenn der Blick deiner wunderschönen Augen meine trifft,
die Warmherzigkeit, die du allen Menschen entgegenbringst,
dein frohes Lachen, aus dem man dein inneres Kind hören kann,
die Anmut in deinen Bewegungen,
deine äußere und innere Schönheit,
der Klang deiner Stimme, wenn du sprichst oder singst,
die Sanftheit deines Gemüts,
die Zärtlichkeit deiner Hände,
die Fröhlichkeit, die du im Kreis von Freunden versprühst,
dein Wohlgeruch, der mich schon vor dem Öffnen meiner Augen
am Morgen umgibt,
deine Sinnlichkeit, wenn du mich in die Arme nimmst und
mich verführst,
das Verschmelzen von Seele, Herz und Körper,
wenn wir uns lieben und eins werden,
deine Liebe, die du mir oft so unerwartet gestehst.
Viele Worte – ich kann's auch kürzer, in nur drei Buchstaben:
EVA - Steht auch immer wieder aufs Neue für:
Ein Vergleichloser Augenblick!

*Gerhard Cislinsky*

## EROS = sinnliche Erotik

Sinnliche Erotik kann spürbar werden (es beginnt zu knistern und
die Blicke signalisieren „Ich liebe dich") -
bei einem gemeinsamen Abendessen,
bei einem gemeinsamen Spaziergang,
und am Schönsten beim Austausch von Zärtlichkeiten –
dann kommt das Gefühl des „Einsseins" und der Wunsch,
dieser Zustand möge ewig anhalten.

*Eva Mitteröcker*

# Erfüllung...

Ja, das ist es, glaube ich. Wenn ich sie herausfordere und sie endlich zu begreifen beginnen, ist das meine höchste Erfüllung. Es gibt keine Grenze.
Auch dieses Spiel mit dem „Sie" finde ich sehr aufregend, weil es Distanz herstellt und mir das Gefühl vermittelt, es mit einem völlig Fremden zu tun zu haben, was auch wieder ungemein anregend auf mich wirkt.
Ich mag es, wenn sie an mich denken, wenn ich in ihren Gehirnwindungen herumgeistere. Ich mag es umso mehr, wenn sie Geschichten im Kopf haben, die mit mir zu tun haben. Ich mag es, wenn sie mich feucht und willig vor sich erkennen können und meinen Blick dazu. Ich mag es, wenn dieses Bild zu wirken beginnt und sie hart werden. Ich mag es ungemein, wenn sie sich vorzustellen versuchen, wie sich mein Blick verändert und meine Gesichtsmuskulatur sich verzieht, wenn ich wirklich komme. Ich mag es, wenn sie meine Bühne zu würdigen wissen und ihrerseits als Regisseur agieren. Und am meisten mag ich es, dass sie dieses Spiel auch genießen.
Und mich erregt das alles, auch jetzt, wenn ich es niederschreibe. Wie Worte eben doch die größte Kraft haben, weil sie Fantasie zulassen und nicht offensichtlich, banal sind.
Ihre erotische Muse

*„Der einzige Weg, eine Versuchung loszuwerden, ist, ihr nachzugeben."*
OSCAR WILDE

# Wo ist die Grenze?

Wo ist die Grenze zwischen Eros und Sexus?
Verwischt? Verwaschen? Fließend?
Könnte sie da liegen, wo sich das Begehren einschaltet?
Eros zündelt, spielt, fantasiert.
Sexus will's konkret, deftig, will haben, besitzen, niederbrennen.
Es gibt ihn, den Unterschied
zwischen dem spielerischen, fantasievollen, spontanen Eros
und dem fordernden, berechnenden, erwartungsvollen Sexus.

Eros genießt, was ist;
Sexus muss bekommen, was sich bietet.
Eros lässt das Sein Regie führen,
Sexus MUSS selbst den Ton angeben,
und wehe, es entzieht sich wer seinem Diktat.
Sexus WILL,
Eros ist bereit für die Möglichkeit.
Und stellt dem Begehren gerne eine um die andere Hürde in den Weg.
Je unerreichbarer es scheint, umso interessanter.
Solange die Karotte in Reichweite bleibt.
Das unbedingte Wollen ohne Aussicht auf Erfüllung
treibt Sexus in den Wahnsinn.
Denn Sexus kennt nur Sieg oder Niederlage.
Dazwischen ist kein Platz.
Der Platz von Eros ist gerade dieses „Zwischenreich"...
Eros liebt es, zwischen den Zeilen, den Worten,...
Er tänzelt am Seil der Sehnsucht zwischen den Welten,
zwischen den Absichten, Erwartungen, Träumen.
„Von Eros allein entstehen keine Kinder", hat ein Freund sehr treffend angemerkt. Sexus ist die Umsetzung! Die konkrete Tat. Die Erfüllung. Die Realisierung.
„Es zählt die Lust am Penetrieren, am Eindringen",
meint Amo Monika Apfalter,
„es gilt, die Sau rauszulassen und die Welt zu ficken."
Damit ist aber auch klar, dass Sexus strategisch denkt und handelt,
er will nur das Eine; immer und immer wieder das Eine.
„Das Objekt muss fallen!"
Und er kann gar nicht genug davon kriegen...
Sexus ist kein Gesprächspartner, der sich auf eine Begegnung einlässt.
Sexus hört zu, um damit etwas zu erreichen.
Und er will nicht zu lange zuhören müssen.
Wofür die Zeitverschwendung?!
„Ein echter Kerl nimmt sich, was sich bietet!"
Und breitet keine „unnötigen" verbalen Girlanden aus...
Vor dem entfesselten Sexus weicht Eros zurück:

> *„Halt. Ich will die Reibung. Das Spiel. Nicht unbedingt Berührung. Ich will etwas im Kopf haben, das mich geil macht. Und du sollst mir dabei behilflich sein. Erzähle mir, was du dir vorstellen kannst. Ich will nicht*

*gefickt werden. Noch ist es mein Spiel. Mach' es auch zu deinem, indem du eine lustvolle Fantasie baust... um mich! Was soll ich tun für dich?"*

Und während Sexus bereits resignierend zum Rückzug bläst, weiß Eros, Erotica, wie man „ihn bei der Stange" hält:

*„Nun, vielleicht schlafen sie besser in dem Bewusstsein, dass sie in meinem Kopf sind, während ich jetzt meine nasse Möse massiere. Zu wissen, dass sie das nun lesen, lässt mich gerade kommen."*

- Eine schlichte SMS-Meldung, die selbst jeden halbtoten Mann binnen Sekunden auferstehen und sein Blut in Wallung geraten lässt. Wer braucht da noch Viagra.

Und schon sind wesentliche Vernunftzentren lahmgelegt. Und es gibt nur mehr eines: **Begehren.**

Wohl kein Mann auf Erden könnte sich mit dem prickelnden Fest für den Kopf zufrieden geben... Sexus hat Eros längst das Staffelholz entrissen und legt den nächsten Gang ein, der nur noch EIN Ziel kennt: Kopulation.

Wir wollen haben, besitzen, die Gewissheit. Den Erfolg. Sofort.

Das Spiel der Möglichkeiten, die bloße Aussicht, ist Sexus zu indifferent.

*„Wir sind in die Welt gevögelt und können nicht fliegen."*

WERNER SCHWAB

## Angeturnt ist angeturnt!

Einmal hat ein sehr netter Psychotherapeut versucht, mir zu erklären, mein Problem liege darin, dass ich als Mädchen nicht meinen Vater zum sexuellen Objekt genommen habe, sondern meine Brüder, und da es zwei von ihnen gab, war ich nie nur mit einem Mann zufrieden, sondern suchte immer auch einen zweiten.

Das würde ich gerne glauben, sagte ich, aber was ist dann mit dem dritten und vierten? Wer erklärt mir das? – Er konnte es nicht erklären und danach haben wir die Sessions beendet.

Mein zweites Problem ist, dass ich kein Dualist bin. Das heißt, wenn mich jemand in der Kommunikation anturnt, weil er (oder meinetwegen sogar manchmal sie) ein interessanter Mensch ist, dann sehe ich keinen Grund dafür, diese geistige Kommunikation nicht auf eine körperliche Kommunikation zu erweitern. Für mich gibt es keine Trennung. Angeturnt ist angeturnt.

Ich kann nicht sagen: „Das ist geistig, das ist körperlich. Ich finde dich einen absolut anziehenden und faszinierenden Menschen, geistreich, klug, sensibel, gebildet, charmant und einfühlsam, aber sexuell ist nichts da." Diese Spaltung erlebe ich nicht und ich verstehe nicht, wenn andere es erleben; aber anscheinend tun sie es, sonst würde jemand wie ich zum Beispiel viel mehr Liebhaber haben als ich habe.

Bitte, ich will nicht unbescheiden wirken. Ich habe viele Schwächen, ich bin chaotisch und manchmal dreh' ich durch, wenn ich das nicht kriege, was ich will und ich bin etwas egozentrisch und keine gute Hausfrau und auch keine gute Technikerin und keine gute Autofahrerin und vieles kann ich nicht. Aber geistreich und interessant bin ich. Und kommunizieren kann ich. Und wäre es nicht, dass die meisten Leute das Wesen „Mensch" in Körper und Geist trennen, dann wäre ich eine der beliebtesten Frauen der Welt – glaube ich zumindest.

Ich meine, ich kann nicht klagen. Ich habe einen Freund und ich habe auch einen Liebhaber und das ist mehr als die meisten Frauen in meinem Alter haben.

Es gibt Tausende postwechseljährige Frauen, die herumlaufen und sagen: „Sex interessiert mich wirklich nicht mehr!" Nur weil sie irgendwo gelesen haben, dass Östrogen-Mangel ihren Sexualtrieb schwächt.

Ja, ja... geben wir dieser Frau einen schönen, jungen, potenten Mann, der sich in sie verliebt und ihr den ganzen Tag Komplimente macht und sie gierig anschaut und beobachten wir, was trotz Östrogen-Mangels dann passiert!

Es gibt nur 2 Gründe weshalb Frauen ab den Wechseljahren ihren Sexualtrieb verlieren: aus Langeweile mit dem Mann an ihrer Seite. Jetzt endlich haben sie eine Ausrede... Nicht Sex lehnen sie ab, sondern Sex mit IHM.

Und zweitens aus Frust, weil sie absolut beleidigt sind, dass die Männer sie nicht mehr geil anschauen und ihnen nachlaufen.

Dann sagen sie, „Hmmph, wenn das so ist, dann will ich auch nicht mehr!"

Was hat es für ein Sinn, dass eine 55jährige Frau, die schon erwachsene Kinder und 2 Ehen hinter sich hat, noch einmal „den Richtigen" sucht, um eine gebundene Partnerschaft einzugehen?! Endlich ist sie frei und kann die Burschis (jung und alt) nach Hause bringen, ohne dass sie ihre Eltern, ihren Ehemann oder ihre Kinder aufweckt. – Ist das nicht ein stärkerer Genuss?

*Jenny Simanowitz, www.happybusiness.at*

# Vorsicht: Feuer

*Ich hab dich unterschätzt, Sexus,*
*dachte, man könne ein bisschen mit dir spielen.*
*So wie mit Eros, ein bisschen kokettieren;*
*unverbindlich, lachend, an der Oberfläche kratzend.*
*Und die entstehende Lust in sich genießen.*

*Doch du kennst keine Grenzen;*
*Du willst mich mit Haut und Haar,*
*meine Seele, meinen Geist, mein Herz, meinen Körper.*
*Es ist ein unberechenbares Spiel mit dem Feuer.*
*Und aus einem kleinen Funken*
*kann ein alles verzehrender Flächenbrand werden.*

*Eros, herbeigesehnt und willkommen als belebender Windhauch,*
*wächst in Sexus zu einem Sturm an.*
*Der zunächst gleich den Verstand verweht.*
*Und er könnte alles mit sich reißen.*
*Das Haus abdecken, die Einrichtung durcheinanderwirbeln.*

*Ich hätte nicht gedacht, diese Frage stellen zu müssen:*
*Wer weist dich, Sexus, in die Schranken?!*
*Belebung – gut und wunderbar!*
*Aber totale Unterwerfung?*
*Freiwillige Selbst-Auslieferung ohne wenn und aber?*
*Völlige Ausschaltung der Vernunft?*
*So soll die versprochene Freiheit aussehen?*

*Ich mag Eros, sehr sogar;*
*mit dieser so energetisierenden Wirkung, der segensreichen Kreativkraft.*
*Aber du, Sexus, forderst zu viel; du bist maßlos:*
*Ich will nicht eine Kette gegen eine andere tauschen.*
*Ich will nicht alles über Bord kippen,*
*was zu netter Gewohnheit geworden ist.*
*Auch manch Bequemlichkeit tut gut.*

*Ich werde dir nicht das totale Kommando übertragen.*
*Hingegen freue ich mich, immer wieder mal,*
*gerne deine Dienste in Anspruch nehmen zu dürfen...*

## Replik: Flächenbrand

*Was heißt schon Auslieferung,*
*wenn deine Seele lange eingesperrt ist?*
*Was heißt es schon, die Vernunft auszuschalten,*
*wenn du immer ernsthaft und wohlüberlegt gehandelt hast?*
*Was bedeutet es schon, zu brennen,*
*wenn nie ein leiser Funke deine Haut berührt hat?*
*Wie sieht die Unberechenbarkeit aus,*
*wenn man immer analytisch in Zahlen denken konnte?*

*Freiheit bedeutet nicht, sich auszuliefern,*
*auch nicht, sich restlos zu verstricken*
*in unermessliche Tiefen zu fallen,*
*das Leben über Bord zu kippen.*
*Freiheit ist nicht gleichzusetzen mit Maßlosigkeit.*

*Frei sein bedeutet, sich selber zu lassen, sich zu hören,*
*sich zu fühlen, Neues zuzulassen,*
*auch wenn es auf Kosten der Bequemlichkeit geht.*
*Frei zu sein, heißt leben und leben lassen,*
*ohne wenn und aber, ohne Fragen an sich und seine Mitmenschen.*
*Ohne dem bohrenden Gedanken, wohin das alles münden wird.*

*Erlebe doch den Flächenbrand, den Sturm,*
*den plötzlichen Wintereinbruch und auch das Erdbeben.*
*Nimm doch in Kauf, überrannt, weggeweht, verbrannt*
*oder verschüttet zu werden...*
*Niemals musst du deswegen deinen Weg aufgeben,*
*niemals deine Werte ändern,*
*niemals alles hinter dir lassen,*
*niemals dich mit Haut und Haaren ausliefern.*
*Nur die Naturgewalten hinnehmen und mit allen Sinnen*
*... erfahren!*

*Vorschlag: Finden wir uns damit ab, dass diese Dauerfreundschaft untrennbar eine Daueraffäre ist und nehmen diese Tatsache als Geschenk mit Pferdefuß an, überreicht von einem schadenfroh kichernden Lustteufelchen.*

*„Bist du deppert, was alles möglich ist!*
*Der Kopf is a Drecksau!*
*Der sagt dir net die Wahrheit;*
*sondern nur der Bauch!“*

MICHAEL MITTERMAYER

# Geschenke annehmen, ohne mehr zu wollen...

Ach könnten wir uns nur für solch‘ extravagante Geschenke dankbar erklären, ohne begierig nach weiteren, größeren Präsenten die Hände auszustrecken...

Eine Studie der Florida State University macht deutlich, wie Männer ticken: ein prächtiger weiblicher Lockvogel schwärmt am Campus aus und offeriert ein Date; 50 Prozent stimmen zu. Würden sie mich abends besuchen? 69 Prozent Ja. Was halten sie von Sex mit mir? 75 Prozent sind sofort bereit...

Eros ist abgemeldet. Keine Verführung, kein Spiel mit Worten, keine Inszenierungen notwendig!

Sexus braucht nicht viel Fantasie. Männliches Begehren, Leidenschaft benötigen nur einen simplen Funken. Je deutlicher, direkter umso besser!

Wie fällt das Experiment mit männlichem Lockvogel aus? Immerhin 56 Prozent interessieren sich für das Date. Bloß 6 Prozent stimmen dem Besuch in der Wohnung zu, aber keine einzige Frau will Spontan-Sex mit dem Unbekannten.

Frauen brauchen offenbar mehr an Inspiration und Stimulanz... Und Eros freut sich über den Aufwind. Denn mit Plumpheit erobert man(n!) nicht.

# EROS & Liebe

Spätestens jetzt wird’s Zeit, die nächste Dimension zu eröffnen: Eros, Sexus und LIEBE. In dieser Kombination wird ein Schwanz nicht mehr bloß in eine Möse gerammt, sondern es kommt zu einer Vereinigung, in einem wahrhaften Moment der Unendlichkeit. Wo sich Herzen, Seelen und auch Körper berühren, ineinander dringen. Grenzen überwinden. Eins werden.
Dieser Moment, da die Zeit angehalten wird, und keine Ängste existieren. Keine Skepsis. Kein Sicherheitsbedürfnis. Keine Konzepte. Keine Vergleiche. Da auch keine Konsequenzen erörtert werden, keine Zukunftsplanung. Einfach nur sein. Intimstes Sein.

Das sind Momente, für die es sich zu leben lohnt. Wahrscheinlich die einzigen.

Porno ist banale Reiz-Reaktion, Trieb – Druck – Aufbau – Entladung.

In seiner Eindimensionalität eine Beleidigung des Eros!

Porno pustet Eros das Funkeln mit einer Pumpgun aus dem Kopf.

„Jede Frau wünscht, dass man ihr auf einfallsreiche Weise zu nahe tritt", weiß Jean Paul Belmondo.

## Erotik ist der Gedanke, Sex die Handlung und Liebe das Gewissen

Eines der hartnäckigsten Irrtümer der Menschheitsgeschichte ist die Verwechslung von Erotik und Sex, dicht gefolgt von Sex und Liebe. Auf einen einfachen Punkt gebracht: Erotik ist der Gedanke, Sex die Handlung und Liebe das Gewissen. Die Erotik ist die kultivierte Form des blanken Geschlechts-Triebes, soll also unser Überleben sichern. Folgt dann der Absicht die Ausführung, so sind wir Menschen nichts als Tiere, die am liebsten ihre Gene streuen würden, weil auch das biologisch die gesündeste Form der Fortpflanzung ist. Die Liebe – im Gegensatz zum Verliebtsein, das aus der Hormonausschüttung zur Sicherung der beschriebenen Wertschöpfungskette resultiert – ist nichts weiter als eine Erfindung jener Leute, die auch die Ehe erfunden haben. Wenngleich auch eine raffinierte: die Ehe – und die Liebe – bringen alle Grundbedürfnisse von Menschen unter einen Hut. Die da wären: Sicherheit, Nahrung, Behausung, Sexualität. Und wo bleibt der Eros, fragen Sie sich? Nun, ja, wie eingangs erwähnt: der Irrtum der Verwechslung von Erotik und Sex führte zu einer Paarung der beiden Begriffe, woraus Eros wurde. Aber: der Mensch soll nicht zusammenbringen, was nicht zusammen gehört. Folglich: Eros gibt es nicht! Was zulässig ist: an ihn zu glauben und von ihm zu träumen.

*Ing. Thomas Klock, www.klock.comsult.at*

# Liebe und Freiheit

*„Die Schönheit ist vollkommene Übereinstimmung des Sinnlichen und des Geistigen."*

FRANZ GRILLPARZER

Liebe ist kein „Monopolbetrieb". Liebe ist eine Grundeinstellung zum Leben; ist eine Charaktereigenschaft. Begegne ich meinen Tagesbekanntschaften, Kunden, Geschäftspartnern, mit liebenden Augen und Sinnen oder ist mir alles „zwider und wurscht'... In mit Liebe ausgefüllten Momenten öffnet sich das Tor des Paradieses. Und ebenso offen bin ich für alles; für das Neue, für Abenteuer, für Unkonventionelles.

Liebe braucht Freiraum. – Lass sie frei, wenn sie zurückkommt, gehört sie Dir für immer... Liebe schwindet, wenn man sie krampfhaft fixieren möchte. Das reizvolle Kunststück einer Liebesbeziehung besteht wohl darin, den Balanceakt zwischen Sehnsucht nach Nähe und würgender Enge zu schaffen. Doch es ist ein wunderbares Experiment: zwei ICH's bzw. Egos zu einer WIR-Liebe verschmelzen zu lassen, ohne dass beide ihren Charakter abgeben. Unsere Liebe sei keine Fessel, keine Kette, sondern ein locker sitzendes, aber doch geschlossen getragenes, wertvolles Schmuckstück. Es wird immer glänzen, auch wenn man es hin und wieder aufpolieren wird müssen.

„In Gefangenschaft wird bei Tieren das Fell ganz stumpf", heißt es in der «Venusfalle». – Ich liebe meine Freiheit; als Selbstständiger, als Autor ohne Verlagsvertrag, in meiner Partnerschaft. Ich brauche sie. Kein Vogel überlebt mit gestutzten Flügeln oder im engen Käfig; wenn schon, vegetiert er einige Zeit als artfremdes Wesen dahin.

Freiheit ist der Nährboden für Kreativität – und damit für die Liebe. Erst dann kann man ein bunter Farbklecks in einer eintönigen Umgebung sein. Erst dann schafft man es, das Außergewöhnliche, Reizvolle einer Liebesbeziehung in den Alltag 'rüberzuretten.

Mein Beruf, meine Berufung ist die Projektarbeit. Ein (meist sogar – „innerer") Auftrag, dann der nächste. Alles ist im Fluss.

Ich brauche die Abwechslung, und auch die Ungewissheit. – Werden's im nächsten Monat wieder soviele Aufträge sein, dass ich mir den Luxus erlauben kann, den einen oder anderen sogar bewusst abzulehnen...?!

Ich muss zum Übergehen gefüllt sein – oder leer. Das Mittelmaß ist nicht meines.

Das Leben ist Ebbe und Flut. Ist Wellenbewegung. Kommen und Vergehen. Ansteigen und Abfallen. Anspannung und Erholung.
Was ich hasse, ist der Schwebezustand. – Die Mitte...
Das einzige Kriterium für neue Jobs ist, ob sie die Chance mit sich bringen, phantasievolle Leistung zu erbringen und vielleicht auch Neues in die Welt zu setzen.

Lieber Abenteuer statt Alltagstrott und Nulllinie der Fadesse. Lieber allein sein, als tagtägliche Kompromisse eingehen zu müssen. „Lebendig sein, heißt unterschiedlich sein", mahnt Rotraud A. Perner, „doch gerade das ist eine Chance zur Ergänzung." Es gilt, sich in die Liebe einzulassen: in die Gemeinsamkeit, dem sich Kennen-Lernen, sich Entdecken, dem Miteinander-weiterkommen Zeit und Aufmerksamkeit zu schenken.

Leben ist Risiko ist Liebe ist auf und ab ist Sturm...
Tod ist Sicherheit ist Stabilität ist Nulllinie ist ewige Ruhe...

## Eros erfüllt sich im Unerfüllbaren

Eros ohne Liebe bleibt plump und oberflächlich, ans rein Materielle gebunden, dem Haben fest verhaftet. Eros und Liebe erheben sich in lichte, leichte und freie Gefilde, wo die Freude tanzt und die Sinne jubilieren. Wo die Liebe fehlt, dort wird man auch den Eros in seiner schalkhaften Ästhetik vergeblich suchen, er wird sich nicht zeigen.

Wie die Liebe ist auch Eros ein Begleiter der Freiheit und entzieht sich leichtfüßig den Versuchen des Festhaltens und Vereinnahmens. Noch im selben Moment des Halten- und Besitzenwollens verflüchtigt sich Eros.

Eros umgibt sich stets mit einer Prise Mystik, einem unergründlichen Zauber, verbunden mit dem augenzwinkernden Charme und der Ironie des Cupido.
Das Geschenk des Eros offenbart sich uns dort, wo wir mit einer angenehmen, aber völlig unerwarteten Möglichkeit konfrontiert werden, welche sich (letztlich) als nicht von Dauer erweist, also unerfüllt bleiben muss. In dieser „Nichterfüllung" liegt die „erregende Anregung", in ihr finden wir die Magie des Augenblicks, das Lächeln der Erkenntnis:

Es ist uns alles nur geliehen! Inmitten der Vergänglichkeit kosten wir vom süßen Nektar des Seins, ein Trunk von unglaublicher Kostbarkeit und Schönheit, welche Liebe und Eros uns kredenzen.

Stets aufs Neue bereit sein, den Becher anzunehmen, wenn er uns gereicht wird, von seinem kostbaren Inhalt zu nippen, um ihn alsbald weiterzureichen und dies Geschenk mit der Welt zu teilen – das ist Eros als Lebenskunst, die sich in der Bereitschaft zeigt, durstig zu bleiben, ohne zu dürsten.
In diesem Sinn und Unsinn: Prost!
Auf dein Wohl – EROS OF LIFE !

*Michael Trybek, www.trybek.at*

## Erotik in der Natur (Die Frau in den Bergen)

Es gibt ein Tal in den Hohen Tauern, ich wohne genau gegenüber. Es ist das landschaftsgeschützte Untersulzbach Tal im Nationalpark Hohe Tauern. Jahrelang habe ich in dieses Alpental geschaut, bei allen Wetterlagen und Naturstimmungen. Ich sah immer nur die Landschaft, das Tal vom Wasserfall bis zum Klein Venediger, die alpinen Formen, den Wald, die Natur. Doch eines Tages sah ich etwas ganz anderes, menschliche Formen, eine empfangende und gleichzeitig gebärende Frau. Seither ist das Tal für mich zum Symbol für Mutter Erde, die Tauernmutter Erde geworden.

*Dr. Werner Slupetzky*

# Samadhias Leben – Eine Schöpfungsgeschichte der Liebe

**Von Sohreya**

Samadhia spürte, ihr Leben war vorbei. Und Samadhia spürte, ihr Leben begann in diesem Moment neu. In ihr war die Weisheit und die Sehnsucht nach Weisheit, der Anfang und das Ende, das Alles und das Nichts, die in einem Punkt zusammenfallen, einander begegnen. Vor ihr lag ein weißes Blatt. „Alles ist möglich, selbst das Unvorstellbare", hatte er ihr gesagt. Er ging und er kam und er ging wieder, wie das Wasser im Bach, und war doch stets da, in ihrem Innern.

Jetzt, als das Leben vor ihr lag, frei und unsagbar, war nichts mehr da von all dem, was sie geahnt und gewusst hatte, womit sie sich identifiziert und woran sie sich festgehalten hatte. „Wo möchtest du starten?" Er war wieder da. Kein Moment der Vorahnung. Ansatzlos hatte er sie überfallen, wie immer, die Stimme im Herzen. Er kam und er ging und er war immer da. Er kannte sie besser, als sie sich selbst kannte. Er war in ihr und außerhalb von ihr und überall, wo sie ihn erwartete und nicht erwartete. Ein Liebespaar, sie und er. Immer da und doch unnahbar. Samadhia entschied. „Ich will dich halten." Und der Atem war da, Herz im Herzen. Und ein Verlangen frei von Verlangen. „Ich will dich halten – und loslassen." Und sie wusste, er war da und nicht da und ihre Herzen verbanden sie miteinander. Kein Tag, keine Nacht ohne Zweifel und Verlangen. Und doch war er da, immer, da und nah und unsagbar. Liebe einfach. Samadhia sah, dass es gut war und ergab sich.

„Du weißt, dass ich dich nie verlasse – auch, wenn ich nicht bei dir sein kann." Die Stimme war da. Sie ergab sich. „Wo ist das Ende, wo der Anfang? Was von alldem ist wahr?" Die Frage brannte in ihrem Herzen. „Und was hältst du für wahr?" – „Die Liebe im Herzen." – „Ja, sie ist wahr und nicht wahr. Gibt es das große Ganze, ist auch die Liebe ein Teil des Ganzen. Aber sie ist wahr wie alles andere, wahr wie der Hass, und unwahr. Alles und nichts berühren einander und fallen ineinander zusammen. Du bist das große Ganze. Du bist das Ende und der Anfang. Du bist wahr." Es klang in ihr nach, ganz nah, ganz berührbar war sie mit einem Mal. Und der Anfang und das Ende waren nah. Samadhia sah, dass es gut war.

Samadhia war da, ganz da, und sah, dass es gut war, ganz genau so, wie es war, auch gut war. „Du bist ich. Ich bin da." Er war nah, ganz nah. Sein Atem streifte ihr Haar und sein Herzschlag den ihren. Und sie tanzten. Er

Foto: Hilda Protschka

nahm sie in den Arm und ihr Körper vibrierte und einen Herzschlag lang war sein Herzschlag der ihre. „Ich bin da." Ganz nah konnte sie ihn spüren, seinen Atem, sein Vibrieren, sein Verlangen. Ganz nah. „Ich komme zu dir, wann immer du Sehnsucht hast. Ich bin bei dir, wann immer du Verlangen hast. Ruf mich und ich bin da." Er war ganz nah, in ihrem Herzen, ein Teil von ihr. Und sie tanzten den letzten Tanz und den ersten. Und es war, als wäre er sie. Und sie tanzten.

„Sei mir ganz nah." Er umarmte sie und einen Atemzug lang war sein Atem in ihr. Und sie verschwammen. Nah, ganz nah. „Er in mir – ich in ihm. Ganz mit dem großen Ganzen." Und sie tanzten. Und es war Nacht und Tag. Und er kam, ging und war da. Jede Nacht, jeden Tag. Und sie war ganz in ihm und doch nicht in ihm und ein Teil des großen Ganzen und selbst das Ganze. „Tanz!" Er nahm sie in den Arm und sie tanzten. Und Samadhia sah, dass es gut war. Und sie schliefen miteinander. Der Traum wurde wahr. Samadhia sah, dass es gut und richtig war, und richtig und falsch verschwanden. Und sie tanzten den letzten Tanz. „Komm!" Und sie kam und sie ging und war immer da. Und er war in ihr, sie war in ihm, Jahr für Jahr, und der Traum war wahr. „Komm, tanz mit mir!" Und sie tanzten.

„Was ist wahr?" Die Antwort verblasste, verhallte. Und er war in ihr. Die Nacht war da, ganz nah, und sie sah, dass es gut war und ging. Und blieb ihm erhalten, wie er ihr, im Herzen. Und sie ging in die Nacht, und sie ging in den Tag, und sah, dass es gut war.

*www.sohreya.net*

*„Eros, der das Herz berührt, bietet Fülle – aus dem Füllhorn der Sinnlichkeit.“*

HEIDI KALSS, ROSENBURG

# VIII Das Geschenk im Hier und Jetzt

**Eros,**
*lieber, vertrauter, wundervoller Eros!*
*Warum nur hab ich mich gegen dich gewehrt?!*
*Wie gut du mir tust.*
*Wie gut diese ungeahnte Kraft tut,*
*die in Spannung versetzt, die erregt,*
*die aufbaut, provoziert und stärkt,*
*die wachsen lässt, öffnet und Flügel verleiht;*
*Kreativität, Staunen und Energie frei setzt.*
*Und ein Leuchten, Strahlen der Seele.*
*Das Leben ist wieder interessant,*
*aufregend, einladend, erfüllt.*
*Mein Gott, wie schön!*

*mg*

*„Es gibt ein Auge der Seele,*
*mit ihm allein kann man die Wahrheit sehen."*
PLATON

## Inspiration

*In – spiro*

*Ich atme ein...*

*Ich atme dich ein...*

*Dich – und auch Sie!*

*Ich inhaliere die Luft um mich, den Wind, die Düfte,*
*die Gedanken, die Schwingungen, die Möglichkeiten.*
*Alles schließe ich mit ein. In mein volles Lungenvolumen.*

*Ich verbinde mich mit dem Odem des Lebens,*
*dem universalen Sein.*
*Ich kann vertrauen darauf,*
*dass mir die richtigen Worte,*
*Erfahrungen, Menschen, Projekte gesendet werden.*

*Ich bin fasziniert, was sich an Kreativität,*
*an fantasievollen Geschichten entwickelt,*
*wenn Hirn- und Herzampel auf grün gestellt wird.*

*Freiheit und Authentizität des Herzens,*
*das sind die einzigen Bedingungen für Inspiration.*
*Wer sie behindert, weiß Gott sei Dank nicht, was ihm entgeht.*
*Wer die Tore öffnet, wird fassungslos sein,*
*einerseits über die Wunder, die sich fortan bieten,*
*andererseits über die langjährige Weigerung,*
*diesen Wind auf der nackten Haut des Lebens zu spüren.*
*mg*

*„Die Seele nährt sich von dem, woran sie sich erfreut."*
AURELIUS AUGUSTINUS

## Buffet des Lebens

Was für ein Jahreswechsel: Im Balé des Hotels Puri Bagus in Candidasa – Bali. Nur wenige Meter vom Meer entfernt. Der Tag erwacht. Palmblätter wiegen sich in einem sanften Morgenlüftchen. Hunde streunen den Strand entlang. Die einzigen Geräusche stammen von Hotelbediensteten, die mit ihren Besen die Wege säubern – und den Rasen von welken Blüten. Meeresbrandung. Vogelstimmen. Kinder laufen mit kleinen Fischernetzen zu den Wellen; wohlwollend beobachtet von ihren Eltern. Hahnenschrei. Ein Schmetterling. Ein freundlicher junger Mann kommt entlang, wir schenken einander ein herzliches Lächeln.

„How are you?" – „Thank you, so fine!" betone ich, nur mit Tuch bekleidet, auf Polstern liegend unter einem Holzdach. – „You need a towel", registriert er umsichtig. „Oh no", halte ich ihn ab, „thank you, I don't need anything more..." Ja, danke, ich habe wirklich alles!

„You are welcome", sagt er noch, verbunden mit der typisch balinesischen Geste der vor der Brust gefalteten Hände, samt Verbeugung; die ich natürlich erwidere. Und eine der wunderbar riechenden, weiß-gelben Frangipani-Blüten als Opfergabe der Dankbarkeit darreiche.

Welcome! Willkommen – am Buffet des Lebens.
Ich bin bereit, dem Dasein in all seiner Frische und Vielfalt zu begegnen. Es gilt, das Leben in seiner Pracht zu zelebrieren. Es ist völlig egal, wo wir sind. Du könntest es überall erkennen, dieses wunder-volle Buffet. Das Leben pulsiert, wenn wir's lassen. Wenn wir's nicht einsperren. In vollklimatisierten Betonsilos. Betäuben unter Aktenbergen. Lahmlegen unter selbstverordneten Verpflichtungen. Wenn wir uns nicht selbst drainagieren; trocken legen. Abschneiden vom Nährwasser der Lebendigkeit.

Der Sarong kann uns diese Vitalität wiedergeben. Männer im Rock. Mit nichts bekleidet als einem um die Hüften gebundenen Tuch. Und du spürst den Wind zwischen den Beinen. Eingesperrtes, Weggesperrtes darf Freiheit atmen. Du fühlst das Leben. Du hast plötzlich (wieder) den Glanz in deinen Augen. Du spürst Energie. Aus dem entsprechenden Chakra pulsieren. Dort, wo Eros sitzt, liegt, schläft, und erwacht...

Wie auch der Morgen heranreift. Mein Bild komponiert sich. Es inszeniert sich aus sich selbst heraus. Die Kinder am Steg werden lauter. Ein Boot wird von vier Einheimischen zum Meer getragen. Man macht sich bereit für die Touristen. Delphin watching um wohlfeile 25 Dollar. Ein Monatsgehalt wird mal kurz im Vorbeirudern erworben. Es sei ihnen gegönnt. Und den Touristen auch: dass sich keine Delphine zeigen. Denn sie lassen sich nicht vom Glanz des Geldes locken; ziehen ihre eigenen Bahnen.

Und plötzlich dringt der erste Sonnenstrahl durch die Wolken...
Und tiefe Dankbarkeit macht sich in meinem Herzen breit.

Franz Grillparzer: *„Eines nur ist Glück hinieden, eins: des Innern stiller Frieden und die schuldbefreite Brust. Und die Größe ist gefährlich, und der Ruhm ein leeres Spiel; was er gibt, sind nicht'ge Schatten, was er nimmt, es ist so viel!"*

# Eros ist überall zu jeder Zeit...

Egal, ob Bali, Bangkok, Brüssel, Berlin, Bozen, Blumau oder Bruck an der Leitha: Eros ist dort, wo ich ihn einlade, landen lasse und willkommen heiße!

Was für ein schöner Sommer-Tag – auf der Terrasse im Schatten der Markise sitzend, ein Glas kühles Wasser, Hauskater Juni umschmeichelt meine Waden, die Vögel zwitschern und von Schönbrunn her klingt klassische Musik; ein Orchester probt wohl für den Abend-Auftritt. Der Wind wiegt sanft die Blumen und Gräser – und streichelt ebenso meine Haut.
Leben. So spürt sich Leben an.
Vor mir liegt ein kleines Hufeisen mit Glückspilz. Ich lächle, denn ich erinnere mich an die Situation von heute morgen, als ich diesen Talismann erwarb. Ich saß beim Frühstück im Gasthaus N. in Eggersdorf bei Graz. Im Freien, mit Blick auf die Rabnitz. Ich nippe am Kaffee, als zwei Buben zu mir stürmen und Glücksbringer zum Kauf anbieten. 10 Cent das Stück. Ich habe kein Kleingeld bei mir; will das kommunikative Talent der beiden 7jährigen aber weiter fördern – und überlege, wie wir das Geschäft etwas erweitern können. Ich sende Michael und Christian zum Nachbartisch eines Urlauberpaares. Sie kaufen sofort zu den neuen Bedingungen: 1 Stück um 20 Cent, 3 für 50... Jubelnd, eine 50 Cent Münze in der Hand, stürmen die Jungs zurück, so als wäre ich ihr Manager. Okay; nun fängt selbst für mich der Spaß an. Was muss ich hören, der junge Mann an Tisch 5 ist an den Glücksbringern völlig desinteressiert?! Wir zeigen uns großzügig und die Burschen nehmen meinen Vorschlag an, dem etwas reservierten Herrn den Glücksbringer zu schenken, mit der Auflage „für seine Liebste"... Michael und Christian überbringen die Botschaft allerdings etwas verfremdet: Auf mich deutend sagen sie zu ihm: „Hier, das schenkt ihnen der Mann dort, er will gerne ihr Liebster werden..." Ich verschlucke mich am Kaffee, als ich dies – zu den befremdeten Blicken der anderen Gäste – höre. Doch die nächste Verkaufsstrategie ist geboren: wer nicht für sich kauft, tut dies noch lieber für eine nahe stehende Person. „Wollen sie nicht für ihre Frau einen Talismann kaufen", fragen meine mittlerweile perfekt geschulten Boys den nächsten Gast. Und er kauft 1 Stück um einen Euro... Ich lasse mich inspirieren und erwerbe natürlich auch einen Glücksbringer für meine bessere Hälfte. Kleingeld hab ich noch immer keines. So biete ich den Jungs einen Tausch an: jeder erhält eine CD – stolz verschwinden sie mit ihren Trophäen. Und wer weiß, vielleicht war ich mitverantwortlich, dass sich in ein paar Jahren die Selbstständigenrate erhöht.

Andere kleine Eros-Geschichte: Elisabeth erzählt von einem Clubbing. Mit einer Freundin becircten sie den Kassamann, sie wollten nur kurz einen Blick auf's Geschehen werfen, ob es sich lohne, je 10 Euro Eintritt zu zahlen. Okay, sie durften passieren. Und erkannten, da ist's klass. Sie tanzten, genossen, und die Stunden verflogen. Irgendwann verließen sie das Clubbing. Dann schoss ihnen wie ein Blitz ein: wir haben doch gar nicht bezahlt. Die beiden gingen zurück und meldeten sich beim Kassier. „Wir sind hier, um unsere Schulden zu begleichen..." Sie wurden betrachtet wie Außerirdische. Da kommen tatsächlich Menschen zurück, um ihr Wort zu halten. Fotos wurden geschossen. Und alle Beteiligten werden sich noch lange an diese außergewöhnliche Situation erinnern, in der jener Geist Regie führte, der das „alles andere als Übliche" repräsentiert.

Eros ist überall und zu jeder Zeit, wenn wir ihn nicht von uns weisen.
Eros kann als Kind auf uns zukommen,
als Postbedienstete, die den Zahlungsbeleg mit einem Lächeln aushändigt,
als Barmann, der eine Eigenkreation anbietet,
er kann im Auto nebenan im Stau stecken,
oder als Partnerin einen Eiskaffee reichen.
Er kann das Vogelgezwitscher sein.

Eros ist hier – jetzt,
sehen Sie ihn, spüren Sie ihn,
nehmen Sie die lebendigen Schwingungen wahr?
Über-nehmen Sie diese Schwingungen
und fördern Sie sie, verstärken Sie sie,
auf dass sie sich fortpflanzen...

Wer Eros wirklich spürt, mit ihm leben will,
hat stets ein offenes Lächeln für sein Gegenüber;
eine Münze für den Bettler, ein warmes Wort für den, der's braucht,
er/sie könnte keine Zigarettenkippe auf die Straße schmeißen,
er/sie könnte den Müll nicht NICHT trennen.
Denn Eros liebt und lebt Achtsamkeit,
er zelebriert Aufmerksamkeit und Wertschätzung.
Eros vermag die Schönheit um uns zu sehen,
weist uns auf die verborgene hin.
Eros reicht uns oft und oft die Hand,
wir müssen nur einschlagen,
die Einladung zum Spiel des Lebens annehmen.

## 7 Schritte, um den EROS = Liebe des Lebens zu spüren:

1. Liebe DICH selbst bedingungslos.
2. Übernimm die Verantwortung für DEIN LEBEN.
3. Respektiere ALLES und JEDEN in seinem SEIN.
4. Aktiviere all Deine SINNE.
5. ERLAUBE der Fülle, in Deinem Leben Einzug zu halten.
6. Sei Dir IMMER Deiner Einzigartigkeit bewusst.
7. SPÜR die grenzlose Freiheit Deines SEINS.

E rkenne Dein wahres Sein,
R ichte Deine Aufmerksamkeit nach Innen,
O hne Dich dabei zu verlieren,
S pürst Du den Fluss des Lebens?!

*Mag. Karin Wagner*

# Mit offenem Mund des Staunens und Tränen in den Augen

„Mein Großvater hatte Tränen in den Augen beim Anblick von Marillenblüten, so sehr konnte er sich von der Schönheit der Natur berühren lassen", erzählt Freund Felix, der dieses Talent in seinem Schauspiel zelebriert, wenn er sich von seinen Figuren vereinnahmen lässt und für Wochen z.B. Hamlet ist...

Es ist eine besondere Gabe, sich durch und durch „vereinnahmen", „durchfluten" zu lassen. Mit weit geöffneten Schleusen. Der Clown weist uns den Weg. Clown, colonus, der vom Land: er geht staunend, mit offenem Mund durch die Straßen der Stadt. Kann es gar nicht fassen. Wie ein Kind in neuer Umgebung: etwas skeptisch, aber doch wissbegierig; es will schauen, angreifen, dahinter schauen, experimentieren, sucht die Begegnung.

Freund Michael ist Clown und vermittelt damit die Eros-Philosophie in Optimalform: „Ich hab' das Gefühl, ich komme dort an, wo ich immer hin wollte, und darf verrückt sein wie ein Kind, ver-rückt, ich werde immer wieder so wunderbar ent-täuscht, ich wechsle die Perspektiven – denn der Kopf ist rund, damit das Denken seine Richtung ändern kann! Meine Berufung ist, mit Humor Veränderungen zu begleiten. Ich kann bis heute nichts, das aber sehr gut…"

*„Du musst den Sprung ins Wasser wagen,*
*ohne zu wissen, wie Du schwimmen sollst."*
KRISHNAMURTI

# Regnen lassen…

Die Dichterin Rahel Varnhagen soll auf die Frage, was sie so mache, geantwortet haben: „Nichts, ich lasse einfach das Leben auf mich regnen."
Was für ein schönes Bild! – Ich bin bereit, mich benetzen, mich sogar durchnässen zu lassen. Ich vertraue darauf, dass es gut ist, was mich da von oben trifft.

Ich vergesse all die Sprüche: „Pass auf, dass du nicht nass wirst; du wirst dich verkühlen; deine Hose wird schmutzig; …"

Ich lasse es geschehen. Ich mache auf. Ich öffne mich. Ohne einen Gedanken des Widerstands. Es darf sein; auch und gerade das vermeintlich Unangenehme.

Werft weg die Schirme! Noch nie war Regen schöner.

*„Eros ist gewaltige Anziehung.*
*Hingabe, Demut. Klarheit.*
*Nicht zu müssen, ohne Widerstand."*
MAG. JOHANNES BRANDL

# Wo das Glück zuhause ist

Vanuatu – in diesem Inselstaat in der Südsee leben die glücklichsten Menschen der Welt. Nach Einschätzung der britischen Stiftung New Economics Foundation ist die pazifische Inselgruppe mit ihren rund 200.000 Bewohnern jener Ort, wo es sich weltweit am besten leben lässt. Auf Platz zwei landet Kolumbien, Rang drei belegt Costa Rica. Die meisten Industriestaaten landen weit abgeschlagen auf den hinteren Rängen. Österreich an 61. Stelle. Die letzten Positionen jenes „Happy Planet Index“, der anzeigt, wo man lange, glücklich und im Einklang mit der Umwelt leben kann, belegen Russland, Ukraine, Swasiland und Simbabwe.

Was hat Vanuatu diesen Losern sowie uns voraus? „Es ist ein Ort, an dem man sich nicht viele Sorgen macht. Wir haben keine konsumorientierte Gesellschaft“, betont ein Bewohner. Und ein anderer stellt klar: „Die Leute sind hier glücklich, weil sie mit wenig zufrieden sind. Das Leben dreht sich um die Gemeinschaft, die Familie und um das, was man anderen Leuten Gutes tun kann.“

Kann man „glücklich sein“ lernen? Für rund 2.000 britische SchülerInnen steht seit dem Schuljahr 2006/07 dieses Fach auf dem Stundenplan. Die 11-12jährigen sollen dabei mit aus den USA importierten Techniken gegen die negativen Einflüsse westlichen konsumorientierten Lebens gestählt werden. Vor allem das Selbstvertrauen soll gestärkt und das positive Denken gefördert werden. Durch Atemübungen lernen die Kinder, auch in Stresssituationen ruhig zu bleiben. Und: ihnen soll beigebracht werden, sich nicht für Situationen schuldig zu fühlen, an denen sie völlig schuldlos sind, wie etwa die Scheidung der Eltern.

„Glücklich sein“ als Lernfach. Ob Eros schon gefragt worden ist, die Lehrtätigkeit zu übernehmen?!

*„Die verborgene Harmonie ist mächtiger als die offensichtliche.“*
HERAKLIT

## Plätze des Eros

Unsere Sehnsucht ruft nach Orten der Inspiration, Hoffnung und des Neubeginns!

Natürlich hat Eros zunächst mit unserer Wahrnehmungsgabe für ihn zu tun. Und doch gibt es Orte, an denen man Eros besser spüren kann als anderswo. Orte, an denen besondere Schwingungen registriert werden können.

An solchen Orten fühlt man sich eins, geborgen, angeregt, verstanden, in sich ruhend und doch erotisiert. Man fühlt sich lebendig,

Plätze des Eros sind für mich rund um den Wörthersee, am FKK-Paradies Keutschachersee, die südsteirische Weinstraße, die Göttlesbrunner Weingärten, das Allentsteiger Stoareich-Platzl am See, Hundertwassers Kunsthaus in Wien und die SPES-Akademie Schlierbach sowie der Schlossgasthof Rosenburg.

Letzteren möchte ich gerne ein paar Zeilen widmen, weil dort Eros spezielle Landebahnen vorfindet:

## Inspiration, Hoffnung und Neubeginn

SPES heißt lateinisch Hoffnung. „Hoffnung ist für uns nicht Erwartung, dass etwas gut ausgeht, sondern die innere Gewissheit, dass etwas Sinn hat, ganz gleich, wie es ausgeht", sagen die Akademie-Verantwortlichen Fritz Ammer und Johannes Brandl. Für die Schlierbacher bedeutet SPES auch „Studiengesellschaft für Projekte zur Erneuerung der Strukturen".

Das Achteck, Symbol des Neubeginns, deckt auch die 8 SPES-Kernwerte und Grundsätze ab:
Ausgewogenheit von Sach-, Beziehungs- und Sinnebene.
Creativ positive Zukunftsbilder für Lebensqualität entwerfen.
Hilfe zur Selbsthilfe: Selbstorganisation von lebensfreundlichen Strukturen.
Transzendenz: Immaterielles ist materiellen Erfolgen vorgelagert.
Eigenverantwortung/Regionalität: den Lebensraum schützen durch nützen.
Christliche Wertebasis als tragfähiges Fundament.
Kooperation und Partnerschaftlichkeit – Ziele gemeinsam erreichen!

Die Perfektion der Acht findet sich im „Brunnen der Hoffnung" vor dem SPES-Haus wieder: Das Achteck bildet den Grundriss. Darauf die Kugel, Symbol der Unendlichkeit; aus tonnenschwerem, unvergänglichen Granit, Bote aus der Erdurzeit. Das Achteck erreicht seine Vollendung im unendlichen Vieleck des Kreises beziehungsweise der Kugel. Die Kugel geht in lichtdurchlässiges Glas über; Stein und Glas, Wasser und Licht, wirken in perfekter Symbiose. Aus dem Inneren kommt die Erneuerung, springlebendig als Quelle. Und dieses beruhigende Murmeln der Quelle kann als Hoffnung auf Vollendung interpretiert werden. Die Photovoltaik-Anlage repräsentiert den Dialog mit dem Schöpfer: die Energiequelle für das Kunstwerk macht täglich unsere Abhängigkeit von den Rhythmen der Schöpfung erlebbar. Die Sonne – Licht und Energiequelle auch für die Stunden der Dunkelheit!

Der Bildhauer, Theologe und Symbolkenner Hubert Mayr hebt hervor: „Im Brunnen der Hoffnung sind viele Elemente und Symbole verarbeitet, die dem Hörenden manche Geschichte erzählen und wert sind, betrachtet zu werden: das Achteck, die Kugel, das Licht, das Glas, der Stein und das Wasser. Aber vor allem ist es ein Brunnen, der sprudelt und der die Tiefe sowie Lebendigkeit des eigenen Lebens versinnbildlicht."

Die SPES-Verantwortlichen würden „Eros" wohl nicht in den Mund nehmen, um ihre Philosophie zu umschreiben. Und doch werden sie's mir als gleichschwingendem Seelen-Freund nachsehen, wenn ich postuliere: hier ist ein Eros-Platz. Hier ist Lebendigkeit, Lebensbejahung; hier werden Neubeginn und Zukunft ermöglicht, hier überwiegen PRO-Argumente. Hier fühlen sich Musen und all jene, die sich von ihnen inspirieren lassen wollen, wohl!

## Rose = Eros: Herzens-Platz Schlossgasthof Rosenburg

Ja, auch Heidi Kalss habe ich im SPES-Haus kennenlernen dürfen. Als sie noch überlegte, ihren Lebensmittelpunkt von Bad Ischl ins Waldviertel zu verlegen. Seither sind 8 Jahre vergangen, in denen ihr „Schlossgasthof Rosenburg" zu einem „Herzens-Platz für die Welt" geworden ist.

Im Sinne der Resonanz finden sich hier „gleichschwingende" Persönlichkeiten ein: Jung- (und Alt-)Verliebte, die ein Candlelight-Dinner genießen, Heiratswillige, Geistliche – und Weltliche, die mit tibetischen BÖN-Mönchen am Tisch sitzen; Gäste, die zufällig mal reinschauen und – fasziniert vom Ambiente – als Freunde wiederkommen. In diesem Haus steht das Verbindende vor dem Trennenden! Und dieser Geist überträgt sich auf jeden Besucher. Man spürt die besondere Handschrift der aus Mürzzuschlag geborenen, in Mürzsteg aufgewachsenen Steirerin Heidi Kalss, die von ihrer Mutter im Betrieb unterstützt wird. Menschen mit Offenheit, Vertrauen, Liebe, mit einer bestimmten „höheren Strahlung" schenken sich Stunden und entwickeln – gemeinsame – Visionen. Vor allem auch Benefizaktionen und -Feste: für die Tsunami-Opfer in Sri Lanka ebenso wie für Flüchtlingskinder aus Tibet im nordindischen Kloster Dolanji werden Tausende Euro Jahr für Jahr persönlich den verantwortlichen buddhistischen Mönchen übergeben.

Man muss schon talentiert sein für das Schöne, Wahre und Gute. Zeit haben. Echt sein. Nicht bloß vom Eilzug kurz abspringen und stressig dem Schein huldigen. „Die Spreu trennt sich vom Weizen", sagt Heidi Kalss selbstbewusst; „ich will das Pendel der Zeit für Momente anhalten und Türen öffnen, durch die Licht ins Dunkel kann." Wer Heidi Kalss kennt, ist überzeugt: ihr – hiermit preisgegebener – größter Traum könnte wahr werden: „Irgendwann kommt er hierher: der Dalai Lama..."

Wo könnte Eros besser hinpassen als auf die Rosenburg: ROSE, die Blume der Liebe, und EROS, der Gott der Liebe, kommen nicht von ungefähr mit denselben Buchstaben aus... Gemeinsam ist ihnen die Sinnlichkeit, die Sinnen- und Lebensfreude. – Sensible, offene, ästhetische Menschen erleben diese besondere Aura bei jedem Besuch im Schlossgasthof Rosenburg. Immer, und immer wieder!

*„Bist du am Leben?*
*Bist du am Leben,*
*bist du am Leben interessiert?*
*Hast du dieses Wunder schon kapiert?*
XAVIER NADOO

# Erotisiert

...da hüpft die Bauchdecke,
da strahlt das Lächeln,
da geben sich Schmetterlinge ein Stelldichein,
da prickelt's,
da pulsiert's,
da ist Freude, Vorfreude auf mehr,
da ist Farbenreichtum, Fülle, Kraft,
da ist edler Reiz, nichts Ordinäres,
da ist Aktivität, Unruhe, Spannung,
da ist Lebendigkeit in jeder Pore und Faser des Körpers
da schwingt die Seele,
da überschlägt sich das Herz,
da ist Sein.

## Und jeden Augenblick umgibst du mich

Wie träge sich die Tage bis zum Abend quälen.
Wie langsam nur der Morgendunst die finstere Nacht zum Schweigen bringt.

Damals, als du wegfuhrst, begann das erste Gras zu grünen und die Knospen des Blütenstrauches vor dem Haus waren kaum größer als der Fingernagel deines Daumens.

Wenn ich jetzt einen Blick durch das Fenster werfe, sehe ich ein prächtiges Blütenmeer vor mir. Einen Zauber der Natur, ein Wunder an Farbenpracht. Alles, was die Kraft zum Blühen in sich trägt, blüht in diesem Frühlingsmonat.

Und jede Blüte, die sich täglich öffnet, sagt mir, dass die Dauer der Trennung langsam zu Ende geht. Jeden Abend führen mich meine Schritte in den Garten und meine Gedanken eilen wie von selbst zu dir.

Dann atme ich den Duft dieser Blüten, als wäre es der Duft deiner Haut. Ich fühle deine Zärtlichkeit und dein wundervolles Lächeln streicht sanft über meine Lippen.

Ich weiß, dass auch du in diesem Augenblick an mich denkst und dies zu wissen gibt mir Kraft, Ruhe und Harmonie. Wie herrlich zu wissen, dass es dich gibt, und welch ein Wunder, dass wir beide zueinander gefunden haben.

Deinen Worten zu lauschen, der Blick in deine Augen, das Lächeln deines Herzens, die Wärme deines Körpers. Dich anzusehen und dich zu spüren. Du gibst mir soviel an Kraft und an Energie, wie es sonst niemand vermag.

Wie schön, dass du nun bald zurückkommst. Ich hoffe, noch bevor die ersten welken Blüten in unseren Teich fallen oder vom Wind übers Land getragen werden.

Komm zurück, bevor meine Sehnsucht die Glut meiner Träume nicht mehr zu bändigen vermag. Ich kann es kaum erwarten, dass du wieder bei mir bist.

Bis dahin schicke ich dir diese Zeilen. Sie sollen dir zeigen, wie sehr ich DICH liebe.

*Karl Leger*

# Immer und immer wieder

Mit „EROS“ verbinde ich: LIEBE • LUST • LEIDENSCHAFT • NÄHE • WÄRME • ZUNEIGUNG • GEBORGENHEIT • ÄSTHETIK • VERTRAUTHEIT • SCHÖNHEIT • KÖRPER • RESPEKT • TRÄUME • SEHNSÜCHTE • GEFÜHLE • GEDANKEN • AUGENBLICKE • LEBENSFREUDE

IMMER WIEDER – sich an den Sonnenstrahlen wärmen
– durch Wälder, Wiesen und Felder laufen
– die Blumen, Sträucher und Bäume wachsen sehen
– die Vögel zwitschern hören
– dem Lauf des Baches zusehen
– auf einer Bank verweilen und die Stille genießen
IMMER WIEDER – in deine warmherzigen Augen blicken
– den Klang deiner Stimme hören
– sich an deinem Lächeln erfreuen
– mit dir Hand in Hand im Regen spazieren
und den Regenbogen sehen
IMMER WIEDER – dein Herzklopfen und deinen Atem auf mir spüren
– den Duft deiner Haut bewahren und in deinen Armen träumen
– dein Gesicht zärtlich berühren und deine Lippen küssen
– dich leidenschaftlich und hemmungslos lieben
– eins sein und mit dir explodieren
IMMER WIEDER – den Himmel betrachten, an Träume
und deren Erfüllung glauben
– Körper, Geist und Seele in Einklang bringen
– sich an den kleinen Freuden des Lebens erfreuen
– jeden Augenblick bewusst leben
IMMER und IMMER WIEDER...

*Silvia Chreiska*

## Radikal ins Leben verliebt...

Von „Erleuchtung“ zu sprechen, heißt, ein gewagtes Wort in den Mund zu nehmen. Einen großen Bissen, an dem man sich leicht verschlucken könnte. Aber einen wesentlichen „Einblick“, vielleicht sogar „Durchblick“ hatte ich im 30. Lebensjahr. Ganz auf den Fährten eines wirklich Großen: Prinz Siddharta wurde kurz vor seinem 30. Geburtstag zum Buddha erleuchtet. Es passierte am Dornenbusch. Mein Dornenbusch war das Finanzamt. Es war just vor Ostern – Zeit der Auferstehung. Man kann den Einkommens-Steuer-Bescheid so oder so sehen: als Anlass zur Verzweiflung über die staatliche Ausbeutung oder als deutlichen Fingerzeig, dass es noch Bedeutsameres gibt als bis zum Umfallen zu hackeln. Mit der wohlwollenden Distanz eines guten Jahrzehnts kann ich heute sagen, ich danke dem Steuersystem, dass es mich tatsächlich zum Leben angestiftet hat. Gleichzeitig mit der Überweisung eines beträchtlichen Betrages an die Finanz startete ich die aufregendste Reise: mit mir zum ICH... Als Wegbegleiter waren fortan nur noch Liebende und Leidenschaftliche zugelassen. Ich dulde seither keine Zeittotschläger, keine Kopfschüssler mehr in meiner Nähe. Ich bin radikal ins Leben verliebt und möchte SIE, DICH gerne für dieses Abenteuer gewinnen. Vielleicht gelingt es uns gemeinsam, die Flut der Bürokraten, der Dumpfgummis und „Grauen Herren“ einzudämmen. Es lebe das Leben!

Genießen wir‘s in vollen Zügen. Genießen Sie die Gesellschaft von Lebenslustigen und haben Sie den Mut, allen Negativen, Oberflächlichen, allen Nur-Analytikern und Zauderern, eine klare Absage zu erteilen. Jene stehlen Ihre, unsere Lebenszeit, das kostbarste Gut. Lassen wir uns in unserem Hunger nach Liebe, dem Durst nach Leben nicht hemmen. Wir haben‘s in der Hand, indem wir uns nicht mit Hindernissen herumplagen, sondern mit dem wahren Leben, mit dem strahlenden Eros flirten...

> *„Wohin führt der Weg? Frage nicht! Er führt empor, er führt hinab, ohne Anfang und Ende. Es gibt nur diesen jetzigen Augenblick voll Bitterkeit, voll Süße; und ich genieße ihn ganz!“*
>
> NIKOS KAZANTZAKIS

## Reif für‘s Glück

„Im Lotto gewinnen, Millionen verprassen können, eine Villa am Wörthersee, berühmt und schön sein wie...“ – Solche Antworten hören die „Glücksforscher“. Viele Menschen leben fremdbestimmt. Gelenkt von den Verlockungen der Werbeindustrie. Wir werden darauf getrimmt, die Reichen, Schönen und Erfolgreichen der Boulevardpresse als Vorbilder anzusehen. Alles dreht sich um Hollywoodglitter, Seitenblicke, Ruhm, Ehre, Macht. Viele kennen das Leben von Richard Gere, Prinz Charles, Madonna oder Heidi Klum besser als das eigene. – Ist ja auch viel bequemer, sich nicht dem eigenen Ich stellen zu müssen. Die Freizeit-Ablenkungs-Industrie lebt gut davon, uns von uns selbst fern zu halten.

Eros will andere Vorzeichen setzen: wichtiger als Sharon Stone sind die sympathische Frau Schwarz und Frau Piplits von der Post, die Silvia vom Reisebüro, mein Steuerberater Franz, die Versicherungsexpertin Lore oder der Greißler nebenan. Wichtiger als materieller Reichtum oder eine Ehrenmedaille für treue Parteimitgliedschaft ist die eigene Kreativität, die Fantasie. Wichtiger als den Steckbrief von Bill Gates zu kennen, ist wohl, sich selbst zu durchschauen. – An der eigenen Biografie zu arbeiten. Einer Monografie, Phantasie, Utopie... Investieren wir statt Hunderttausende Euro in ein neues Haus – Zeit in's eigene Buch des Lebens. Geschrieben mit Ko-Autor Eros! Dieses Buch ist ein grenzenlos positives Werk. Weil die wahre Liebe ebenso grenzenlos positiv ist. Und nur, wer sich liebende Augen, offene Sinne und das Talent zum Spielerischen bewahrt, ist reif für's Glück.
Dieses Buch sei ein Geschenkartikel: machen wir uns das Leben zum Geschenk! Mein Leben, Ihr Leben...

## Eros: Garten im Herzen

In meinem Herzen ist ein Garten. Was ursprünglich Feld war, wurde verbaut und Häuser umringen heute das satte Grün, das geblieben ist. Baudrang und Fortschritt wurden aufgehalten von den alten Brettern des Zaunes, an dem gleichermaßen Zeit und Hornissen genagt haben und ein baufälliges Etwas, das entfernt an einen ehemaligen Zaun erinnert, zurückließen.

Kein Tor unterbricht den Zaun, man betritt das versteckte Grün durch einen anderen Garten. Der hoch gewachsene Kirschbaum wacht über alle, die diesen Weg einschlagen. Mit seinen unzähligen Blüten verströmt er seinen Duft und seine Liebe. Lockt Bienen, Hummeln und vieles andere Getier. Sie kommen in solchen kleinen Herden, dass man zu sehen meint, wie sich kleine dunkle Wolken auf das strahlende Blütenweiß nieder senken, um sich wenige Augenblicke später summend aufzulösen.

In geradezu verschwenderischer Großzügigkeit beschenkt der Baum alle, die es sehen, mit dieser Pracht. Wo verblühte Himmelschlüssel neben dem letzten Lungenkraut stehen, durchbrechen die kleinen Blüten der Walderdbeeren das schattige Grün unter dem Kastanienbaum. Nach den langen kalten Tagen können sich die Rosen nur langsam entscheiden, auszutreiben. Aber die Knospen, die sie bereits tragen, versprechen auch dieses Jahr duftende Rosentage. Die Himbeeren sind kräftig gewachsen. Sie tragen lange Triebe und die ersten Blüten öffnen sich vorsichtig. Die Johannisbeeren setzen an den Blütenrückständen Beeren an. Den typischen Geruch der Frucht trägt auch die Pflanze. Dort wo im Vorjahr Kartoffel in der Erde vergessen wurden, taucht das dunkle, saftige Grün der Pflanze aus der schwarzen Erde.

Mitten darin richten sich die Tomaten auf. Das kleine Stachelbeerbäumchen, das im Vorjahr still vor sich hingrünte, hat über und über geblüht. Nun ist es voll mit winzigen Früchten. Die stille Einladung auf die Beeren dringt in mein Herz und ich streichle die Blätter der fleißigen Pflanze.

Neben dem Brunnen, aus dem die Sonne Wasser pumpt, lege ich mich ins Gras und horche. Es ist, als fühlte ich den Puls des Gartens, der anders schlägt, als der Puls der Zeit. Über mir tummeln sich Spatzen, Amseln, Tauben und – ich kann es kaum glauben – ein Turmfalke. Im Gras ziehen Ameisen auf ihrem Weg dahin. Käfer erklimmen Grashalme. Manche fliegen fort, andere fallen herab und krabbeln weiter durch das frische Grün. Hornissen verraten ihre Anwesenheit mit dem ihnen eigenen tiefen Brummen und ziehen weiter. Während ich ihnen nachsehe, gebe ich meinen Gedanken nach und lasse mich treiben zu unzähligen Ideen, über die nachzudenken ich sonst nur wenig Zeit finde. Hier ist für alles Zeit. Die Wolken über mir zeichnen für mich wundersame Bilder auf den Himmel.

Etwas Feuchtes, Kühles berührt mich an der Hand. Eine Katze rollt sich neben mir zusammen und genießt es, von mir gestreichelt zu werden. Ihr lautes Schnurren durchbricht die gewohnten Gartengeräusche. Gemeinsam genießen wir die einzigartige Liebe dieses Ortes.

Kein Mensch, der einen Garten besitzt, braucht Wunder. Er lebt in einem...

*Gudrun Kalchhauser*

Eros = spüren! Am Meer liegen, die Sonne, den Wind, den Sand auf der Haut fühlen. Das Leuchten und Strahlen der Augen.
Dinge anschauen: Hände wie die Natur.

*Susanne Tiefenböck*

## Job der Schönheit

„Stell' Dir den schönsten Menschen vor, den Du kennst. Stell' Dir den Augenblick vor, als Du ihm oder ihr in die Augen blicktest und nur für eine flüchtige Sekunde gebannt warst: Du konntest die Augen nicht von dieser Vision losreißen. Die Zeit blieb stehen, und Du starrtest gebannt in diese Schönheit. Stell' Dir jetzt vor, dass dieselbe Schönheit Dir aus jedem einzelnen Ding im ganzen Universum entgegenstrahlt: jedem Stein, jeder Pflanze, jedem Tier, jeder Wolke, jedem Menschen, jedem Gegenstand, jedem Werk, jedem Bach, ja selbst aus den Müllhaufen und gescheiterten Träumen – all das strahlt Schönheit aus.
Diese alles durchdringende Schönheit ist wahrhaftig jetzt in diesem Augenblick die wirkliche Natur des Kosmos. Wenn man im Auge des Geistes bleibt, ist jedes Objekt ein Objekt strahlender Schönheit, der ganze Kosmos Dein verlorener und wieder gefundener Geliebter."

Dieses wunder-volle Zitat von Ken Wilber („Das Wahre, Schöne, Gute", Spirit) wurde mir an einem ebensolchen Platz geschenkt: im Natur-Lese-Park Neumarkt in der Steiermark. 2004 wurde das Areal eröffnet, das sich in eindrucksvollen Skulpturen dem Thema Mensch und Natur widmet und Texte von großen Weisen auf Lesetafeln darbietet. Genau zwei Jahre später wurde mir die Ehre zuteil, diesen Park erstmals „belesen" zu dürfen. Ich habe als „Schreib-Abenteurer", wie's auf den Plakaten stand, „die Sehnsucht nach dem Puren als Botschaft des Steins" in Worte zu fassen versucht.

„Schreib-Abenteurer": erst kürzlich ist mir wieder klar geworden, dass diese Bezeichnung für mich bestgewählt ist. Das „pure Abenteuer" besteht für mich darin, Schönheit aufzuspüren und in Projekten zu feiern.

Damit man feiern kann, braucht es die Mitwirkung von positiven, hellen, frohen Menschen, die auch dem Schönen zu Verwirklichungen verhelfen

▸ Seite 211

# Eros ist göttlicher Segen

Eros ist kein Gott,
sondern eine göttliche Eigenschaft,
eine wunderschöne Ausprägung,
die in uns Menschen wirkt.

Eros ist um uns herum und in uns,
ist notwendig wie die Luft zum Atmen,
ist vom Ursprung her unsichtbar,
nicht greifbar und fassbar.

Wenn der Wind durch die Bäume bläst,
die Äste sich bewegen und die Blätter zittern,
über die Blumenwiesen streicht,
und die Blüten sich zart bewegen,
wird die unsichtbare Luft erst sichtbar.

Eros wird erst erkennbar, kann sich entfalten,
wenn er in Menschen wirksam wird.
Eros braucht Menschen, um sein zu können,
Menschen brauchen Eros, um sein zu können.

Ohne Eros wäre das Leben kein Leben.
Leben ohne Eros ist nicht denkbar, kann nicht sein,
denn was ist, kann nicht nicht sein.

Übersinnliches wird durch Eros sinnlich.
Lebloses wird durch Eros zum Leben erweckt.
Geistiges wird durch Eros materiell.
Göttliches wird durch Eros menschlich.
Menschliches wird durch Eros göttlich.
Eros ist ein göttlicher Segen für die Menschen.

*Dr. Werner Slupetzky, in einer Sternennacht*

wollen; die mitarbeiten möchten, dass mehr Schönheit in diese Welt kommt. Und diesen „Job der Schönheit“ kann man jederzeit und überall erledigen. Die Kompetenz dafür liegt in wacher Neugier, Kontaktfreudigkeit, Einfühlungsvermögen und der Lust am Tun.

Am Weg von Neumarkt zu meinem nächsten Seminar-Einsatz fuhr ich durch Hüttenberg. Sie wissen: hier lebte der große Dalai Lama Vertraute Heinrich Harrer. Magisch zog es mich auf den Friedhof. Ob ich wohl das Grab finden würde...?

Und schon stand ich davor: die Schönheit zog mich sofort in den Bann! Und strahlt sicher unauslöschlich in mir weiter. – Unter all den mehr oder weniger imposanten Graniteinfassungen und Marmorblöcken ragt der simple Erdhaufen mit Margeriten, ein paar Kerzen und einem schlichten Holzkreuz heraus. „Prof. Heinrich Harrer“ wurde wohl nur für Neugierige wie mich daraufgeschrieben. Er hat vielmehr Wert auf das gelegt, was dieses Grab ziert: tibetische Gebetsschals sind um das Kreuz drappiert. Und eine kleine Steintafel in der Erde trägt tibetische Schriftzeichen; ihr Inhalt entzieht sich meiner Neugier – und das ist gut so.

Ja, die Schönheit dieses Ortes ebenso wie Harrers Leben als Weltenforscher und Weiser würden mich sofort dazu reizen, diese in einem Projekt zu würdigen, zu feiern. – Wer weiß, was daraus werden kann. Etwa im neuen Tibet-Zentrum in Hüttenberg? Eine Verbindung zur Rosenburg? Ich bin bereit.
Ich bin für jede Art von Schönheit offen. Auch jetzt, wenn ich mein Hotelzimmer verlasse, zum Frühstück gehe, den ersten „neuen“ Menschen dieses Tages sehe, wahrnehme und all die Wunder dieses sonnigen Tages „einlade“.

Komm‘, Eros, lass‘ uns diesen Tag er-leben! Einen Guten Tag wünsch‘ ich Euch allen, die Ihr mir heute in Schönheit begegnet...

## Das Leben – ein Fest für Eros

... er war wohl immer da, der Eros, der bereits im Kinderwagen aus meinen braunen Augen funkelte. Der stets erkundete; im zarten Kindalter noch auf wackeligen Füßen im Großgastgarten in 50 vorbereitete Suppenschüsseln je ein Steinchen legte und bass erstaunt über die Reaktionen war – zwischen Spucken, Fluchen, Lachen und (für meine Eltern:) Bezahlen einer stolzen,

nie genossenen Konsumation. Eros ließ sich im Kindergarten die Schuhbänder von der netten Tante binden, machte im Bäckerschürzchen sensationelles Trinkgeld – einfach für ein bisserl Freundlichkeit und Offenheit. „Mit dem Hut in der Hand kommst du durch's ganze Land", prägte sich Großvaters Spruch ins Herz. Es schadete offenbar auch nicht, als kleiner Volksschul-Gentleman die Tasche der Lehrerin zu tragen. Sie riet trotzdem ab, den Buben ins Gymnasium zu schicken; er werde sich schwer tun; vor allem mit Deutsch...
Tat er sich auch, in den beiden ersten Klassen, in denen bloß männliche Raufbolde aufeinandertrafen. Die Sonne des Lebens ging auf, als in der dritten Klasse blondes, langes Haar, kurze Röcke, Schmollmünder, und Stöckelschuhe die Klasse eroberten. Ja, jetzt machte Lernen Spaß. Und fortan waren meine Ziele ganz andere als bloß gute Noten. Eros wollte mit interessanten Menschen zusammen sein, sich als Klassensprecher entfalten, wichtig sein, und mit diesen holden berockten Geschöpfen möglichst viel Zeit verbringen. Die verbesserten Noten, selbst die Matura, waren ein schöner BEGLEITASPEKT!

## Die üblichen Ziele als Begleitmusik

Ich kann ein Muster erkennen: all das, was dem Großteil der Menschen als vorrangige Ziele erstrebenswert erscheinen, waren und sind für mich Folgeerscheinungen, angenehme Begleitmusik.

Ich habe meinen ersten Ferienjob am FKK-Platz Keutschachersee nicht wegen des Geldes gemacht, sondern um aus dem Einzelkind-Kokon auszubrechen; bin heute noch dankbar für das unbequeme Matratzenlager in einem ausrangierten Postbus; aber er hatte ein Fensterdach – und man sah den wundervollen Nachthimmel. Mein Eros wollte sich immer wieder neu erproben, neu erfinden, sich in neuem Umfeld erleben. Wie etwa im Pluto-Ganzkörper-Fellkostüm beim Sommerkarneval in Velden, als Reporter für die Veldner Zeitung, für Radio Kärnten, Radio Uno. Als Silvester-Barmann im Schloss Rosenau, als Platzsprecher bei Schirennen, als Tourneebegleiter von Steffi Werger, und Helping Hand bei Konzerten von Elton John bis Tina Turner; 5 Jahre als ORF-Moderator, Redakteur, Nachrichtenmacher und Fernsehbeitrags-Gestalter, detto Privatradio CD, Privatfernsehen W4TV. Nunmehr als Trainer, Vortragender und Universitäts-Lektor.

All diese Jobs waren nie angestrebt. Sie haben sich ergeben, weil etwas in mir bereitwillig ja gesagt hat; Lust hatte, sich auf ein Projekt, ein Abenteuer, ein Engagement, eine Liebe, eine Ehe einzulassen. Partnerschaften, Studienabschluss, Geld, mediale Anerkennung, die Albert-Schweitzer-Auszeichnung, das Wachssiegel der Heimatgemeinde, die Einladung zum Heurigen des Landeshauptmanns, nette Wohnungen, Autos waren immer nur die Folge der inneren Einstellung: lebendig sein, bereit für das Besondere.

## Her-aus-geben

1991 war wohl die entscheidende Weichenstellung meines Lebens. Weg von den etablierten Karriere-Gleisen großer Medien- und Veranstaltungsunternehmen, von ORF bis Profil Promotions, hinein in den freien Markt der Selbstständigkeit. Ich hab nie eine Beratung in Anspruch genommen, gar einen Unternehmer-Business-Plan ausgefüllt. Ich musste es tun, es gab keine Alternative! EROS wollte sich verwirklichen, entfalten, hervorbringen. Das erste Buch, das „Reizvolle Waldviertel" entstand. Und es gab eine Mission dahinter: die Region vom verstaubten Image der Alten & Aussteiger zu befreien – mit einer Prise Prickel und Provokation. Noch heute wird mir mulmig, wenn ich daran denke, dass ich damals einen Druckauftrag über 400.000 Schilling gegeben hatte. 7.000 verkaufte Exemplare und ein Gewinn von ein paar Hunderttausend Schilling waren aber wieder Zeichen dafür, dass man Verlagswesen nicht studieren muss, sondern einfach angeht, weil einem bestimmte Themen etwas angehen...

Mein Verlag hat keinen einzigen Euro Subvention beantragt und auch nie erhalten! Ich habe nie einen Politikertermin für „positive Fürsprache" beantragt. Ich lebe – und gebe heraus! Stolz und frei. Keinem verpflichtet außer meiner Seele. „Herausgeber", ich liebe dieses Wort: denn nur wer etwas in sich spürt, aufkeimen sieht, kann daraus etwas entstehen lassen, hervorbringen.

2 Jahre war es ein Lifestyle Magazin namens NÖVELLE, mit einigen Hunderttausend Schilling persönlich akquirierten Inseratengeldern pro Ausgabe, ein paar Jahre die Lokalzeitung IKARUS, dann Gedicht-Bände wie „Herzsplitter" oder „Sehnsucht nach Tiefe" sowie „Glücksmomente". Zum 30. Geburtstag das Buch „Flirt mit dem Leben". Es folgten „Dorfwirtshäuser und Greißler – wo die Seele lebt", „Waldviertler Weisheiten" und „Management auf woidviatlarisch".

## Markant, entfesselt, pur

2. wesentlicher Einschnitt: in mir entfaltete sich ab 1987/88 das Thema „Mensch als Marke“ bzw. die „Marke in mir“. Mit der Gewissensfrage: was ist es denn, was jede und jeden von uns MARKant macht, welche Themen sind die Ihren, die meinen? Wofür stehen wir in unseren Leben? „Ihr ICH als unverwechselbare Marke“ wurde zum Bestseller in mittlerweile 6. Auflage – und zum Top-Thema meiner 70 Seminare (mit rund 1.000 TeilnehmerInnen), Einzelcoachings und Referate pro Jahr. Es folgte, weil es eben einiger Arbeit bedarf, bis zum eigenen Wesenskern vorzudringen, das Buch „Entfesseltes ICH“. Wer sich mit sich versöhnt hat, kann auf das DU losgelassen werden, ist einem anderen zumutbar. „1.000 mal DU“, hieß also das nächste Werk. Das mit „PUR / Pure Relations“ seine – auch – logische Fortsetzung fand: Ich kenne mein ICH, bin bereit für ein DU und lebe die sich ergebenden, wachsenden Beziehungen PUR, unverfälscht, echt, wahrhaftig. So einfach, so schwierig. „It’s easy, but it isn’t simple.“

5 Jahre nach PUR meldet sich wieder ein Antreiber für eine Publikation zu Wort. Der Kreis scheint sich zu schließen. Er funkelt diesmal aber nicht Passanten an, sondern mich selbst. Eros will etwas herausgeben, seine Lebendigkeit, Spritzigkeit, sein FUNKELN.

## Das Buch – eine Festschrift für’s Leben

Und so begann ich zu sammeln: Eindrücke, Erkenntnisse, Protokolle des Staunens. Und die Ordner wuchsen und wuchsen. Zum Jahreswechsel auf Bali – mit Herzenspartnerin Sabine – fiel der Startschuss. Eros wird publiziert. Und ab dann war „just go with the flow“, das balinesische Motto, angesagt. Es floss und fließt – und ich fließe mit! Alma samt Traumtheater in Berlin. Bozen. Bruck/Leitha. Treffen mit Herzensfreundin Heidi, Wirtin des Schlossgasthofes Rosenburg. Wollen wir hier ein Fest machen, ein „Fest für Eros“? Ja, wo doch Rose und Eros in gemeinsamer Liebessymbolik schwingen. Wann? 8. September. Perfekt. Damit ist klar, das Buch muss es bis dahin geben... Und wir feiern auch gleich damit 15 Jahre Edition Stoareich. Aber als Familienfest. Ohne bezahlte Promis und Politikerwichtigmacherei. Unter „Gleichschwingenden“ soll’s passieren. Und das Buch soll zeigen, was die Eros-Schwingung an Segen bringt in Privatleben wie Beruf.

Michael, Herzens-Vagabund, lasst du den Clown in dir etwas beisteuern? Ja, ich biete „Humeros – humorvolle Erotik, lachende Ekstase“. Felix, Herzens-Mime? Ja, ich biete Liebesgedichte. Und Klaus, mein Herzens-Weiser?

Ja, ich wage mich an „Geist und Eros – eine heiße Mischung“. Ich lerne Jenny kennen, wir verstehen uns prompt, Freundschaften brauchen keine Jahre, wenn Seelen sich berühren. Ja, ich mache gerne mit und gebe „Signals of love“. Bei meiner Lesung im Naturlesepark Neumarkt in der Steiermark lerne ich drei Musiker kennen: Vera, Reinhold und Jürgen. Wir spüren sofort einen Draht zueinander. Nur der Name „Klarinettentrio“ passt so gar nicht zu ihnen. Wir wissen, stöhnen sie auf, aber wir suchen seit Jahren nach einem besseren Namen... Eros nimmt die Herausforderung an. Was ist typisch für diese Instrumente? Die Klappen. „Halt die Klappe“ wird formuliert, Lachen ist die Folge, wir stoßen mit Murauer Bier an – und vereinbaren, wir sehen uns wieder beim Fest für Eros, auf der Rosenburg. Die Klappe fällt.

Während ich diese Zeilen schreibe, schmunzle ich zufrieden vor mich hin. Höre das Zirpen der Vögel – welche Signale werden mich auf die nächsten Mitfeiernden aufmerksam machen?

Das Gezwitscher wird unterbrochen durch den Takt der Uhr. Monoton geht der Zeiger im Kreis. Immer weiter. Aber ohne Intensitäts-Schwankungen. Kein Jubel in der einen Sekunde, keine Trauer in der nächsten. Tak, tak. Während ich mich darauf konzentriere, verstummen die Vogelstimmen. Ich befürchte, viele verbringen ihr Dasein in der Routine des Gleichtakts. Dabei gilt es bloß, das eine Geräusch etwas in den Hintergrund zu drängen, die Sinne aufzumachen, zu weiten, breiter, offener zu werden und schon sind sie da: die vielen Stimmen von Eros – jetzt höre ich sogar das Rauschen des Windes im Blätterspiel, eine Krähe, eine Fliege, kann das ein Frosch sein? Ich sehe die vielen Blumen in ihren Farben auf der Terrasse, ich spüre den Lufthauch an meiner Wange, ich rieche sonnige Haut, und Frühstücks-Hunger macht sich als genussvolle Vorfreude auf ein Vollkornstangerl mit Butter und Waldviertler Honig samt Hochland Bio-Cafe aus Ecuador breit...

Ich bin Eros unendlich dankbar, stehe demütig und erwartungsfrei mit offenen Händen bereit, wenn er mir weitere Gaben hineinlegen will. Das Leben ist ein Fluss. Das Schiff gleitet wunderbar dahin, wenn wir Eros lenken lassen. Ich stemme mich nicht gegen die Strömung. Und registriere überwältigt die Schönheit um mich!

Dieses Buch sei eine Festschrift für das Leben. Wir können's so bunt machen, so vielfältig, wenn wir einander inspirieren lassen.

Wenn Sie dies lesen, hat das Fest für Eros auf der Rosenburg – zur Buchtaufe – bereits stattgefunden. Sorry, dass wir uns erst jetzt kennenlernen.

Aber was spricht dagegen, ein neues Fest mit Eros zu initiieren, für Eros, in Eros-Gedanken und Spüren. Ein Fest zur Huldigung des Lebens?!

Die Frage nach meinem Eros ist ein Schlüssel-Erlebnis!
Damit werden alle inneren und äußeren Türen aufgeschlossen.
Und mir wurde klar: ich kann alle Türen dieser Welt öffnen –
mit dem Herzen, nicht jedoch mit dem Verstand.
Es ist alles da! Und es ist deine Entscheidung:
Willst du in der Hölle oder im Paradies leben?
Willst du Orgasmen oder Leiden?

*DI Dr. Jörg Busch*

## Von Eros erwählt...

„Oh, du schreibst über Eros", zeigte sich Michaela interessiert, „wie ist denn das, angeblich hat das Thema, mit dem man sich befasst, immer viel mit einem selbst zu tun?!"

Diese Deutung musste ja kommen. Gut, ich hab' sie ja auch selbst schon als Gegenstand der Erwägung vorgenommen. Aber sich selbst kann man immer recht schön aus dem Weg gehen. Um so sicherer stellt dann eine Person, mit der man gar nicht rechnet, die entscheidende Frage. Also: warum Eros? Warum gerade von mir?
Ich versuche ein paar Antworten:

1) Ich sage, nicht ich habe Eros ausgewählt, sondern er mich. Diplomatisch, nicht wahr?! Vielleicht hat er in mir eine ideale Landefläche entdeckt. Denn ich muss keinen 8-10 Stunden Arbeitstag runterbiegen; ich muss nie auf „Stand by" schalten und war einfach aufnahmefähig, als er an meine Tür klopfte. Deshalb Eros...
2) Sollte ich zu wenig Eros leben? Also, um's mal ganz offen zu bekennen: ein bissl mehr geht immer. Und das sei nicht nur ein blöder Macho-Spruch. Ein bissl mehr meint: Lebendigkeit, Risikobereitschaft, ein bissl mehr Träumen, Probieren, Realisieren. Ein bissl mehr Kontaktfreudigkeit, Lächeln, Hallo-Sagen. Auf andere zugehen. Ja, flirten! Mit Menschen, aber auch mit allem, was an „Ausdenkungen" (© Peter Turrini) im Sinn von Projekten möglich ist. Ja, ich hätte noch viel Potenzial an Hervorbringungen: Bücher, Kinder, Träume, Freundschaften, sinnliche Inszenierungen, „Lebendigwerdungen"...
3) Versöhnlicher, dritter Punkt: ich glaube, ich bin ein sehr gutes Medium für Eros. Als Selbstständiger, im wahrsten Sinn des Wortes Lebens-

künstler. Denn wie sich alljährlich mein Einkommen aus Buchverkauf, Seminaren, Vorträgen, PR-Beratung, Coaching und Auftrags-Publikationen zusammensammelt, gehört zu den faszinierendsten Geheimnissen meines Daseins. Doch wer 20 Jahre auf eigenen Füßen stehen kann, den wirft wohl nicht so rasch mehr etwas aus der Bahn. Ich habe Vertrauen ins (Unternehmer-)Sein entwickeln dürfen: es wird immer genug vorhanden sein. Und ein bissl Erspartes ist ein wundervoller Freiheits-Polster, um möglichen Auftraggebern, die es nicht verdienen, tatsächlich solche zu werden, stolz „Nein, danke" zu sagen. Ich denke, das ist eine gute Basis, um Eros zu nähren. Er darf schalten und walten, wie's ihm gefällt. Und wenn die reizende Marketing-Lady von der Post AG will, arbeite ich gerne mit ihr; ebenso wie mit dem sprühend hellen Hans von Stadt-Land-Impulse oder dem humorvollen Bernhard von „Auland Carnuntum". Was zählt, sind die Menschen, nicht Firmennamen oder Auftragsvolumina.

## Mein Eros Manifest

Ich freue mich unsagbar, dass Sie mir die Ehre geben und mit mir, meinem aktuellen Buch Zeit verbringen. Kostbare Lebenszeit. Denn niemand hat die Ewigkeit vor sich, um sich Träume zu erfüllen. Ich will Ihre Zeit wie einen Schatz behandeln. Aufrichtig, ehrlich, mit 100 Prozent Zuwendung.

Ich werde, wenn Sie's wollen, mit Ihnen auch mein bestes Seminar, meinen besten Vortrag realisieren.

Sorry, Sie bekommen keine großartigen Unterlagen, denn auf Unterlagen liegt man für gewöhnlich; je dicker die Unterlage, umso tiefer der Schlaf. Ich will Sie aber nicht zum Schlafen bringen, ich will Sie aufrütteln. Wach machen für die Fülle der Möglichkeiten. Die in diesem Moment, in diesem Raum, in diesem Umfeld, mit diesen Personen um uns vorhanden sind.

Ich will Ihnen nichts „Reindrücken", sondern etwas aus Ihnen rausholen, helfen, damit sich etwas ent-falten kann. Ich will mit Ihnen diese Stunden, diesen Tag verbringen. Mit IHNEN. Nicht bloß mit Ihrer Sonntags-Maske, mit Ihren Vorurteilen und Ihrer Skepsis.

Ich promeniere schreibend durch's Leben, als Autor, Trainer und Mann bereit, die Erotik des Seins wahrzunehmen sowie in Projekten der Schönheit umzusetzen und zu feiern.

## Wo eine Wunde blutet...

Just an diesem Tag ergibt sich die Möglichkeit, mit Reinhard K. Sprenger, dem Top-Trainer zum Thema „Vertrauen“, ein Gespräch zu führen. Zu seinem bevorzugten Vortragsthema verwendet er sehr authentisch die Worte: es ginge vor allem darum, sich nicht bloß aus Büchern Wissen anzulesen, sondern das aufzugreifen, „wo eine Wunde blutet“. Oh, das heißt, sie haben mal eine schwere Vertrauenskrise zu bestehen gehabt, Herr Sprenger? „Nein“, entgegnet er überlegend, „meine Wunde ist das Thema Freiheit“ – Was mit dem Vertrauen konform gehe. Denn er, der „Anarchist“ stoße immer wieder auf Grenzen, wenn es um seine Musikerfreunde, um Partnerschaft, Familie usw. gehe. Vertrauen sei immer eine Entscheidung; und nur aus getroffenen Entscheidungen erwachse Freiheit. An der Freiheit komme letztlich keiner vorbei. Denn „was man festhält, flieht!“

Danke, Reinhard Sprenger. Ihr Thema „Freiheit“, ist mein Thema „Lebendigkeit“, Besiegen der Trägheit, Lähmung im Alltagstrott. Dabei blutet meine Wunde. Die nur von Eros geheilt werden kann. Ich bin überzeugt: es gibt zu wenig Eros in der Welt, in der wir leben – und stattdessen zu viel Thanatos. Meine Mission heißt Eros!

## Dank des Autors an Eros

*Eine der schönsten Weisheiten, die ich kenne, lautet: „Wenn der Schüler bereit ist, erscheint der Lehrer.“*
*Ich weiß gar nicht, wie sehr ich dem Universum danken kann, dass DU mir geschickt wurdest! Ich habe oft von dir und deinen Musen geträumt, hätte aber nie für möglich gehalten, dass ich's erleben darf...*
*Für mich hat sich durch dich garantiert eine Erweiterung meiner Persönlichkeit – wie auch meiner Wahrnehmung, meiner Welt ergeben.*
*Ich denke wie du... Ich sehe schon ein bisschen durch dich... Und merke, wie's mir selbst gut tut, meine Lebens-Lust steigert.*
*Ja, Eros, du musstest das Streichholz bereits einige Male anreiben,*
*und andere hätten in diesen Momenten vielleicht schon aufgegeben,*
*doch du hast daran geglaubt, dass noch ein Funke zünden wird.*
*Und so hast du eine Botin geschickt, Erotica,*
*graziler, aufreizend, direkt aus dem Musenreich.*
*„Er kann Inspiration brauchen“, wusste sie sofort um ihren Auftrag.*

*Und holte eine Waffe nach der anderen aus ihrem Verführ-Arsenal.*
*Und machte sie scharf; Wort um Wort, Gedanke um Gedanke.*
*Ich möchte euch von Herzen Dank sagen:*
*Eros, Erotica und all den Musen, die irgendwo im Einsatz sind:*
*Indem auch ich den Funken weitergebe,*
*indem ich immer wieder auf's Neue andere versuche,*
*und mahne, den Funken in ihnen wach zu halten...*

*Ich bin voll Glück, Freude, Demut,*
*und danke aus vollstem Herzen für unser Gedankenspiel,*
*unser grenzenloses, pikantes, tabuloses,*
*das in diesem Buch seinen Ausdruck fand.*

*Ich sehe es als höchste Gnade und großartiges Geschenk,*
*sich derart aus der Reserve locken zu können,*
*dass kein Eckchen Schutz mehr verbleibt,*
*ja, dass ich's genieße, jede Schutzmöglichkeit zu zerstören.*
*Nur nicht verbergen, nur nichts verbergen!*
*Meine Energie ist schier grenzenlos. Und ich spüre meine Power.*
*Ich spüre mein Kraftzentrum. Meine Lust. Ich fühle das Pochen im Bauch.*
*Hier sitzen Intuition, Begehren, Leidenschaft,*
*Eros, Erotica, Musen, Sexus und Amor.*
*Ihr vermögt virtuos damit zu spielen.*
*Danke, dass ihr die Rakete wieder gezündet habt: die mich*
*als entfesselte ICH-Marke die pure Erotik des Seins leben lässt...*

*mg*

## Eros sagt... DANKE

Danke für unsere Begegnung,
liebe Leserin, lieber Leser,
ich habe mich voll und ganz auf Sie eingelassen,
ist Ihnen das auch mit mir gelungen?
Haben Sie's gespürt?
Spüren Sie es, mein Wesen?
Freiheit, Liebe, Schönheit, Lebendigkeit?
Spüren Sie die Fülle des Seins?
Jetzt, in diesem Moment?

Dann habe ich Sie verändert.
Dann durfte ich Sie verändern.
Dann haben Sie sich verändert.
Und auf das Risiko eingelassen.

Wirkliche Begegnungen zeichnen sich dadurch aus,
dass die Beteiligten verändert aus der Begegnung gehen.
Sie haben miteinander Erfahrungen geteilt, neue Sichtweisen,
sie haben Grenzen ausgereizt und überschritten.

Wir haben miteinander etwas geteilt
Sie wurden Teil von mir, ich von Ihnen.
Damit haben wir uns, einander verwandelt.
Mit dieser Veränderung verändert sich die Welt.

Und Sie können nicht mehr in den vorherigen Zustand zurück.
Eine Tür wurde geöffnet;
und Sie sind nicht mehr in der Lage, diese wieder zufallen zu lassen.
Sie wollen's vermutlich auch gar nicht mehr.

Was wir jedoch gemeinsam wollen:
Dass mehr und mehr Menschen Eros in ihr Leben lassen,
ihn wieder finden und bewusst frei geben.

Auf dass unsere Wirtschaft,
die Politik, Gesellschaft, Kultur,
unsere Berufswelt, unsere Ehen und Beziehungen,
unter'm Einfluss von Eros aufblühen;
auf dass Sie und ich, wir alle
bunter, freudvoller und glücklich
das Leben in seiner vollen Bandbreite feiern.

*mg*

*„Unendlich schön ist Eros,*
*und seine Schönheit durchleuchtet die Psyche*
*wie das Licht die Rose."*
BETTINA VON ARNIM

*„Ich begehre nichts,*
*ich fürchte nichts,*
*ich bin frei."*
NIKOS KAZANTZAKIS

# Eros in mir grüßt herzlich Eros in Dir, in Ihnen!

Lassen Sie, lasst uns bunte
Projekte des EROS verwirklichen,
jede und jeder an ihrem/seinen Platz,
aber vielleicht auch miteinander?!

Ich freue mich auf den Kon-Takt,
tragen wir eine gemeinsame Schwingung in die Welt,
die das Leben heller, frischer, schöner macht...

Ich bin bereit...

*Manfred G.*

mg@eros-of-life.com

# Machen Sie EROS zum Fundament Ihrer ICH-Marke

„Wir alle müssen uns verkaufen“, lautet der Schlachtruf des 21. Jahrhunderts. „Wer sich nicht unverwechselbar positioniert, geht im Meer der Mittelmäßigen unter!“ Das *Eindrucks-Management* gewinnt über Leistung, Fach-Kompetenz sowie Inhalt. Es geht um größtmögliche Aufmerksamkeit im Wahrnehmungs-Wettbewerb. Und jedes Mittel, jede öffentlichkeitswirksame Verrenkung scheint dafür recht zu sein. – Oder doch nicht?

Der mit diesem Buch vorgestellte ***Guru-Faktor©*** bringt Sie mit Ihrer „inneren Goldmine“ in Berührung: Was ist Ihnen wirklich wichtig? Welche Leidenschaft pocht in Ihrem Herzen? Was will sich in/aus Ihnen *ent*-falten?

Der *Guru-Faktor©* ist die Basis für Ihre wertorientierte ICH-Marken-Entwicklung. Nur wer sein *inneres Potenzial* kennt, kann dieses ver-*äußern,* ohne sich und seine Seele zu verkaufen...
Ihr *Guru-Faktor©* leitet Sie zu einem selbstbestimmten, MARKanten und glücklichen (Berufs-)Leben.

**Ihr ICH als unverwechselbare MARKE**
ISBN 10: 3-902253-01-0
ISBN 13: 978-3-902253-01-9
€ 22,–

# Reich – reicher – STOAreich:
## Mit weiteren Büchern aus der Edition Stoareich

**Pur / Pure Relations**
ISBN 3-902253-002
€ 20,–

**Öffentlichkeitsarbeit / Medientraining**
Public Relations – alles für die Öffentlichkeit? – Wer das tut, verliert sich selbst. Schluss mit der Schaumschlägerei! Konzentrieren Sie sich auf Ihre Kern-Kompetenz und lassen Sie diese – PUR – strahlen!

Wie bringt man seine Botschaften auf den Punkt? Welche Zielgruppen gilt's zu erreichen? Effizienter Umgang mit Medien. Die Lust am Schreiben (wieder-) entdecken. Dieses Buch lüftet die Geheimnisse erfolgreicher, wertorientierter Öffentlichkeitsarbeit.

PUR zu werden, nichts mehr hinzufügen zu müssen, nichts mehr weglassen zu können, ist die Lebensherausforderung schlechthin. Finden Sie das Ihre, leben Sie echt und leidenschaftlich. Und vertrauen Sie darauf, dass sich die richtigen Projekte sowie gleichschwingende Menschen finden.

**Reizvolles Waldviertel**
ISBN 3-9500104-08
€ 18,–

**Reizvolles Waldviertel**
Großformatiger Bild-Text-Band einer kraftvollen Region.

**Management auf woidviatlarisch**
ISBN 3-901392-05-X
€ 12,–

**Management auf woidviatlarisch**
Das andere, bodenständige Management-Buch, fernab von papierenen Phrasen.

Was hindert Sie, Ihre Sehnsüchte und Träume zu verwirklichen? Leben Sie das IHRE! –

**Entfesseltes ICH**
ISBN 3-9500104-83 € 19,–

**Entfesseln Sie Ihr ICH,**
alle Rollen, Verhaltensmuster. Enttarnen Sie Ihre „Life Blocker“ und steigen Sie aus. Geben Sie sich nicht weiter mit Energievampiren und jenen Grenzen ab, die man Ihnen setzt! – Sehen und nutzen Sie Ihre Freiheit! Gewinnen Sie (wieder) Ihre Leichtigkeit und spielerische Freude, um mit dem Leben zu flirten ... Nichts ist schwer, sind Sie nur leicht!

**1000 x DU**
ISBN 3-9500104-91 € 17,–

**1000 x DU**
Das ICH entfesseln – zur ICH-Marke veredeln – und damit bereit werden, offen auf's DU zuzugehen – in Dankbarkeit für all die Impulse, mit denen andere mein Leben bereichern ... Das DU würdigen, mich selbst würdigen, und würde-volle Projekte nach dem „win-win-Prinzip“ verwirklichen - das ist gelebte Beziehungs-Kompetenz. Werden Sie zum „Relations-Profi“ – beruflich und privat!

**Glücksmomente**
ISBN 3-9500104-67 € 7,–

**Glücksmomente**
Geschenkbüchlein für alle, die sich vom Leben diktieren lassen wollen.

**Sehnsucht nach Tiefe**
ISBN 3-9500104-40 € 7,50

**Sehnsucht nach Tiefe**
„Dahinterschauen“ – mit den inneren Augen der Wahrhaftigkeit.

**Herz-Splitter**
ISBN 3-9500104-32 € 7,50

**Herz-Splitter**
Emotionale Ungereimtheiten über Liebe, Laster und Leidenschaft.

*Vergriffene Buchtitel:*
Flirt mit dem Leben, Wo die Seele lebt,
Geschenkte Worte, Waldviertler Weisheiten.
Ihr ICH als unverwechselbare Marke *(1. – 4. Auflage)*